尽 善 尽 　　弗 求 弗

量化员工个人价值的
绩效与薪酬设计方案

周 锋

唐 芬

著

电子工业出版社.
Publishing House of Electronics Industry
北京·BEIJING

内 容 简 介

长久以来，如何进行个体价值的评价和分配，激活人才自驱力，使人人皆成经营者，真正做到"力出一孔"，实现劳资双赢，是很多企业面临的重要课题。

本书包含流程创造价值、搭建经营模型、构建人人账本、组织绩效解码、关联个人绩效、融合长期激励、适配管理方法、持续激活组织 8 章内容，详细介绍了基于经营视角构建人人账本的逻辑和方法，以及如何将人人账本与绩效融合运用，是企业开展薪酬绩效管理的实践性指导手册。

本书可作为企业中高层管理人员、组织发展专家、人力资源部门负责人及薪酬管理专家的参考用书。

图书在版编目（CIP）数据

人人账本：量化员工个人价值的绩效与薪酬设计方案 / 周锋，唐芬著. —北京：电子工业出版社，2023.5

ISBN 978-7-121-45221-5

Ⅰ. ①人… Ⅱ. ①周… ②唐… Ⅲ. ①企业管理－工资管理－研究 Ⅳ. ①F272.923

中国国家版本馆 CIP 数据核字（2023）第 046059 号

责任编辑：黄益聪　　　　　　特约编辑：田学清
印　　刷：三河市鑫金马印装有限公司
装　　订：三河市鑫金马印装有限公司
出版发行：电子工业出版社
　　　　　北京市海淀区万寿路 173 信箱　　　　邮编：100036
开　　本：720×1000　　1/16　　印张：16.5　　字数：262 千字
版　　次：2023 年 5 月第 1 版
印　　次：2023 年 5 月第 1 次印刷
定　　价：79.90 元

凡所购买电子工业出版社图书有缺损问题，请向购买书店调换。若书店售缺，请与本社发行部联系，联系及邮购电话：(010) 88254888，88258888。

质量投诉请发邮件至 zlts@phei.com.cn，盗版侵权举报请发邮件至 dbqq@phei.com.cn。

本书咨询联系方式：(010) 57565805，meidipub@phei.com.cn。

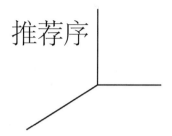

推荐序

正确衡量员工的价值贡献，激活人人

　　春秋时期，管仲在《管子·国蓄》中提出"利出于一孔者，其国无敌"；战国时期，商鞅在《商君书·弱民》中亦提出"利出一孔，则国多物"的思想。可见，"利出一孔"是一个国家发展的根本，也是企业成功经营、实现基业长青的关键。

　　在数字经济发展的大环境下，5G、云计算、物联网、人工智能等新兴数字技术发展得如火如荼，数字技术正在从根本上改变企业与组织的运作方式。为了适应时代的变化和数字化趋势，保证企业的长期生存与持续发展，越来越多的企业管理者将数字化建设提升到战略地位。人力资源管理在企业中扮演着支撑战略落地、保障业务发展的重要角色，也由此迎来了数字化转型的"黄金期"。

　　众所周知，企业的价值从来不是由创始人独自耕耘的，而是由组织共创的。企业要想快速发展，势必要让员工持续不断地参与经营，激活人心。因此，在数字化转型的新时代，人力资源管理者需要具备经营思维，将"人力资源管理"变成"人力资源经营"，通过数字化手段让全体员工及时看到企业当前的运行状态，理解组织的经营目标，并将其转化为具体行动，让员工与企业共同应对激烈的市场竞争，激发出员工的活力与价值创造力，进而做到"力出一孔，利出一孔"。

企业普遍存在一个现象：员工抱着"事不关己，高高挂起"的心态，最终企业的经营只能落在老板一个人的身上。面对这样的问题，企业不仅要通过增强员工的使命感解决员工愿不愿意的问题，更要提供一个合适的平台解决员工参与经营的问题。长沙远大住宅工业集团股份有限公司（简称"远大住工"）基于多年实践经验推出的业界首创的人人账本给了我很大的启发。

在我看来，人人账本是让员工更好地参与企业经营，跟组织一起共创共享价值的新模式。人人账本借鉴了稻盛和夫先生的阿米巴经营模式，把企业划分成多个像阿米巴虫一样的个体，每个个体都具有像企业一样完整的功能，独立经营，独立核算，自负盈亏。企业通过为每个员工设立一个账本，并利用数智化管理工具实现数据的高效流转和运用，及时、准确地衡量员工的个人价值贡献，能清晰地看到在某个岗位上员工的价值创造、企业的投入，以及员工的价值分享。人人账本以创新的模式把员工的能量和企业的业务、价值很好地结合在一起，通过"算清账、分好钱"来真正实现让人力资源参与经营、让每个员工参与经营，从而激活人人的目的，为企业的可持续发展注入源源不断的活力。

任正非先生曾说："企业的经营机制，说到底就是一种利益驱动机制。企业持续发展的动力不是解决人才的问题，而是解决利益分配的问题。"人人账本作为一种创新激励机制，以增量价值为牵引，以结果为评判标准，倡导"分灶吃饭"、经营节约自分。构建人人账本，可以将每个员工和企业紧密地结合在一起，撬动员工更大的价值创造，实现企业与个人共赢。

周锋老师和唐芬老师的《人人账本：量化员工个人价值的绩效与薪酬设计方案》这本书结合了他们多年的实践经验，详细、深入地介绍了基于经营视角构建人人账本的逻辑和方法，以及人人账本如何与绩效融合运用，能够帮助读者对人人账本进行全面深入的了解和学习。对于有意学习人人账本的企业管理者，相信本书能够给他们带去有益的思考与启发，指导他们结合企业的发展阶段适时、适当地学习和借鉴，从而正确地衡量员工的价值贡献，激活人人。

陈雨点

华为技术有限公司原人力资源总裁助理

组织&人力资源变革资深专家

前言

　　近年来，随着社会经济的快速发展，为灵活适应市场需求的变化，增强竞争力，许多企业都在大力推进组织转型和管理变革。管理变革的重心，一方面要解决企业价值创造的问题，通过聚焦业务发展和流程优化，做到"力出一孔"；另一方面，要解决组织内部的价值分配问题，通过组织变革和价值分配模式的重构，实现"利出一孔"，牵引群体奋斗。海尔的"人单合一"模式、小米的"合伙人"机制、华为的"铁三角"组织、阿里巴巴的"大中台、小前台"模式等，都是在聚焦业务发展的基础上进行的组织变革和价值分配模式的重塑。国内一些企业也在学习稻盛和夫先生的阿米巴经营模式，通过将企业划分成若干个经营单元，进行内部市场化交易，算清账、分好钱，以此来激励人心，激活组织。

　　在企业经营过程中，让全体员工及时看到企业当前的运行状态、理解组织的经营目标并将其转化为具体行动，让员工与企业共同应对激烈的市场竞争，激发出员工的活力与创造力，进而做到"力出一孔，利出一孔"，是企业经营成功的关键。

　　在远大住工的经营实践中，我们通过引导建筑业的生产方式变革，实现由手工、离散的传统建筑业向高效、集约的现代制造业转变。我们在组织建设上以业务为导向，通过构建流程化组织，明确职责分工，基于业务流程对权责利进行合理分配。我们倡导群体奋斗，同时鼓励个体的多劳多得。我们通过信息化工具实现经营数据的高效流转和运用，配合"人人账本"薪酬绩效管理体系的落地，实现营销管理、生产管理、财务管理和人力资源管理的深度融合。

人人账本以增量价值为牵引，以结果为评判标准，倡导"分灶吃饭"、经营节约自分。人人账本基于流程绩效，对员工的价值创造进行评价，动态化地将其进行二次分配，对员工的激励发生在每时每刻，使员工实现从"给企业打工"到"为自己工作"的心理转变。正如稻盛和夫先生所说，当员工做到"自己就是工作，工作就是自己"这种程度时，就能够全身心地投入工作。同时，为了避免只重视短期经营结果导致功利性太强而不注重组织能力的建设，我们在实践应用中还与战略绩效进行了关联，形成了短期激励与长期激励互锁，在激发人才活力的同时兼顾关键人才的稳定性。

企业的经营机制，说到底是一种利益驱动机制。合理的价值分配，能撬动更大的价值创造。也就是说，钱分得合理，大家都有干劲；钱分得不合理，不仅打击了员工的积极性，还可能让员工之间闹矛盾。人人账本通过为每一位员工设立一个账本，让企业能清晰地看到员工在岗位上创造的价值、企业的投入，以及员工的价值回报，将员工的个人价值创造和企业的发展紧密结合在一起，实现全员参与经营，以达到激活全员的目的。

一杯咖啡能吸收宇宙的能量，积极的分享也是一种自我建设。远大住工的人力资源团队对以往的实践经验进行了总结，也与行业内外的企业进行了一些分享和交流，之后策划、编写了本书。在这一点上，我给予了支持和赞赏。抱持着开放、进取的态度，我们希望能与行业内外的众多企业家、管理专家进行交流探讨。经营企业是一次修行，愿你我都能悟其真理，行稳致远。

衷心希望本书及其涉及的工具、方法能够给读者朋友们带来积极的思考与启发，并能够提供切实有效的帮助。

唐　芬

目录

第 1 章

流程创造价值 | 1

1.1　价值链与商业模式 | 2

1.1.1　明确企业在行业价值链中的位置 | 2

1.1.2　定位企业的商业模式 | 4

1.1.3　商业模式与价值创造 | 7

1.2　价值创造活动分析 | 9

1.2.1　开展价值创造活动分析 | 9

1.2.2　区分价值创造活动的类型 | 11

1.2.3　确定企业的关键活动 | 13

1.3　关键任务与流程 | 14

1.3.1　理解企业的业务战略 | 15

1.3.2　识别并输出关键任务 | 16

1.3.3　用合理的流程支撑关键任务的完成 | 18

1.4　流程决定组织 | 19

1.4.1　流程与组织的关系 | 19

　　　1.4.2　分析组织结构和流程的匹配性 | 21

　　　1.4.3　基于业务流程设计组织结构 | 23

　　1.5　高效协同的项目化运作 | 25

　　　1.5.1　建立灵活适配的项目型组织 | 26

　　　1.5.2　科学划分项目中的权责利 | 28

　　　1.5.3　做好项目型组织的绩效管理 | 30

第 2 章

搭建经营模型 | 33

　　2.1　经营预决算管理 | 34

　　　2.1.1　经营预算的内涵 | 34

　　　2.1.2　经营预算的编制与执行 | 36

　　　2.1.3　经营决算要及时到位 | 39

　　2.2　套算薪酬包及奖金包 | 40

　　　2.2.1　做好薪酬预算管理 | 40

　　　2.2.2　薪酬包的结构与弹性管控 | 43

　　　2.2.3　奖金包的核算与调整 | 45

　　2.3　按流程价值构建经营模型 | 48

　　　2.3.1　细分企业经营收入构成 | 48

　　　2.3.2　明确经营责任人与分配比 | 49

　　　2.3.3　建立基于成本与收益的经营模型 | 51

　　2.4　明确岗位责任与分配比 | 53

　　　2.4.1　开展工作分析，明确岗位责任 | 53

　　　2.4.2　形成岗位职责，输出岗位说明书 | 54

　　　2.4.3　基于岗位责任确定内部分配比 | 57

2.5　经营模型的实践应用 |58
　　2.5.1　业务部门的经营模型说明 |58
　　2.5.2　综合部门的经营模型说明 |63

第 3 章

构建人人账本 |67

3.1　人人账本的内涵 |68
　　3.1.1　人人账本的概念 |68
　　3.1.2　量化个人价值，实现合理分配 |70
　　3.1.3　人人账本搭建的底层逻辑 |71
3.2　人人账本的基础支撑 |73
　　3.2.1　合理的组织架构 |73
　　3.2.2　良好的财务支持 |76
　　3.2.3　健全的绩效管理体系 |78
3.3　人人账本的搭建 |81
　　3.3.1　明确人人账本中"钱"的来源 |81
　　3.3.2　确定人人账本的激励对象 |83
　　3.3.3　设定人人账本的分配比例和方式 |84
3.4　人人账本的数字化 |87
　　3.4.1　将账本数字化，提升组织效率 |87
　　3.4.2　建立人人账本系统 |89
3.5　人人账本的实践应用 |92
　　3.5.1　购物商城的人人账本 |92
　　3.5.2　地产公司的人人账本 |96
　　3.5.3　集团总部的人人账本 |99

第 4 章

组织绩效解码 | 101

4.1　绩效的三层融合 | 102

4.1.1　组织绩效不是个人绩效的简单加总 | 102

4.1.2　个人绩效是为组织绩效实现服务的 | 104

4.1.3　流程绩效是组织绩效和个人绩效的桥梁 | 105

4.2　组织绩效指标设计 | 106

4.2.1　上下对齐，层层支撑到位 | 106

4.2.2　部门绩效指标要"拧麻花"，形成合力 | 109

4.2.3　组织绩效指标有挑战性且可达成 | 111

4.3　部门绩效指标制定 | 113

4.3.1　厘清部门的职责，确定部门重点工作 | 113

4.3.2　基于部门责任分解矩阵，分解组织目标 | 115

4.3.3　形成部门 KPI，输出部门绩效考核表 | 116

4.4　导出个人绩效目标 | 119

4.4.1　员工要充分理解组织绩效目标 | 119

4.4.2　部门主管要辅助员工制定个人绩效目标 | 121

4.4.3　基于岗位价值定位，设计个人绩效目标 | 122

4.5　绩效考核与强制分布 | 125

4.5.1　绩效评价应以价值创造为准 | 125

4.5.2　差异化评价不同层级的员工 | 126

4.5.3　绩效结果等级划分及强制分布 | 129

第 5 章

关联个人绩效 | 133

5.1　激励要融合个人绩效，拉开差距 | 134

5.1.1　在激励分配上要打破平衡 | 134

5.1.2　挂钩个人绩效，实现差异化激励 | 135

5.1.3　给火车头加满油，拉开收入差距 | 136

5.2　利用绩效结果进行绩效奖金分配 | 138

5.2.1　组织绩效结果影响部门奖金包 | 138

5.2.2　组织绩效结果影响团队成员的绩效等级分布比例 | 140

5.2.3　个人绩效结果影响员工绩效奖金 | 141

5.3　绩效调薪，让绩优员工实现增值 | 143

5.3.1　绩效等级不同，调薪幅度不同 | 143

5.3.2　让绩优员工实现小步快跑式增值 | 146

5.3.3　对绩效表现差的员工降薪降级 | 147

5.4　绩效结果与培训管理的融合应用 | 148

5.4.1　绩效结果诊断，提取绩效低下因子 | 148

5.4.2　基于绩效低下因子，制订培训计划 | 150

5.4.3　培训计划实施与效果评估 | 151

5.5　将绩效考核结果用于职位变动 | 153

5.5.1　对于绩效优秀的员工，优先提拔 | 153

5.5.2　对于绩效表现不佳的员工，要调岗或降职 | 154

5.5.3　采用末位淘汰制，激活沉淀层 | 155

第 6 章

融合长期激励 | 159

6.1　长短结合，激发员工的动力 | 160

6.1.1　融合长期激励，提升人才吸引力 | 160

6.1.2　将长期激励保持在适当水平上 | 163

6.2　人人账本与合伙人计划 | 164

6.2.1　形成合伙人计划，共创共享 | 164

6.2.2　合伙人的选择与调整 | 166

6.2.3　人人账本与合伙人计划的融合应用 | 168

6.3　人人账本与员工持股计划 | 169

6.3.1　实施员工持股计划，形成利益共同体 | 169

6.3.2　员工持股计划的设计步骤 | 171

6.3.3　人人账本与员工持股计划的融合应用 | 174

6.4　人人账本与股票期权计划 | 175

6.4.1　以股票期权计划绑定核心员工 | 175

6.4.2　股票期权计划的方案设计 | 177

6.4.3　人人账本与股票期权计划的融合应用 | 180

6.5　人人账本与利润分红计划 | 182

6.5.1　员工激励的利器：利润分红计划 | 182

6.5.2　利润分红计划的设计步骤 | 184

6.5.3　人人账本与利润分红计划的融合应用 | 185

第 7 章

适配管理方法 | 187

7.1 建立流程规范与工作标准 | 188

7.1.1 建立完善的工作流程与工作标准 | 188

7.1.2 厘清流程间的关联性 | 191

7.1.3 细化流程运作标准要求 | 193

7.2 开展教练式辅导，激发员工的潜能 | 195

7.2.1 管理者对员工绩效的影响 | 195

7.2.2 直接主管要负起教练的责任 | 197

7.2.3 教练式辅导激发员工潜能 | 199

7.3 写好工作日志，让绩效管理更高效 | 201

7.3.1 绩效管理的高效工具：工作日志法 | 202

7.3.2 通过工作日志，及时了解员工的工作情况 | 203

7.3.3 围绕个人绩效目标，撰写工作日志 | 205

7.4 运用 OKR 工作法，做好绩效过程管理 | 207

7.4.1 OKR 是目标管理工具，更是沟通工具 | 207

7.4.2 OKR 与 KPI 融合应用 | 210

7.4.3 定期追踪与复盘，让员工聚焦目标达成 | 212

7.5 通过"数据监控"，分析经营异常 | 215

7.5.1 把"死"数据做"活" | 215

7.5.2 发现问题，及时解决 | 217

第 8 章

持续激活组织 | 221

8.1 突破成长规律 | 222

8.1.1 企业成长生命周期 | 222

8.1.2 突破成长规律，实现再成长 | 224

8.2 简化管理层级 | 227

8.2.1 减少不必要的管理层级 | 227

8.2.2 识别并改进流程中的不足 | 230

8.3 做好减员增效管理 | 232

8.3.1 持续提升人均回报率 | 232

8.3.2 岗位集约，提升人效 | 233

8.3.3 建立人力数量和成本模型 | 235

8.4 朝着熵减的方向发展 | 237

8.4.1 企业会逐步走向熵增 | 237

8.4.2 流程优化，持续对抗熵增 | 239

8.4.3 人才能力持续升级，适配组织发展 | 241

参考文献 | 245

第

1

章 | 流程创造价值

　　"流程再造之父"迈克尔·哈默认为："为客户创造价值的是流程，而不是哪个部门。"也就是说，静态的组织是通过流程为客户创造价值的。要想更好地为客户创造价值，企业必须构建科学合理的流程。

1.1　价值链与商业模式

价值链在经济活动中是无处不在的，上下游的企业与企业之间存在行业价值链，企业内部各业务单元之间的联系构成了企业价值链。行业价值链是指整个行业在从原材料输入到客户收到最终产品这个过程中，所经历的各种有价值的活动。企业与企业之间的竞争，不仅仅是某个环节的竞争，更是整个价值链的竞争。

1.1.1　明确企业在行业价值链中的位置

"竞争战略之父"迈克尔·波特表示："在特定产业中，企业价值链深藏在一个更大的活动群中，我们称之为'价值系统'。"也就是说，企业价值链是处于一个产业及社会的价值创造体系或价值网络之中的。在企业价值链上，各个环节的利润空间是不均衡的，如图1-1所示。

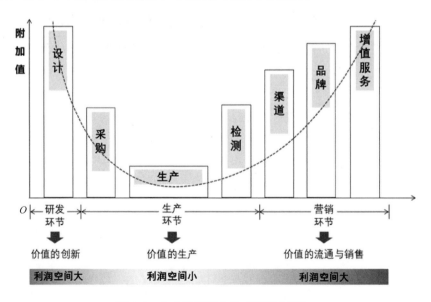

图1-1　企业价值链中的"微笑曲线"

观察图 1-1，我们会发现：在整个企业价值链中，附加值更多地体现在微笑曲线的两端，也就是最前端的研发环节和最后端的营销环节，而处于中间的生产环节的附加值最低。生产环节是劳动力最为密集的环节，也是微笑曲线的最低处。

全球某知名企业几乎只做微笑曲线两端的业务：设计、品牌、渠道，而把自身不具备优势且难以管理的业务环节外包给合作伙伴，既降低了自身的投资和管理成本，又获得了较高的利润空间。所以从 2013 年到 2019 年，该知名企业的利润一直很高。到了 2021 年，该知名企业实现营收 3658.17 亿美元，利润高达 946.80 亿美元，差不多每天能赚 2.59 亿美元，利润率达到 25.88%。

腾讯是做增值服务的代表，推出的产品基本都是免费的，但当你需要它提供更多服务时，就需要付费了。腾讯的增值服务业务分为网络游戏业务和社交网络业务两部分，其营收在公司总营收中的占比始终超过 50%。在 2021 年，腾讯增值服务业务的收入达到 2915.7 亿元，同比增长 10%，占公司总营收的比例为 52.06%。

富士康被称为"代工之王"，其主营业务集中在生产环节，在 2021 年富士康宣布为菲斯克代工造车，代工造车业务可能成为其接下来新的利润增长点，但富士康仍然逃不过利润空间较小的命运。2022 年《财富》世界 500 强排行榜数据显示，2021 年富士康实现营业收入 2146.19 亿美元，利润为 49.88 亿美元，利润率仅为 2.32%。

为此，企业必须思考自己的价值链是什么样子的，以及价值链上的每一个环节是不是都有必要去做。企业需要明确适合自身的价值链长度，即自己在行业价值链中应处于哪个位置，从而划定自身的经营范围，并进一步探索利用行业价值链的更好方法，以此来保障利润空间的扩大，向微笑曲线的两端迈进。

通常来说，很多企业会由于受技术进步、市场竞争、行业壁垒等诸多因素的限制，只能将业务定位于价值链上的一个或几个环节，难以兼顾全盘。所以，综合考量自身因素与市场因素，明确自身在行业价值链中的位置，对企业来说是非常重要的。

京东集团创始人刘强东认为，"创造价值才能得到回报"是所有商业模式的基础。针对消费品行业，刘强东提出了一套非常独特的理论——"十节甘蔗"理论：消费品行业的价值链分为创意、设计、研发、制造、定价、营销、交易、仓储、配送、售后十个环节。其中，创意、设计、研发、制造、定价五个环节归于品牌商；营销、交易、仓储、配送、售后五个环节归于零售商，如图1-2所示。

创意	设计	研发	制造	定价	营销	交易	仓储	配送	售后
品牌商					零售商				

图1-2　"十节甘蔗"理论

刘强东认为，从短期来看，这"十节甘蔗"中每一节甘蔗的长度都会发生变化；但是从长期来看，这"十节甘蔗"的总长度是相对固定的。"当进来的品牌过多时，竞争变得激烈，利润减少，那么这节甘蔗就变短了。在这种情况下，行业就会发生并购整合。比如，整个电子商务行业之前有40多家公司，现在只剩下10多家了。所以从长期来看，市场规律导致行业和品牌的利润处在一个相对合理的水平上。"基于这一理论认知，京东集团多年来不断向上游拓展，努力整合并延伸到其他环节，以期"吃掉更多的甘蔗"。

企业应当站在整个行业的角度，从战略的高度厘清自己与供应商、经销商的关系，以及与自己同处于一个行业价值链上的其他企业的整合程度对自身构成的威胁，从而寻求利用行业价值链来降低成本、创造价值的方法。

1.1.2　定位企业的商业模式

"现代管理学之父"彼得·德鲁克说："当今企业之间的竞争，不是产品之间的竞争，而是商业模式之间的竞争。"所谓商业模式，就是企业赚钱的来源和方式。我们可以用一种比较简单的表述来解释企业的商业模式，即企业在加工什么资源、依靠什么能力、创造什么价值。企业按照商业模式的不同大致可以分为五类，每类企业的竞争力来源是不同的，如表1-1所示。

表 1-1 企业按照商业模式分类与竞争力来源对比

序号	分类	代表企业	竞争力来源
1	资源类	中石油、宝钢	规模效应和成本优势
2	价值链类	小米、沃尔玛	效率、质量、成本、快速响应及轻量级研发
3	技术类	华为、苹果	持续加大研发投入，形成技术优势
4	品牌类	星巴克、路易威登	符号、故事和文化
5	平台类	阿里巴巴、腾讯	网络效应和转换成本

第一，资源类。该类企业非常依赖加工的资源，如石油开采、金属冶炼等传统行业的企业都属于这一类。第二，价值链类。小米的网络直销和沃尔玛的供应链管理都是在价值链环节上进行的创新，用高性价比的产品去抢占客户。第三，技术类。该类企业长期维持高额的研发投入，助推企业技术不断迭代升级，以巩固自身在行业领域中的领先地位，如华为、苹果。2021年，华为的研发投入达到1427亿元，占全年收入的22.4%，在全球企业中位居第二。第四，品牌类。该类企业的品牌价值不容忽视，它们的产品被赋予了更多的理念与文化，如星巴克、路易威登。第五，平台类。该类企业搭建一个双方或三方平台，优化从需求端到供给端的服务体验，如阿里巴巴、腾讯。

对采取不同商业模式的企业而言，它们的竞争力来源是不一样的。资源类企业的竞争力来源是规模效应和成本优势。价值链类企业的竞争力来源是效率、质量、成本、快速响应及轻量级研发。技术类企业是依靠持续加大研发投入并形成技术优势来获利的，如果没有长期的研发投入，该类企业就难以生存下去。品牌类企业的竞争力来源是符号、故事和文化。华为之所以不属于品牌类企业，是因为它的品牌依托于它的产品和技术。一旦产品和技术落后了，品牌就一文不值。平台类企业的竞争力来源是网络效应和转换成本，互联网公司之所以容易形成一家独大，是因为它具备网络效应。比如，微信只要发展良好，就很难被其他的社交软件所颠覆。

由此可见，企业必须认清自己的商业模式定位，才能形成自己的竞争力。很多企业经营失败，主要是因为没有找到适合自己的商业模式。

以中国智能手机行业为例。从2017年开始，智能手机行业的增速逐渐放缓，部分智能手机企业由于没有清晰定位自己的商业模式，逐渐被市场淘汰，如金立、酷派、锤子等。反观华为、小米、OPPO及ViVO等企业，它们却发展得越来越好，为什么呢？主要是因为华为对自身的定位很清晰：华为是技术类企业，依靠技术创新来赢得客户。小米、OPPO及ViVO则清晰地将自己定位为供应链类企业，它们在供应链上进行了很大的创新与突破：小米是中国第一家做互联网直销的企业，OPPO和ViVO因本身是电子制造企业，主要做营销渠道和生产制造。

其实，各行各业的商业模式是在不断发生变化的。当客户需求变化、行业趋势发展、全球经济变化等因素出现时，企业需要有针对性地调整和重构商业模式。

随着数字化时代的到来，企业需要重新思考如何为客户创造价值，调整适合自身发展的商业模式，持续构筑核心竞争力。进入数字化时代，华为将自身的定位调整为"聚焦于ICT基础设施，成为企业数字化转型使能者的角色，以及为消费者打造全场景智慧生活体验"，将商业模式扩展为"卖产品+专业服务+云服务"，通过开创新的商业模式，为自己带来长期的战略机会。

2021年，华为推出了"华为智慧养猪解决方案"，通过智能化手段来提高养猪效率。据悉，这套方案提供仪表盘监控、大数据分析、数字化管理等功能，支持AI识别、AI预测、AI决策等，还能实现全感知监控、机器人巡检和自动远程控制。

智慧养猪是华为用视频、云服务赋能千行百业的一个场景，背后其实是华为在探索云服务的新商业模式。2020年年底，华为心声社区曾发布任正非关于云业务的发言，他表示："让客户像用电一样使用华为的云服务，才是我们的目的。华为云不是我们传统硬件设备的领先优势，而是华为面向客户进行的商业模式的改变，即由卖产品改变为卖云服务。华为必须构建卖云服务的能力及支持面向客户提供云服务的运营能力、运维能力。我们在向亚马逊、微软学习的同时，也要将本身30年的网络积累做成云服务市场独有的优势，开创更大的空间，构建差异化特色。"

商业模式的种类很多，企业需要通过对目标客户的需求进行分析，发现市场的重大机会点，进而确定不同阶段最适合自身发展的商业模式。

1.1.3 商业模式与价值创造

哈佛商学院的克莱顿·克里斯滕森教授说："商业模式是一个创造和传递客户价值与企业价值的系统。"企业在确定自己的商业模式时，一定要以客户为中心，通过为客户创造价值，获得利润与回报。企业可以采用商业模式画布（见图1-3）来确定自己的商业模式。

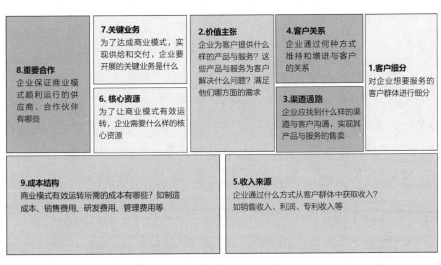

图 1-3 商业模式画布

商业模式画布由9个模块构成。

（1）客户细分：企业为谁提供服务？为谁创造价值？谁是企业的重要客户？

（2）价值主张：企业为客户提供什么样的产品与服务？这些产品与服务为客户解决什么问题？满足他们哪方面的需求？

（3）渠道通路：企业应找到什么样的渠道与客户沟通，实现其产品与服务的售卖？渠道通路是将企业的价值主张传递给客户的沟通及销售渠道。

（4）客户关系：企业通过何种方式维持和增进与客户的关系？

（5）收入来源：企业通过什么方式从客户群体中获取收入？收入来源包括销售收入、利润、专利收入等。

（6）核心资源：为了让商业模式有效运转，企业需要什么样的核心资源？核心资源可以是实体资产、金融资产、知识资产和人力资源等。

（7）关键业务：为了达成商业模式，实现供给和交付，企业要开展的关键业务是什么？

（8）重要合作：企业保证商业模式顺利运行的供应商、合作伙伴有哪些？

（9）成本结构：商业模式有效运转所需的成本有哪些？如制造成本、销售费用、研发费用、管理费用等。

商业模式画布可以帮助企业厘清如何为细分客户提供独有的价值，从而催生创意、降低猜测，定位目标客户，合理解决问题。

一些企业往往会陷入误区："只要产品够好、服务够完善、技术能力够强大，就一定会有客户来买单"。然而企业的产品最终却卖不出去。这是因为客户不需要这个产品，或者企业没能让客户认识到自己需要它。也就是说，在商业模式画布中，客户细分、价值主张等没有被梳理清楚。所以，企业应当先弄清楚"客户为什么要买我们的产品""客户为什么必须购买我们的产品"，更深刻、更准确地去定位客户的需求，同时明确客户遇到的实际问题，提出解决方案，再从客户价值角度去判断解决方案的合理性。

企业可以围绕行业价值链的升级、融合、挖掘、分解与重组，来创新自己的商业模式，以重塑企业价值，提升价值创造的能力。

如今，电商行业绝大部分市场已经被淘宝、天猫、京东等巨头牢牢掌控，但拼多多凭借出色的商业模式挤进了这个几乎饱和的市场。成立三年来，其客户人数已突破3亿个，成为仅次于淘宝、天猫、京东的一线电商平台。

拼多多的低价优惠销售商品、社交分享、满足消费者占便宜的心理、帮助商家建立品牌的价值主张是使其成功的重要因素。它最初将客户细分到三四线城市的新网民。这些"尾部"的消费群体可支配收入不高，对价格极其敏感，他们不看重产品的品牌价值，只在乎实用与否。

另外，拼多多采用了C2B的社交电商模式来拓展客户渠道。比如，在成立初期，拼多多运用微信红利低成本获得了大量客户，同时采取拼单、秒杀等活动，利用客户的社交力量将其传播出去，通过明星代言和综艺宣传增加曝光度。

总之，拼多多通过团购拼单、特色营销（如助力免单、品牌折扣、砍价免费、红包小程序等活动）来吸引消费者的注意力，激发他们的兴趣，建立了相互信任的客户关系。

可以看出，企业可以从拓宽价值链的角度，抓住价值链的细分环节，进而形成新的细分领域与发展业态，持续创造价值。

1.2 价值创造活动分析

迈克尔·波特指出："每一个企业都是在设计、生产、销售、发送和辅助其产品的过程中进行种种活动的集合体。所有这些活动都可以用一个价值链来表明。"在企业组织的诸多活动中，并非所有活动都在创造价值，只有部分特定的活动才会真正创造出价值。

1.2.1 开展价值创造活动分析

真正创造价值的活动，被人们视为价值链上的"战略环节"。企业要保持的竞争优势，实际上就是企业在价值链某些特定的战略环节上的优势。企业战略的核心思想是阐释企业如何实现价值创造，从而获得价值竞争优势。也就是说，价值创造活动是企业战略的体现。

小米公司成立于 2010 年 4 月，是一家专注于高端智能手机、互联网电视及智能家居生态链建设的创新型科技企业。近年来，国产品牌的竞争异常激烈，基于此小米公司开始不断开拓海外市场。小米公司的国际化战略可以概括为：以智能手机为中心，逐步向智能生活家电延伸，通过逐渐完善小米智能生态链的方式进行国际化拓展。在此战略背景下，小米公司的价值创造活动也在不断延伸和扩展。

（1）生产国际化：投建海外工厂。2015年8月，小米公司在印度创建的第一家工厂正式投入使用，小米公司和富士康在印度开展深度合作。小米公司在印度投建了7家工厂，90%以上在印度销售的小米手机都是在本土生产的。

（2）销售国际化：采用线上与线下相结合的模式。在线上，小米公司通过与当地的主流电商平台进行合作，如亚马逊、家乐福。在线下，小米公司主要通过开设小米之家来销售产品。2014年，小米公司将印度作为国际化首站来进行销售，2017年年底小米成为印度市场出货量最大的手机品牌。

（3）服务国际化：小米公司主要通过"线上"的销售平台提供售后服务，在线就可以完成保修、上门退换货、返厂维修等服务。同时，为了迎合国外客户线下消费的偏好，小米公司通过在当地开设小米小店，以及与当地运营商合作的方式来提供产品的售后服务，其印度市场近90%的手机售后维修服务能在4小时内完成。

可以看出，企业战略最终会在价值创造活动中得到清晰的体现。因此，企业内部的价值创造活动是战略落地的关键。那么，到底该如何进行价值创造活动分析呢？

企业的经营管理分为三个层次（见图1-4）。

第一，决策层：把握方向和资源配置，体现增值性；主要关注企业战略、计划、创新、品牌、企业文化等。

第二，管理层：承上启下，在确定的方向与战略上提供支持服务；主要关注企业信息管理、人力资源管理、财务会计管理、行政后勤管理等。

第三，运营层：承接企业的持续经营与发展；主要关注流程与管理体系的内容，如采购、仓储、计划、调度、车间、质检、成品、分销、配送、服务等。

分析企业价值创造活动的目的在于确定企业运行的哪个环节可以提高客户价值或降低生产成本。企业可以通过四个关键问题来分析任何一项价值创造活动：（1）是否可以在降低成本的同时维持价值（收入）不变；（2）是否可以在提高价值的同时保持成本不变；（3）是否可以在降低工序投入的同时保持成本收入不变；（4）能否同时实现（1）、（2）、（3）条。

决策层 体现增值性（方向/ 资源配置）	企业战略/计划/创新/品牌/企业文化	关键问题
管理层 提供支持服务（效率 性/费用控制）	企业信息管理 人力资源管理 财务会计管理 行政后勤管理	(1) 是否可以在降低成本的同时维持价值 （收入）不变； (2) 是否可以在提高价值的同时保持成本 不变； (3) 是否可以在降低工序投入的同时保持 成本收入不变；
运营层 持续经营与发展（增 值性/成本控制/收入 增长）	采 仓 计 调 车 质 成 分 配 服 购 储 划 度 间 检 品 销 送 务	(4) 能否同时实现（1）、（2）、（3）条

图 1-4 企业价值创造活动分析

价值创造活动分析为价值评价和价值分配提供了方向和依据。比如，很多企业提出了"用三个人，干五个人的活，拿四个人的工资"，这其实也是一种促进价值增量的管理思路。

1.2.2 区分价值创造活动的类型

为了更好地对价值创造活动进行分析，我们可以对价值创造活动的类型加以区分。在迈克尔·波特的价值链理论中，价值创造活动被分为基本活动（价值创造活动）和支持活动（支持价值创造的活动）。基本活动和支持活动构成了企业价值链，如图 1-5 所示。

图 1-5 企业价值链

基本活动是指那些涉及产品实体的创造、分销、配送及售后的支撑性与服务性活动，包括内部物流、生产加工、外部物流、市场营销、服务五大部分；支持活动是指那些让基本活动得以顺利进行的活动，包括采购、技术开发、人力资源管理、企业基础设施建设四大部分，如表 1-2 所示。

表 1-2　价值创造活动的分类

类型		说明
基本活动	内部物流	接收、存储和分配的相关活动，如原材料搬运、仓储管理、库存量控制、车辆调度等
	生产加工	将投入转化为最终产品的相关活动，如机械加工、部件组装、产品包装、设备维护与检修、外观印刷、设施管理等
	外部物流	与集中、存储和将产品发送给客户有关的各种活动，如产成品库存管理、原材料搬运、送货车辆调度等
	市场营销	与提供一种客户购买产品的方式和引导客户购买产品相关的活动，如广告推广与促销、销售组织、渠道选择、渠道关系、产品定价与报价等
	服务	提供服务以增加或保持产品价值的相关活动，如安装、维修、培训、零部件供应等
支持活动	采购	购买用于企业价值链上的各种投入，既包括对生产原料的购买，也包括与支持活动相关的购买行为（如研发设备的采购等）
	技术开发	在研发、生产、供应等价值活动中，确定工艺要求、制造路径、作业程序、质量控制等技术文件
	人力资源管理	包括所有类型人员的招聘、雇佣、培训、开发和酬劳等各种活动。人力资源管理对基本活动和支持活动起到辅助作用，并支撑着整个价值链
	企业基础设施建设	包括总体管理与计划、财务、会计、法律、质量管理等方面的活动

区分基本活动和支持活动的意义在于，企业本身各种价值创造活动的目的、属性和特征是不同的，必须区别对待。在咨询公司或技术公司内，人力资源管理属于基本活动，如果将人力资源管理归为支持活动，就会削弱人力资源要素的战略作用，因为这些公司的驱动因素就是人。在商超行业中，采购应该属于企业的基本活动，在其他行业中可能属于支持活动。

因此，在迈克尔·波特的价值链理论的基础上对价值创造活动进行创新和优化，价值创造活动可能会产生新的分类。知名战略管理专家施炜在对迈克尔·波特的价值链理论做出改进之后，提出了四种价值创造活动，如表 1-3 所示。

表1-3 四种价值创造活动的类型

类型	说明
牵引性活动	指引着企业业务运行、发展的方向，并控制着企业业务过程中的各类管理活动，如战略管理、年度计划与预算管理
增值性活动	企业在创造特定业务价值时依循的主流程和其中最为重要的业务活动内容，也称"价值流"，如制造类企业的增值性活动主要包括研发、生产、销售等
要素性活动	人才、资金、技术是创造客户价值所必需的三大要素，也是企业能力基础中最为重要的构件
支持性活动	为了支持增值性活动和要素性活动而开展的各种管理类活动和业务类活动，具有服务属性，如财务管理、行政事务管理、公共关系管理

企业的各类价值创造活动以不同的功能发挥着不同的作用，共同支撑着企业价值的最终输出。要想合理地区分价值创造活动的类型，就必须对各项活动的本质与细节进行分析，明确这些具体的价值创造活动对企业最终价值输出的影响。

1.2.3 确定企业的关键活动

不同的价值创造活动会给企业带来不同的经济效益和价值收益，企业需要对各种价值创造活动进行区分。根据施炜的价值创造理论，价值创造活动应当共同指向三重价值：

一是客户价值，以客户的价值盈余（客户获得的价值与客户付出的代价之差）来衡量；

二是企业价值，通常以资本市场上的市值来衡量（即使不是上市公司，基本上也能估值）；

三是人力资本价值，主要以员工的平均总收入（月度/年度）等来衡量。

在这三重价值中，客户价值是具有前提性和首要性的价值。如果企业价值目标偏离了客户价值，那么企业价值和人力资本价值就无法持久存在。因此，我们可以将对客户产生价值贡献的活动确定为企业的关键活动。

华为创始人任正非说："客户是企业生存的唯一理由。""以客户为中心"一直都是华为坚守的核心价值观，任正非在内部一直强调"深淘滩、低作堰"

的思想就是很好的证明。华为认为，留存合理的利润，保证企业能活下去，不追求利润最大化，让利给客户，让利给上下游企业。让客户的利益链得到保证，企业就有赚不完的钱。因此，华为的价值创造活动的首要目标就是"为客户创造价值"。

以项目铁三角团队为例，华为每次和客户接触，不再是个体作战和各自为战，而是由"客户经理"、"解决方案专家"和"方案专家"共同组成的三角团队来完成的。三者的组合不仅能够覆盖包括客户需求分析、方案提供、方案落地在内的整个流程，还能够在第一时间做出决策并给客户提供最优的解决方案，极大地提高了服务效率。

为了鼓励员工关注客户需求，切实为客户创造价值，华为建立了一条特别的绩效标准：只有最终对客户产生价值贡献才是真正的绩效。只有对客户产生价值贡献的活动，才是华为认可的价值创造活动。

在这样的前提下，华为的企业价值节节攀升。胡润研究院的《2021 胡润中国大消费民企百强榜》显示，2021 年华为的市值约为 11000 亿元。

可以看出，华为将对客户产生价值贡献的活动确定为关键活动，并对关键活动及相关驱动因素予以有效控制。

当然，对处于不同的行业的不同企业而言，价值导向、价值创造活动及关键活动并不完全相同。所以，我们必须对企业所处的行业及企业自身状况进行系统而深入的分析，以确定企业价值链上具有战略意义的关键活动。

1.3　关键任务与流程

价值创造是企业发展的核心，而流程是由一系列价值创造活动组成的，是将价值传递给客户并最终作用于市场的流通渠道。关键任务是指完成业务设计和价值主张不可或缺的业务活动。完成关键任务是需要流程来支撑的。也就是说，流程是跑道，关键任务是抓手。

1.3.1 理解企业的业务战略

企业的价值创造活动都是在企业战略的指导下进行的。企业战略大致分为公司战略、业务战略两个层次。公司战略主要涉及业务整合、结构转换等内容；业务战略主要是指如何开展选定的业务，即对选定业务的发展逻辑进行基本规划。

业务战略大致可以分为以下三类。

（1）成本领先战略，指企业强调以低单位成本为客户提供低价格的产品；

（2）差异化战略，指企业选择许多客户重视的一种或多种特质，并赋予其独特的地位以满足客户的要求；

（3）专一化战略，指主攻某一特殊的客户群、某一产品线的细分区段或某一地区市场。

在小米公司成立之初，智能手机市场已然竞争激烈，与一些老牌公司相比，小米公司在品牌、技术、人才等方面均有很大差距。为了在手机市场中占领一席之地，小米公司采取的是成本领先战略。在生产环节，小米公司将手机硬件生产外包给富士康、英华达等公司，降低库存水平，减少在中间环节的投资和管理成本；在销售环节，小米公司起初没有实体零售店，主要借助电商平台进行销售，有效降低了成本；在研发环节，小米公司充分利用"发烧友"互动、线上论坛等形式，让消费者亲自参与，以此吸收设计、创新、迭代的灵感，共创产品，有效地控制研发成本。

海底捞是通过差异化战略在国内餐饮行业中脱颖而出，进而发展壮大的。差异化战略主要体现在以下几个方面。

第一，在产品方面，海底捞始终坚持"绿色、无公害、一次性"的选料原则，以独特、纯正、鲜美的口味和营养健康的菜品，赢得了客户的一致推崇，获得了良好口碑。

第二，在服务方面，海底捞改变传统，提倡个性化的特色服务，致力于为客户提供"贴心、温心、舒心"的服务。海底捞的服务不仅体现在某一个细小的环节上，还形成了从客户进门到就餐结束的一套完整的服务体系。差异化的服务让客户感动，使客户在一定程度上形成了对产品和服务的固定认识，进而促进企业的服务提高到相应的水平。

阿里巴巴近年推出的企业办公软件——钉钉，在企业办公即时通信领域已经抢占了中国市场第一的位置。其实，钉钉推出的时间比企业版的微信、QQ 都要短，钉钉之所以能快速抢占市场，是因为采用了专一化战略。钉钉在设计产品的时候就非常清晰地定位了目标客户群：为企业主服务的客户，因此开发的已读功能深受客户的喜爱。

相对于竞争对手而言，业务战略与企业在行业中所处的位置相关，强调了企业在所属行业领域中的生存、竞争与发展之道。企业如何整合资源、创造价值，以满足客户，是业务战略关心的重点。

1.3.2　识别并输出关键任务

关键任务的概念来自迈克尔·塔什曼创建的组织一致性模型，也是 BLM（Business Leadership Model，业务领先模型）（见图 1-6）中战略执行部分的理论来源。关键任务是企业整个执行体系中最重要的起点，关键任务本身的识别也是执行体系中挑战最大的。

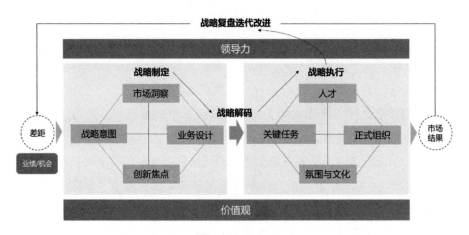

图 1-6　BLM

通过识别关键任务，可以找到战略落地的焦点。对于关键任务，IBM 认为它主要是指持续性的战略举措，目的是支持业务设计，特别是价值主张的实现。关键任务通常可以从客户管理、市场营销、产品开发、流程建设、风险管理、能力建设等维度来定义。也就是说，通过对战略进行分析和判断，找出企业实现销售收入、新产品开发、交付等背后的关键事件，有深度地完成它们，就基本能保证企业战略目标的实现。反过来，销售收入等数据也能在一定程度上用来验证这些关键任务的设定是否有效。

企业应以"多产粮食，增强土地肥力"为主要标准，采用"重点、难点、变化点"的方式对战略目标加以梳理，进而识别出支撑企业价值创造的关键任务。

（1）重点：基于企业战略与岗位价值要求，对差距做出分析与判断，或者找到支撑业务数据的核心工作，或者找到"撕开城墙口"的策略与方法。在华为，重点被表述为抓市场的主要矛盾与矛盾的主要方面。任正非指出："市场不是绘画、绣花，不光要有精细化管理，还要有清晰的进取目标，要抓住市场的主要矛盾与矛盾的主要方面。"

（2）难点：企业在一定阶段内完成关键任务会面临的障碍和挑战称为难点。比如，华为以项目为中心的管理转型，跨部门、跨领域的端到端的流程打通等。很多时候，企业的各层级管理者不是看不到难点，而是不愿意去"啃"难点，不愿意跳出"舒适区"，因为企业未将这些难点纳入关键事件进行绩效驱动。

（3）变化点：在智能化时代，企业所面临的市场环境变化是非常迅速的，其中有些变化甚至是颠覆性的。为此企业需要在尽量短的时间内识别出变化因素，对业务目标进行重新审视，校验目标重点。这些变化因素就是企业的变化点。

经过对企业战略的反复解读与分析，以及内部的不断讨论，对关键任务的识别会越来越精准、越来越有效。表1-4所示为H企业年度关键任务示例。

表1-4　H企业年度关键任务示例

序号	关键任务
1	终端领域继续战略突破，销售额突破一千亿美元
2	建立领先者人才结构

续表

序号	关键任务
3	建立项目型组织，落实"让听得见炮声的人做决策"
4	继续加强研发的战略投入，避免颠覆创新的出现
5	继续建设欧洲市场

一般来说，企业每年的关键任务不宜过多，有五到六个就足够了。如果企业每年能够把五六个关键任务高质量完成，就非常了不起了。有的企业管理者会问："公司的关键任务都完成了，可是公司的绩效却没有改观。"如果是这样，那说明关键任务本身的设置出了问题。

通过识别并输出企业战略目标背后的关键任务，可以引导企业上下在不同阶段聚焦到不同的工作重点上，从而高效地分配企业资源，避免产生平均用力、资源浪费的情况。

1.3.3　用合理的流程支撑关键任务的完成

我们通过对业务战略进行逐层分解，识别并提炼出关键成功要素，最终可以明确关键任务。而流程体系以业务战略为目标和方向，是实现业务战略并输出价值的多条路径。如果企业的流程体系是科学合理的，那么它便会在一系列价值创造活动中自然而然地支撑关键任务与价值目标的完成。

2003年，在华为与英国电信就"21世纪网络"的项目进行合作谈判时，英国电信对华为进行了4天的资格认证，认证涉及华为业务管理的13个方面，覆盖了从商业计划、客户关系管理到企业内部沟通的纵向管理过程，以及从需求获得、研制生产到安装交付的横向管理过程。英国电信的认证官在最后总结时说道："华为是一个'万花筒''百宝箱'，还是一个'博览会'。业界所有管理工具华为都有，但都是散落在各地的零配件，我看不到一个覆盖全流程的系统。"在英国电信看来，华为所有的流程都是一段一段的，各自为战，华为没有实现流程贯通并形成科学合理的流程体系。

企业需要打通业务流程，厘清关键任务，用合理的流程体系来支撑关键任务的完成。而合理的流程体系，不仅可以提高企业管理的规范化程度，降低流程风险，提升工作质量，还可以缩短内部运作时间，提高工作效率，降低运作成本。

以服务行业为例，服务品质是企业获得超强竞争力的关键：客户不仅希望所得到的产品符合标准，还非常注重服务效率。

星巴克是世界领先的特种咖啡的零售商、烘焙者和品牌拥有者。自 1999 年进入中国以来，星巴克一直致力于发展成为一家与众不同的公司：在传承经典咖啡文化的同时，关爱伙伴，为客户提供不同的星巴克体验。星巴克之所以比对手强，就在于它几乎所有的流程都是标准化的。比如，1 小时服务 220 位客户；客户进门 3~5 分钟就能拿到咖啡；卡布其诺加牛奶煮 6~8 秒，拿铁煮 3~5 秒，绝不弄混；倒掉超过半小时的咖啡；有 87000 种饮料组合；使用更好的 Mastrena 咖啡机；事无巨细的咖啡师培训；提供免费无线网络等。这些标准化的流程不仅确保了产品质量，还大大提高了服务质量和服务效率。

可见，不合理的流程是无法创造价值的，只有合理的流程才可以为企业创造价值，并实现价值提升。流程以价值创造活动为核心，将价值创造活动进行分段、分节的组合，因此，很多企业也将流程价值作为价值分配的重要参考。

1.4　流程决定组织

迈克尔·哈默说："流程决定组织架构。"为客户创造价值的是流程。企业或组织必须依靠科学的流程体系运作来创造价值，而业务流程的落地也需要相应的组织结构来支撑。为此我们需要分析组织结构与业务流程的匹配性，基于业务流程设计组织结构。

1.4.1　流程与组织的关系

民间有句俗话："要想富，先修路。"企业要想发展，就得先修好企业价值创造之路。很多知名企业认为流程就是企业价值创造之路。不管企业的规模是大还是小，都有自身的业务运作流程，只是复杂度不一样而已。

假如把企业看作人体，那么战略就好比人体的大脑，它决定着我们做什么；组织则是人体内部的各个器官，它们在人体内部起着不同的作用，实现自己的特定功能；流程则是遍布全身的血管和神经，它们通过连接不同的器官，将各个器官输出的物质进行有效循环，维持人体系统的正常运行。

流程与组织之间并非对立的关系，也没有谁比谁更重要的比较，而是相辅相成、相互制约、相互渗透的关系。两者都是为价值创造这个共同目标服务的。

战略决定企业的高阶流程（也就是企业级的端到端流程），高阶流程决定企业的组织结构，组织岗位的设置会影响低阶流程的执行。反过来在流程优化过程中，企业也会对组织岗位提出优化建议，如增加或者合并岗位。所以在实际执行中，流程和组织是相互影响的。

一方面，流程决定组织设计。企业最核心的是业务流程，业务流程是把多个输入转化成价值输出的活动，以业务为需要，以满足客户需求为根本，因此流程是位于组织之前的。"企业最重要的就是盯住客户服务这条主干线流程，大家要以事为中心，岗位及组织的设计要随业务的需要进行灵活调整，而不能本末倒置，让流程迁就组织。"有些企业出现流程迁就组织的现象，在现有组织和岗位的基础上绕来绕去，导致设计的流程是不合理的。我们由此得出，当流程与组织不匹配时，企业需要调整的是组织。

另一方面，组织设计也会深深地影响流程的设计。同样一个业务，在业务逻辑没有任何变化的情况下，因为组织的变化，最终流程也会变化很大。比如，某公司所有的客户服务都在总部完成，随着业务规模的扩大，为了更好地服务各地的客户，该公司开始成立区域分公司。在本质上，业务是没有变化的，但因为公司组织结构从"单级组织"到"总部—分公司两级组织"的调整，所有的客户服务流程都要做调整。

组织调整是企业响应外界竞争态势、结合自身能力所做出的一种应战姿态。当外界的竞争环境发生改变时，企业首先应调整大的组织结构，让组织来适配流程。在进行大的组织结构调整以后，组织汇报关系、岗位的设置和相应的人事安排等也要改变。这时，流程、绩效、业务核心能力和人员技能等都需要随之进行调整。只有这样，企业才能推动战略落地，持续为客户创造价值。

1.4.2　分析组织结构和流程的匹配性

业务流程要落地，需要匹配相应的组织结构。具体来讲，就是组织结构中要有与流程匹配的角色岗位、决策体系、考核体系。因此，企业要基于战略，检视组织结构与业务流程的匹配性。

组织设计是服务于战略和流程的。在企业的战略、核心业务流程改变后，组织设计也要顺势而变。

2019 年，B 公司跟随市场环境调整业务战略，将原先以代理销售驱动业务发展的模式转变为以产品驱动业务发展的模式。在新的业务战略下，"产品开发"成为内部核心流程之一。为了推动业务战略的顺利实施，B 公司决定顺应形势进行组织变革。

B 公司在对业务与组织进行了全方位的审视后发现：产品开发对信息技术的要求较高，但是在现有的组织模式下，技术部门只是充当了"维修工"的角色，其主要工作就是管理和维护公司网络及计算机等相关设备。为了支撑"产品开发"流程的高效运转，B 公司整合原先的技术部门，成立产品与解决方案中心。产品与解决方案中心具有产品与解决方案开发、信息化管理两个功能，其主要职能包括负责公司产品的规划、开发与迭代及解决方案制定，做好竞品分析等工作；负责公司信息化建设的整体规划，设计开发方案并实施。新的组织结构让 B 公司的技术部门从"维修"等工作中解放出来，进而专注产品开发，这促使 B 公司的产品开发速度和能力都得到了进一步的提升。

可见，当组织结构与流程不匹配时，会导致很多问题出现。比如，部分流程运作处于闲置浪费状态；以领导为中心形成山头主义；部门墙厚重，业务流程割裂；企业难以对客户需求和市场变化做出快速而灵活的反应，继而造成流程运作过程中的价值流失等。

上海某高压电气设备公司的董事长在接触到 IPD（Integrated Product Development，集成产品开发）体系后，以为找到了让公司的创新和研发管理水平再上一个台阶的"金钥匙"。他反复研读华为的 IPD 体系，认为"流程不复杂，可以快速在公司引入"，于是立即号召公司所有管理层一起学习，并据此改造公司现有的产品开发流程。很快，全套流程制度出炉了，他随即下令将其在公司的 7 条产品线上的 60 多个项目组中同时推行。半年后，运转情况却和董事长当初构想的完全相反，各条产品线上的项目组完全陷入混乱状态。通过调研，董事长发现导致这种情况的主要原因是组织结构和流程的匹配度太低。比如，公司长期以来由总工和一些部门经理负责产品总体方案和系统设计工作，但在 IPD 体系实施过程中任命了大量不具备系统设计能力的工程师，他们难以承担系统设计的任务。

如何来分析组织结构与流程的匹配性呢？我们可以根据业务流程的分级，对照组织结构，检视组织结构与业务流程的匹配性（见图 1-7）。业务流程分级会把业务流程从宏观到微观、端到端地分解细化到具体操作的活动流程。

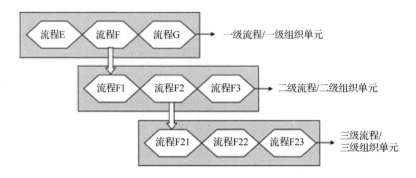

图 1-7　业务流程分级与组织单元间的关系

将分级的业务流程与组织结构进行一一对照，检视组织结构中是否有与业务流程相匹配的角色岗位。需要注意的是，组织中的部门与岗位数量设置、管理层级设置，可能因为组织分工的粗细不同而不同。比如，在图 1-7 中，二级流程可以分解成 3 个二级组织单元，我们也可以将流程 F1

和流程 F3 两个二级流程合并，同时将 3 个三级组织单元划入流程 F2 中，这样就形成了两个二级组织单元。因此，在分析组织结构与业务流程的匹配性时，要灵活应对。

在对业务流程与现有组织结构的匹配性进行分析后，针对不匹配的方面，对现有组织结构或职能进行调整，确保组织结构能承载流程中定义的各个角色所要履行的职责，继续为企业创造价值。

1.4.3 基于业务流程设计组织结构

企业中最核心的元素是业务流程，以业务为需要，以满足客户需求为根本。流程里只有业务，看不到部门，在流程中只定义角色，组织结构要来承载流程角色，因此流程的优先级高于组织结构（见图 1-8）。在发现业务流程与组织结构不匹配时，企业要基于业务流程高效运作的需要，调整与优化组织结构。

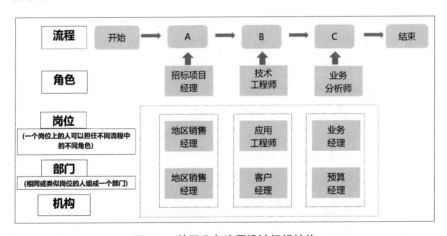

图 1-8 基于业务流程设计组织结构

海尔集团成立于 1984 年，是一家全球领先的美好生活解决方案服务商。在 20 世纪 90 年代初期，海尔已经在国内竞争中站稳脚跟，树立了自己在国内的品牌，占据了国内家电市场相当大的市场份额。但是海尔的创始人张瑞敏认为海尔和国外同类企业相比，还不具备抗衡和竞争的能力，海尔要想获得长期的发展，就必须全面实施国际化战略，实现迅速成长。1998 年，

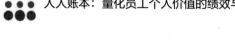

海尔正式提出国际化战略，走出国门，开展国际化经营。

国际化战略下的海尔，通过流程再造实行"市场链"机制，将市场机制引入职能部门。员工与上级之间的关系不再是行政服从关系，而变成平等的交易关系。每个人都不再对他的上级负责，而是对他的"市场"负责。职能部门内部的员工之间由于平等"交易"形成了一个"模拟市场"。人人都有一个"市场"，人人都是一个"市场"，并且每个员工都是负责上道工序的员工的"市场"。

流程再造对组织结构提出了新的要求，海尔当时事业部制的组织结构已无法支撑新的战略流程落地。1999年8月，海尔进行了组织结构变革：（1）把原来分属于每个事业部的财务、采购、销售、进出口等业务全部分离出来，整合成独立经营的商流推进本部、物流本部、资金流推进本部，在全集团范围内实行统一营销、统一采购、统一结算；（2）将事业部的原支持业务资源，如人力资源开发、技术质量管理、信息管理、设备管理等职能管理部分，重新整合成独立的经营服务公司，整合后集团形成直接面对市场的、完整的物流、商流、资金流等核心流程体系，以及企业基础设施、研发、人力资源等支持流程体系；（3）把这些专业化的流程体系通过市场链连接起来，把原来的职能型组织结构变成流程型的网络体系结构，把垂直业务结构变成水平业务流程，形成首尾相接和完整连贯的新业务流程。

海尔通过流程再造和组织结构变革，实现了扁平化、信息化和网络化的市场链管理模式，以订单信息流为中心，带动物流、资金流的运转，加快了客户零距离、产品零库存和运营零资本的"三零"目标的实现，为进军国际市场提供了强有力的支撑。

随着对管理学研究的深入，人们开始认识到：流程体系应贯穿于组织结构之中，未来的组织应该是流程化组织。相比于传统的职能型组织，流程化组织是一种扁平化的组织结构，它们的区别如表1-5所示。

表1-5　流程化组织与职能型组织的区别

	流程化组织	职能型组织
组织结构	扁平化 关注的焦点是流程	金字塔 关注的焦点是职能

续表

	流程化组织	职能型组织
运作机制	针对客户的端到端管理 兼顾客户服务、成本和效率，追求全局优化	存在职能界限 追求部门利益、局部优化
员工	按流程安排 工作以小组为中心	按职能安排 工作以个人为中心
沟通	水平方向	垂直方向

可见，在流程化组织的管理模式下，每一个个体的主观能动性会得到真正的激发。他们能更快地响应客户需求，从而更好地为客户服务，提升企业的运营效率，同时降低产品与服务的成本。

为了适应市场需求变化及产业结构调整，2007 年，杜邦公司对业务单元重新进行调整，按照市场价值需求和自身价值创造能力将主要业务划分为杜邦科技、应用、农业与营养、涂料与颜料技术、电子和通信技术、高性能材料、安全与防护 7 大独立发展平台，分别由杜邦公司不同的高级管理者直接管理，形成了 7 个独立运行的业务流程。独立的业务流程由不同的价值创造活动形成的次级业务流程构成，这些业务流程共同构成杜邦的流程化组织结构，把大大小小各类创新团队组合在一起，共同为客户创造价值。

总体来讲，流程化组织以客户需求为导向、以流程为核心，倡导不能为客户创造价值的流程和组织都是多余的，应保留需要的部分，裁撤多余的部分，从而持续、稳定地为企业创造价值。

1.5　高效协同的项目化运作

随着市场环境对现代企业管理的要求逐步提高，企业愈加倾向于建设高效协同的项目运作机制，以加强一线的综合作战能力，支撑业务流程的高效运转，进而支撑企业战略目标的落地。

1.5.1 建立灵活适配的项目型组织

华盛顿合作规律："一个人敷衍了事，两个人互相推诿，三个人则永无成事之日"，在企业管理中也存在这样的现象。很多企业随着规模的扩大，分工愈加明确，但是各部门之间的协调出现了问题，做销售的不懂产品，做产品的不懂技术，做技术的不懂业务，部门之间各自为政，业务人员很难灵活应变。

为了解决部门之间协作困难的问题，企业的组织形式开始向团队形式过渡，通过建立项目型组织，促进企业进一步加快对市场需求的响应速度，灵活适配客户需求。

项目型组织是指一切工作都围绕项目进行，通过项目创造价值并达成自身战略目标的组织。华为的"铁三角"组织就是具有代表性的项目型组织。

所谓"铁三角"，是指小股特种部队作战的模式，源于军事概念。华为的"铁三角"组织借鉴了美国特种部队的作战经验。"铁三角"组织的雏形，最早出现在华为北非地区的苏丹代表处。

当时的苏丹代表处，部门之间各自为政，信息沟通不畅，协同困难，导致客户投诉、项目投标失败。通过分析、总结失败的原因，苏丹代表处决定协同客户关系、产品与解决方案、交付与服务，甚至商务合同、融资回款等部门，组建针对特定客户（群）的项目型管理团队，形成面向客户的以项目为中心的一线作战单元，准确、全面地响应客户需求。这种项目型管理团队就被称为"铁三角"组织（见图1-9）。

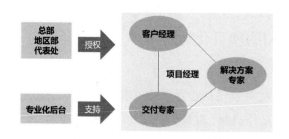

图1-9 华为的"铁三角"组织

之后，华为开始在全公司推广并完善"铁三角"组织，逐步形成了由客户经理、解决方案专家、交付专家 3 个角色组成的"铁三角"组织。

客户经理：项目运作、整体规划、客户平台建设、整体客户满意度、经营指标的达成、市场竞争的第一责任人。

解决方案专家：负责项目的整体产品品牌和解决方案，从解决方案的角度来帮助客户实现商业成功，对客户群解决方案的业务目标负责。

交付专家：项目整体交付与服务的第一责任人，他们直接面向客户，同时实现同一个目标，只是侧重点不一样。

企业应基于具体业务需求，集中来自不同专业领域的成员，建设一支有凝聚力、高效协同的工作队伍，让项目成员的才能得到充分发挥，从而增强组织及时满足客户需求的能力。

2019 年，一篇名为《Google 的秘密军团》的文章以通俗易懂的方式解读了谷歌的军团运作模式，并在华为内部引发了热议。为什么拥有 3 万多名员工的微软在创新上却不如不到两千人的谷歌呢？按照《纽约时报》在 2004 年的说法，原因是"谷歌有一个由博士组成的神秘军团"。秉承着"瑞士制造"的思想，谷歌坚持"杀鸡一定要用牛刀"，认为一个本科生就能胜任的工作，如果找一个硕士来做，一定会比其他同类公司做得更好。因此，谷歌将工科博士、科学家、营销专家等汇聚在一个部门，实现研发一体和业务颗粒化。

华为从谷歌的这种特殊组织形式中看到了新的突破路径，在 2021 年 2 月成立了"煤炭军团"，并在之后一年多的时间里，先后成立了 20 个军团组织。华为把进行基础研究的科学家、技术专家、产品专家、工程专家、销售专家、交付与服务专家等全部汇聚在一个部门，形成聚焦某一领域的项目团队——军团。按照任正非对军团组织的定义，军团组织能够"打破现有组织边界，快速集结资源，穿插作战，提升效率，做深、做透一个领域，对商业成功负责，为公司多产粮食。"

项目型组织要想灵活地适配客户需求，必须做到具体化、规范化，为此企业要做好以下两点。

（1）实时同步项目信息。

由于项目目标、过程的多样化，以及项目运作的不确定性强，企业在采用项目运作机制时需要做好项目任务、项目进度、项目文档等关键信息的及时共享，以及机密信息的安全保障，保持项目信息实时同步，让不同区域、不同团队的项目成员能够及时、准确地获取相关信息，快速响应项目的需求变化。同时，项目负责人能够更好地了解项目进度，及时发现异常情况并根据实际情况进行指导干预。

（2）注重项目管理制度建设。

项目团队的临时性、跨部门性强，企业需要加强项目管理制度的建设。企业要基于企业价值链上的活动建立或完善制度体系，规范企业项目运作的各个环节，确保项目团队的有序性。此外，企业要将项目经理个人的管理经验转变为组织明确的管理制度，以提升项目的管理水平。成熟的项目管理制度是保障企业的效率、规范、秩序的重要因素。

建立项目型组织能有效打破企业内部的部门壁垒，让团队内部沟通顺畅，快速响应客户的需求，实现以客户为中心、以结果为导向、着眼于端到端的价值创造。

1.5.2　科学划分项目中的权责利

权责利原则是指将管理过程中的权力、责任、利益既结合又统一的管理方式。彼得·德鲁克说："在你交给一个人一项责任的同时，别忘了赋予他相应的权力。"科学划分项目中的权责利，是项目组织有序运行的关键。

在项目化运作模式下，为了使项目团队更好地实现高效合作，需要让所有成员在工作中明确自己的任务，并承担起相应的职责。企业可以借助项目责任分配矩阵（见表1-6），有效地拆解和分配任务，将责任分配到每个人，保障项目管理中计划、组织、领导、协调、控制、评价等环节的顺利推进，做到"事事有人负责，人人可获支持"，使项目团队发挥最大的团队价值。

表 1-6 项目责任分配矩阵

任务	A 部门/个人	B 部门/个人	C 部门/个人	D 部门/个人
任务 1				
任务 2				
任务 3				
任务 4				
……				

项目责任分配矩阵中的横向是项目相关人员：参与项目的具体人员、部门等。矩阵的纵向是具体的任务，每一项任务实际上是对整个项目目标的分解，一项任务对应一个具体的目标，所有的任务最终指向整个项目目标的完成。当项目比较复杂时，可以先将任务分配给部门，然后由部门负责人在部门内部借助此工具进一步对任务进行细分。

在项目责任分配矩阵中，最重要的是根据不同的责任类别来进行责任的划分。项目中常见的责任可以分为"负责""参与""审批"三大类。其中，任务负责人主要负责分配任务；任务参与者负责所承担的任务；项目审批人主要负责审批。在"参与"这一大类中，又可以根据企业项目的具体情况做进一步的责任细分，明确流程环节和工作任务的具体责任人。

以华为某项目为例，在细化项目各个环节的任务之后，通过项目责任分配矩阵将每项任务分配给适合的项目团队成员，并安排好具体的负责人，如表 1-7 所示。

表 1-7 华为某项目责任分配矩阵（示例）

任务		项目经理	项目工程师	程序员
确定需求		P	F	
设计		P	F	
开发	修改外购软件包	P	Z	F
	修改内部程序	P	Z	F
	修改手工操作系统程序	P	Z	F
测试	测试外购软件包	Z	X	F
	测试内部程序	Z	X	F
	测试手工操作系统程序	Z	X	F

续表

	任务	项目经理	项目工程师	程序员
安装完成	安装完成新软件包	X	F	
	培训工人	X	F	

注：F表示负责；X表示协助；Z表示知会；P表示审批。

在项目责任分配矩阵中，每项具体任务都有一个负责人，负责整体推进这项任务。但是当这项任务失败的时候，并不应该由这个负责人承担所有的责任，因为任务中还有其他参与的成员，他们也应该承担起相应的责任。

科学划分项目中的权责利，确保做事的时候有人负责，成功了大家共享利益，失败了大家共同担责，即做到项目团队人人有责、事则有权、成则有利的统一。这样，项目团队就能在竞争激烈的市场中攻克一个又一个的难关，为企业做出最佳贡献。

1.5.3 做好项目型组织的绩效管理

随着企业不断构建灵活适配的项目团队来解决跨部门协作的问题，传统的绩效管理制度已很难满足跨部门团队的要求。企业需要重新思考如何制定切实可行的解决方案，做好跨部门团队的绩效考核，有效激发项目团队的活力。

（1）以人为中心进行考核。

传统的绩效考核通常都是严格按照部门来进行的。针对项目型组织，企业需要打破部门考核的禁锢，建立以人为中心的跨部门绩效考核体系，将项目成员的绩效评价者从部门经理变为项目经理。

在IBM，每一位员工都会被来自不同矢量方向的"老板"评估他的业绩，合理规避了绩效考核中出现"一言堂"的现象。IBM在帮助中国哈尔滨啤酒有限公司做ERP项目时，IBM全球服务部门（IGS）、IBM中国总部、沈阳分公司、产品部门中的员工一起协同工作。在这个项目中，IBM采用了多维度绩效评价，从产品、行业等层面对销售人员进行全面绩效评价。在项目结束时，哈尔滨啤酒项目的项目经理给来自RS6000事业部、GMB（工商企业）、IGS、沈阳分公司的项目成员都进行了绩效评价。

（2）注意与人力资源部门的合作。

项目经理参与绩效评估的全过程，与人力资源部门一起确定评估标准、设计评估体系，及时、恰当地对项目成员进行绩效评定，并将绩效结果反馈给成员。人力资源部门要为项目经理提供绩效管理相关培训，同时监督和评价评估体系，保证项目经理合理地运用和实施。

（3）做好标准化工作。

在对跨部门团队进行绩效评估时，会涉及很多部门和人员，必须做好标准化工作，从而做到对每个人一视同仁。标准化工作具体包括考评目标标准化、考评程序标准化、组织标准化、方法和手段标准化等。

其中，考评目标主要包括目标的难度、目标实现进展、实施手段和工作态度等具体的指标，在设定考评目标时要尽可能地定量化；在考评方法标准化上，要事先制定统一的标准，并使之在企业内部得到全体员工的认可；在考评手段的标准化上，可以统一制作业绩目标表、绩效评价表的模板，并由执行人和评价人按要求填写。

建立以任务为中心的跨部门绩效考核体系，核心是赋予项目经理、评价人和执行人一定的权力，采用合理的评价和分配机制，激发团队成员的积极性，使其全身心地投入跨部门工作中，为企业创造价值。

第

2

章 搭建经营模型

　　企业管理中最难的问题就是如何分钱，把钱分好了，管理的一大半问题就解决了。通过搭建经营模型，让每一个经营体像一个自主经营的公司一样，自负盈亏，进而实现合理的价值分配，激发员工的积极性，为企业的可持续发展注入源源不断的活力。

2.1 经营预决算管理

预算是在预测、决策的基础上，用数量和金额的形式反映企业在未来一定时期内经营、投资、财务等活动的具体计划，是为了实现企业目标而对各种资源和企业活动的详细安排。决算是指根据某一周期的预算执行结果而编制的会计报告，是对预算经费执行情况的总结。

2.1.1 经营预算的内涵

企业价值经营的抓手是什么？是预算！很多企业容易忽略这一点，只是把预算管理简单地当成了例行性的财务活动。根据预算内容不同，预算可以分为经营预算、专门决策预算和财务预算三大类。其中，经营预算是预算编制的起点。

所谓经营预算，是指为规划和控制未来一段时间内生产、销售等经营活动的各项成本和收入而编制的预算，是对企业日常生产经营活动的安排，对企业的生产经营具有重要的指导意义。经营预算的内容包括销售预算、生产预算、直接材料预算、直接人工预算、制造费用预算、产品成本预算、销售管理费用预算等，如图 2-1 所示。

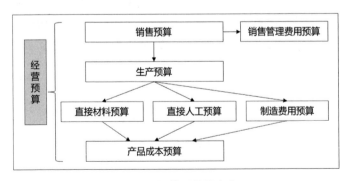

图 2-1　经营预算的内容

（1）销售预算：销售预算是关于预算期的销售量和销售收入的规划。进行销售预算的目的是要确定在预算期内企业产品的销售量，销售预算是预算控制的基础。

（2）生产预算：生产预算是在销售预算的基础上，考虑期初、期末产品存货的需要而编制的生产量预算，通常按产品品种、数量分别编制。多环节生产的产品往往还要编制每一个环节的半成品预算。

（3）直接材料预算：直接材料预算是以生产预算为基础，企业生产产品所需要的直接原材料的投入、使用和购买情况的预算，分为使用预算和采购预算两部分。

（4）直接人工预算：直接人工预算是指用来确定生产所需的人工工时消耗水平、人工成本水平及相关因素的预算，主要由生产部门编制。

（5）制造费用预算：制造费用预算是指除直接材料和直接人工以外的对其他产品成本的计划。制造费用中的大部分是间接用于产品生产的费用，如辅助人员的工资、厂房折旧费等，它们是按分摊法进入产品生产成本之中的。

（6）产品成本预算：产品成本预算是对直接材料预算、直接人工预算和制造费用预算涉及的主要成本数据的汇总，最终得出企业产品的总成本和产品的单位成本。

（7）销售管理费用预算：销售管理费用预算是指除制造费用以外的企业日常销售和经营管理所产生的各项费用，如广告费、运输费等。

经营预算管理是企业应对外部环境的不确定性、减少决策的盲目性和随意性、提升整体绩效和管理水平的重要途径。企业进行经营预算管理的主要目的如下。

（1）让企业适应复杂多变的外部环境：企业在生产经营的每个阶段都需要总结过去、分析现状、预测将来，以便指导和开展工作。在企业战略的指导下，经营预算涉及企业日常经营活动的各个方面，通过对销售和采购的分析，能使企业与其所在的行业链条相契合。

（2）明确企业的生产经营目标和奖惩标准：为了在日益激烈的竞争中取胜，企业必须确立长远和日常的生产经营目标，并对员工的工作加以约束，明确各自的任务和奖惩条件。经营预算需要考虑长短期的环境变化，明确企业至少在一年之内的经营目标。同时，经营预算具有很强的可执行性。也就是说，在经营预算中，要明确每个员工的详细任务，并将之与奖惩机制挂钩。

由此可见，通过经营预算管理，企业能够更好地把握价值创造的方向性和有效性，切实落地战略诉求。

2.1.2　经营预算的编制与执行

经营预算管理是"全方位、全员参与"的企业经营活动。经营预算的编制和执行涉及企业内外部方方面面的生产经营活动，同时涉及企业各级工作人员。

在编制经营预算时，首先要明确预算的起点。关于预算的起点，很多企业其实是不清楚的，主要按行政组织来做预算，结果导致各行政组织在预算问题上与企业进行博弈，向企业要钱。实际上，预算应该以客户为中心，由外而内生成。客户和客户价值是预算的起点，而客户和客户价值由企业战略来定义。

在预算编制的过程中，需要选择合适的预算编制方法。常见的预算编制方法有固定预算、弹性预算、增量预算、零基预算、定期预算和滚动预算。

（1）固定预算：又称静态预算，是指在编制预算时，只将预算期内正常、可实现的某一固定的业务量（如生产量、销售量等）水平作为唯一基础，以上期实际业绩为依据，以单一的会计年度为预算期来编制预算的方法，适用于业务量水平较为稳定的情况。固定预算编制起来相对简单，容易操作，但业务适应性差。

（2）弹性预算：又称动态预算，是指在成本（费用）分类的基础上，根据业务量、成本和利润之间的联动关系，对预算期内可能存在的一系列业务量（如生产量、销售量和工时等）编制系列预算的方法，适用于随业务量变化而变化的各项直接或间接的成本费用支出。采用该预算编制方法，预算水平与实际水平的差异较小，能更好地实现预算的计划、控制、考核、激励等作用。

（3）增量预算：以前一年度实际发生的成本费用水平为基数，以预算年度企业内外部环境对业务量水平的影响程度为调整依据进行预算编制的一种方法，适用于影响因素简单和前一年度预算基本合理的情况。采用该预算编制方法，优点是可以减少预算编制的工作量。缺点是受原有费用项目限制，不容易发现以往不合理的开支，对未来的情况变化考虑不足。

（4）零基预算：又称零底预算，是指在编制成本费用预算时，不考虑以往会计期间所发生的费用项目或费用数额，而是以零为起点对预算期内各项收支的可行性、必要性、合理性逐项审议，予以确定收支水平的预算，一般适用于预算编制基础变化较大的项目。零基预算的优点是不受已有费用项目和开支水平的限制，有利于提高预算管理水平。缺点是工作量巨大，费用相对较高，耗时较长。

（5）定期预算：也称为阶段性预算，是指在编制预算时将不变的会计期间（如日历年度）作为预算期的一种编制预算的方法。使用定期预算，可以减少预算编制的工作量。但由于周期较长，定期预算的精确度较低，适应性较差。

（6）滚动预算：又称为连续预算或永续预算，是指在编制预算时，企业根据上一期预算执行情况和新的预测结果，按既定的预算编制周期和滚动频率，对原有的预算方案进行调整和补充，逐期滚动，持续推进的预算编制方法。按照滚动的时间，滚动预算可分为逐月滚动预算、逐季滚动预算和混合滚动预算。滚动预算的优点是能够保持预算的持续性，有利于考虑未来的业务活动，结合企业的近期目标和长期目标，使预算随着时间的推进不断得到调整和修订，最终与实际情况相适应，强化预算的决策与控制职能。缺点是编制较为复杂，工作量较大，预算期与会计年度相脱节，加大了业绩考核的难度。

企业可以根据自身所处的阶段和预算编制人员的业务水平，选择合适的预算编制方法。在很多种情况下，企业需要在一个预算期内采用不同的预算编制方法，穿插使用。

此外，企业的生产经营活动是复杂多变的，随着时间的推移，将会产生各种难以预料的变化，为此企业要做好经营预算的管控，有效保障资金的流转和使用情况。

预算执行过程是预算管控最重要的环节，同时是最难的环节。预算执行过程的管控需要把握两个核心要点。第一，无预算不支出，无申请不支出。对于所有的业务支出，都要制定预算，确保本年度或季度的所有支出在期初都是有预算的。另外，在审批资金支出时要看到支出事由等明细信息，并实时进行预算使用情况查询，避免出现事后发现预算超额的情况，从源头上把控企业的支出。第二，管控预算费用的标准，也就是对各项费用的标准进行严格管控。比如，对员工出差费用的管控：不同城市、不同季节机票、酒店的价格浮动非常大，企业应该针对出差较为频繁的员工制定详细的差旅标准，实现对费用的精细化管理。

A 鞋厂总经理派出两位业务员去某国考察当地皮鞋市场的情况。业务员甲汇报说，该国的人不穿皮鞋，可谓没有市场。业务员乙则说，该国的人现在不穿皮鞋，未来市场无限大。

总经理对这两种说法都不放心，于是派出业务员丙去调查市场。

一个月后，业务员丙做出汇报。他说，该国绝大多数人因为不穿鞋子而导致腿脚疾病，从健康因素上看，他们需要穿鞋。不过，该国人因为常年不穿鞋子，脚面比较宽，企业现有的产品不适合他们，需要给他们量身定做。根据定做成本分析，企业在一年左右能进入该国市场，当年可卖出约 3 万双鞋子，利润可达到 50 万元左右，投资回报率在 30%左右。最后，该国实行首长制，企业进入该国市场需要公关，普通公关费预测需要 5 万元，不过，有人想出了一个好办法，能够大幅度节约公关费用。

总经理对业务员丙的报告很满意，并根据报告进行了部署。很快，A 鞋厂就打开了该国市场，取得了意想不到的丰厚利润。

"凡事预则立，不预则废。"预算是企业实现战略目标的重要保障。企业每年都会制定年度预算，并且预估下一年度的经营预算规模，包括总收入、成本、利润、相关开支费用、具体产品的售价调整等。企业高层必须对这些估算的内容进行审核，并制定相应的奖惩措施，从而保障对后期预算的管控，驱动企业良性发展。

2.1.3　经营决算要及时到位

经营决算是指根据会计资料对会计周期内的业务活动和财政收支情况进行综合分析与总结，促进预算的合理编制，提高费用的使用效益。经营决算的内容包括业务经营活动、财务利润情况和资金收支情况等。

在传统经营模式下，公司的销售部门很容易意识到增加销售的重要性，但对于减少经费支出并不是那么关心；而生产、运输等部门对降低经费支出的意识比较强，但对销售额提升漠不关心；研发、设计这些部门，对增加销售额和降低费用的概念更是模糊。

移动互联网时代对组织提出更自主、灵活和敏捷的要求，很多公司会将组织内部的业务单元进行划分，形成一个个独立核算的小经营体。经营者只要通过检查各个经营体提交的报表就可以知道哪个部门盈利、哪个部门亏损，从而能够准确地把握公司的实际状况。这样，决策层就可以做出正确的经营判断。

2006 年，海尔集团提出"人单合一信息化日清"。所谓"人单合一信息化日清"，是指通过信息化手段对每日的经营结果进行日清，动态显示每天的工作预算、实际及差距，制订纠偏计划，保证目标的完成。日清表上接战略损益表，下接人单酬表。日清表的任务是弥补业务执行中的差距，把弥补差距的工作形成每天的预算，持续改进绩效。

海尔集团通过建立信息化的日清平台，帮助员工进行日清总结：经营体每天的结效收益和差距会动态更新，并提供产生差距的原因分析与弥补差距的建议。日清表首先显示经营体现状，然后明确 161 预算（上周工作绩效挂定、本周工作预算销定、6 周工作预算排定），将 161 预算分解为每天的工作预算。

在企业经营中，如果看不到每天的数字，就像不看仪表盘驾驶飞机一样，不知道飞机飞往何处，以及在哪里着陆。所以，经营决算要做到及时到位，让各部门的人员都能看到并看懂经营数据，具备经营意识，从而促进企业利润的提升。

2.2　套算薪酬包及奖金包

为强化企业的薪酬分配理念，激发优秀奋斗者的主观能动性，企业应该做好薪酬包和奖金包的套算，以保障薪酬的分配更加科学合理，确保付出必有回报。

2.2.1　做好薪酬预算管理

薪酬预算是指企业管理者在薪酬管理过程中进行的一系列成本开支方面的权衡和取舍。对企业来说，薪酬预算是一件不可掉以轻心的大事。因为做好薪酬预算能让企业更好地控制人力成本，把钱花在刀刃上。

薪酬预算的内容包括固定薪酬成本和变动薪酬成本两大方面。固定薪酬成本是企业必须发放的薪酬所占用的现金流，主要用于稳定人力资源队伍。固定薪酬预算应根据部门、岗位和人力资源的数量及种类进行编制，同时要考虑整个企业的招聘周期和员工的到岗时间，确保固定薪酬能充分体现公平性。变动薪酬成本，如奖金、激励兑现等，需要根据一定的条件发放，通常与业务目标相关联。变动薪酬预算在编制时应测算其与企业营业收入、毛利、利润之间的逻辑关系，同时要确保变动薪酬能发挥良好的激励作用。

编制薪酬预算通常采用的方法有两种。

（1）自上而下法：首先在预测组织整体绩效指标的基础上，确定组织可以接受的薪酬总额；然后按一定比例分配给各部门负责人，再由部门负责人细分给员工。这种方法有利于控制整体工资水平和成本，但缺乏灵活性，不利于调动员工的积极性。

（2）自下而上法：首先预测下一年单个员工的工资水平，再汇总这些数据，形成部门的薪酬预算，然后获得整个组织的薪酬预算。这种方法灵活性强，因为接近现实而可行，但不容易控制薪酬成本。

自上而下法与自下而上法可以做到一定程度的优势互补，在企业薪酬预算实际操作中通常会被一起使用。企业经过反复多次的测算和比对，最终确定一个合理的薪酬预算总表。

以 L 企业为例，薪酬预算的具体步骤如下。

（1）通过对企业业务战略的分解和运用，制订人力资源变动计划，确定下一年度各岗位人员编制，用 Excel 表格的形式按照部门分类分解到月度计划，并注明不同类别人力资源的现有人数、加减人数。

（2）确定下一年度企业整体薪酬增幅及各岗位薪酬增幅，对照薪酬等级表及历史工资水平，计算每个部门的每月固定薪酬预算总额。固定薪酬预算总额=∑各工资等级平均薪酬×人员编制×（1+薪酬增幅）。

（3）根据企业下一年的业务目标，编制各个部门的每月变动薪酬预算。

（4）汇总形成企业的月度、年度薪酬预算总额。

不谋全局者不足以谋一域。薪酬预算并不单单是员工薪酬的微观设计，更是一个企业层面的宏观考虑。HR 需要站在老板的角度关注投入产出，帮助企业建立起薪酬总额与业绩挂钩的联动机制，以"产出"决定"人力投入"，实现员工薪酬水平与人力资源市场的相适应。

为了做好薪酬预算，企业应该每月、每季度分类统计好薪酬总额。企业可以参考表 2-1 所示的内容来设计自己的薪酬数据收集表。在运用表 2-1 所示的内容来统计每月薪酬支出数据时，企业可以基于自身实际情况增减薪酬构成要素。

表2-1　各部门薪酬月支出数据统计表（示例）

序号	部门	姓名	基本工资	加班费	工龄工资	考勤扣款	五险一金	绩效奖金	提成	其他补贴	个人所得税	公司支出合计

在建立薪酬总额与业绩挂钩的联动机制时，企业应该基于以下 4 个原则。

（1）以业绩为中心，量入为出。薪酬总额依据企业的经营业绩来确定，量入为出。

（2）"两低于"原则。薪酬总额的增长幅度要低于企业销售收入的增长幅度，员工实际平均薪酬水平的增长幅度要低于人均销售收入的增长幅度。

（3）绩效回报原则。员工个人薪酬的增长率要基于市场上相应岗位的价位、员工个人的贡献来确定。对于贡献大的员工，增薪幅度要大；对于贡献小的员工，不增薪或减薪。

（4）谨慎增长原则。薪酬总额的增长在某种程度上具有刚性，因此在进行薪酬总额的增长时，要遵循谨慎增长的原则。

衡量企业业绩的指标有销售收入、利润及毛利。企业的薪酬总额该与哪个指标联动呢？

将薪酬总额与销售收入联动，不仅计算简单，还能给一线员工带来充足的动力。但是可能会有员工或部门虚报销售收入，以获得更高的薪酬回报。将薪酬总额与利润联动，虽然能将企业的账务算得更清楚，不让企业吃亏，但是会增加计算的难度，耗费 HR 或财务人员更多的时间与精力。相对而言，将薪酬总额与毛利联动，则能兼具以上两者的优点。

至于企业应该选择哪一个指标与薪酬总额联动，则需要结合自身实际情况来确定。对销售类企业来说，应选择销售收入这个指标；对于效益很好且发展成熟的企业，应将薪酬总额与利润联动。

远大住工的人力资源团队经常为行业内外的企业提供人人账本薪酬绩效模式的分享，也为一些企业提供管理建设服务。在为 H 企业提供管理服务时，他们发现：该企业由于没有将薪酬总额与企业业绩挂钩，未充分调动员工的积极性。为了激活员工，远大住工的人力资源团队建议 H 企业建立起薪酬总额与企业销售收入、毛利的联动机制（见表 2-2），确保在企业效益和利润增长的情况下，实现人工成本合理增长。

表 2-2　H 企业的薪酬总额与企业销售收入、毛利的联动机制

	管控指标	指标说明	适用组织		H 企业的部门	年度薪酬预算管控
1	薪酬包占比	工资性薪酬包与销售毛利比	产出能用经营指标衡量的组织	牵引盈利	生产、研发部门	1. 预算额度管控：成长及成熟业务或产品，薪酬增幅不得高于营收增幅的 81%；
		工资性薪酬包与销售收入比		牵引规模	销售部门	2. 人员编制增长管控：预测年人效增长比，确定人员增长上限；
2	薪酬包	工资性薪酬包	战略投入性组织		战略投入部门	3. 过程管控：以季为周期，监测薪酬总额与经济效益的动态变化，及时预警；年度结果纳入监测或考核
3	定岗定编	岗位编制+工资性薪酬包	支撑性组织，无法用经验指标衡量产出		职能部门	

薪酬总额与企业业绩实现联动，不仅将薪酬总额增长的压力转化为动力，激发员工的活力，促进企业业绩持续提升，还能确保企业的人力成本在可控的范围内。

因此，编制薪酬预算要求管理者在进行薪酬决策时，应综合考虑企业的财务状况、薪酬结构及企业所处的市场环境等因素的影响，确保企业的薪酬成本不超出企业的承受能力。

2.2.2　薪酬包的结构与弹性管控

企业薪酬包分成两个部分：工资性薪酬包和奖金包。其中，工资性薪酬包具体包括工资、加班费、补贴、离职补偿等，是薪酬包中的刚性部分；奖金包是薪酬包中的弹性部分。

工资性薪酬包包括上一年度固定的薪酬总额，这个是不能变的，叫作"薪酬包的吃水线"，是刚性的固定成本。企业应从存量薪酬包、净增人员薪酬包、涨薪薪酬包和离职补偿 4 个方面对工资性薪酬包进行预算和预测，以确保薪酬预算更加准确，为经营管理提供支撑，如图 2-2 所示。

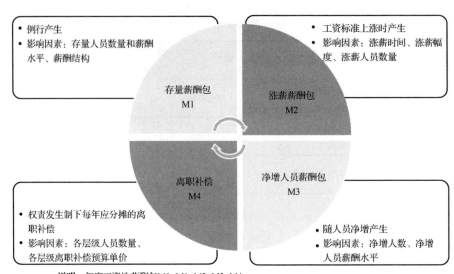

说明： 年度工资性薪酬包M0=M1+M2+M3+M4。

M1：在岗员工的存量工资性薪酬包，不考虑涨薪，不含离职补偿；

M2：在岗员工的存量工资性薪酬包，不含离职补偿；

M3：人力增量部分的工资性薪酬包（调入+新招–调出–离职），不含离职补偿；

M4：离职补偿=各层级离职补偿预算单价×各层级离职人员数量。

图 2-2　工资性薪酬包的结构及影响因素

　　有了对工资性薪酬包进行预算的基础，企业对工资性薪酬包是否有空间就了如指掌了。针对薪酬包有空间和无空间的不同情况，企业应该基于"减员、增效、涨工资"的管理原则，按照表 2-3 中的管理策略来开展工资性薪酬包的管理。

表 2-3　工资性薪酬包的管理策略

序号	不同情况	管理策略
1	薪酬包有空间	（1）优先给优秀员工涨薪，提高他们薪酬的市场竞争力 （2）在给优秀员工涨薪后，再去考虑人员的净增
2	薪酬包无空间	（1）优先考虑减少人员的净增数量 （2）再调整拟新进人员的层次结构，放缓进人的速度 （3）减少离职补充/末尾清理/自然流失 （4）推迟或停止调薪 （5）最后才考虑裁员

对于奖金包，企业应该对业务线和职能线的奖金包实行差异化管理。其中，业务线的奖金包根据业绩目标的达成被分配到各团队当中；对于职能线，在保障员工拿到企业平均水平的奖金包之后，再根据业务线分配的模式进行分配。

以华为各业务单元的奖金包确定为例。由于华为的业务是多元的，因此根据不同业务的特点，华为制定了对应的奖金包生成机制。

对于成熟区域的业务，华为有两种分享方式：一种是存量的分享；另一种是增量的分享。如果采取存量的分享，奖金包按照贡献的利润来计算；如果采取增量的分享，奖金包=去年奖金包×（1+经营效益改善率）。

对于成长区域，由于业务增幅比较大，奖金主要跟业务的增长挂钩。不过，华为引进了熔断机制：当奖金超过预算的两倍时，超出部分就不再计算。

对于拓展区域，由于业务开展得比较艰难，可能刚开始都不能干出什么业绩，会大大影响员工的收入。因此很多人都不愿意去拓展区域，怎么办？华为会提供有期限的保护期机制。比如，假如你被从成熟区域调去拓展区域，你的薪酬对应的奖金是 80 万元，那么在你调过去的三年内，你的奖金以 80 万元为起点，可能会增加一点点考核系数。如果业绩超出了预期，也会有相应的奖励。

职能线部门总奖金包的计算公式：职能线部门总奖金包=业务部门平均奖金×职能线部门人员数。

企业通过构建薪酬弹性管控机制，不仅能让不同业务部门实现自我激励、自我约束，还能将管理者的关注点从人才队伍能力、员工数量，牵引到员工队伍的投入产出效率上，从而促使管理者主动思考如何通过各种手段来提升现有队伍的产出，进而在激励与规模上有更多的空间来激活队伍。

2.2.3　奖金包的核算与调整

根据总体业绩情况，企业应采用自上而下的形式进行奖金包的核算，具体应该如何进行操作呢？

假定在 B 企业，薪酬总包的控制基线为销售收入的 18%，其中刚性的工资性薪酬包占销售收入的 10%～12%，弹性的奖金包占销售收入的 6%～8%。

假设 2022 年某业务单元的销售预算收入是 60 亿元，根据过往的数据统计核算，按收入的 10% 来预算薪酬总包，也就是 6 亿元，并以此为依据来制订 2022 年的人力资源规划、预算调薪计划及定编计划。

如表 2-4 所示，假设该业务单元的销售目标是按计划 100% 实现的，奖金包的基线比例是 8%，那么奖金包的实际额度是 4.8 亿元。

如果销售目标超额实现（120%），而工资性薪酬包按原定的 6 亿元来实现，那么实际的工资性薪酬占比只为 8.33%，而奖金包的基数占比就应该是由 18% 来减掉 8.33%，它的占比应该是 9.67%，实际的奖金包金额是 6.96 亿元，比原来的 4.8 亿元多了 2.16 亿元。

相反，如果该业务单元的销售目标只完成了 90%，也就是 54 亿元，工资性薪酬包还是按 6 亿元来实现，那么工资性薪酬包的占比为 11.11%，奖金包的基线占比为 6.89%，即奖金包的金额为 3.72 亿元。

可见，在不同的销售目标完成情况下，实际可供分配的奖金包直接受销售收入的影响，销售目标完成越好，奖金就越多，从而推动着各个部门把蛋糕做大，有更多的奖金可分。

表 2-4   分配阶段（示例）

类别	①完成（100%）		②超额完成（120%）		③未完成（90%）	
	计算	金额（亿元）/比例	计算	金额（亿元）/比例	计算	金额（亿元）/比例
实际完成		60		72		54
工资性薪酬包占比	6÷60	10%	6÷72	8.33%	6÷54	11.11%
奖金包占比	18%−10%	8%	18%−8.33%	9.67%	18%−11.11%	6.89%
奖金包	60×8%	4.8	72×9.67%	6.96	54×6.89%	3.72

在有了总的奖金包之后，怎么继续往下拆解，也要讲究分钱的艺术。以获取分享制为例，其强调"分灶吃饭"。每个部门的员工都知道自己的奖金来自哪些目标的完成，以及自己做什么事情能够拿奖金。也就是说，任何组

织与个人的物质回报都来自其创造的价值和业绩：作战部门根据经营结果获取利益，后台支撑部门通过为作战部门提供服务获取利益。

"获取分享制"下奖金包确定的四个步骤如图 2-3 所示。

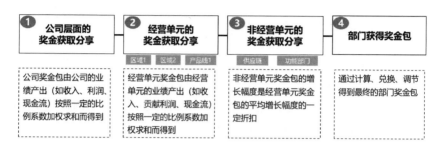

图 2-3 "获取分享制"下奖金包确定的四个步骤

第一步，公司层面的奖金获取分享。公司奖金包是由公司的业绩产出（如收入、利润、现金流）按照一定的比例系数加权求和得到的奖金包。

第二步，经营单元的奖金获取分享。经营单元奖金包是由经营单元的业绩产出（如收入、贡献利润、现金流）按照一定的比例系数加权求和得到的奖金包。

第三步，非经营单元的奖金获取分享。非经营单元是指供应链、功能部门（人力资源部、行政后勤部等职能部门）等成本中心或费用中心。其奖金包的增长幅度是经营单元奖金包的平均增长幅度的一定折扣。折扣没有标准的答案，是通过经验数据慢慢测算出来的。

第四步，部门获得奖金包。

（1）计算：通过自上而下的计算得到公司层面的奖金总包 1，通过自下而上的计算得到公司层面的奖金总包 2。

（2）兑换：当奖金总包 1>奖金总包 2 时，部门奖金包要进行同比例放大；当奖金总包 1<奖金总包 2 时，部门奖金包要进行同比例缩小。

（3）调节：指公司高管层面有权力在不同的部门之间进行奖金包大小的调节，解决均衡性和战略诉求的问题。

工资性薪酬包与奖金包的刚柔并济，不仅将员工收入与公司经营状况挂钩，还让管理者对人才队伍的关注点从员工数量转移到员工的投入产出效率上，促使管理者主动思考如何通过各种手段来提升现有人才队伍的产出，从而在激励规模上有更多的空间来激活人才队伍。

2.3　按流程价值构建经营模型

合理地进行奖金包的分配能让那些真正为企业做出贡献的人得到应有的回报，进而为企业创造更多的价值。而企业的价值创造需要依靠科学的流程体系，因此，企业可以按流程价值来构建经营模型。

2.3.1　细分企业经营收入构成

经营收入是指企业通过产品销售或提供劳动所获得的货币收入或账款，又叫产品收入。企业的经营收入来自为客户创造的价值，即不管企业处于什么行业，如金融、农业、建筑业等，它最终都会将某种"产品"提供给客户，通过让客户为该"产品"买单，形成经营收入。将经营收入在企业内分配到不同的群体上，通常可以分为五个部分，如图 2-4 所示。

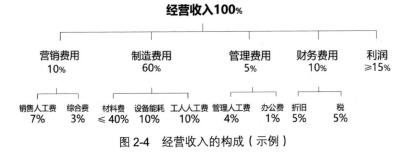

图 2-4　经营收入的构成（示例）

第一部分是营销费用。它是指为销售产品产生的一切费用，如运输费、广告费、销售人员的工资等。

第二部分是制造费用。它是指生产制造产品所产生的费用，如材料费、设备能耗、生产工人人工费等。

第三部分是管理费用。它是指企业给员工提供的工资、社保、五险一金等费用。

第四部分是财务费用。它是指税收、折旧成本等。

第五部分是利润。扣除其他部分剩下来的就是企业的利润。

营销费用、制造费用、管理费用、财务费用、利润在企业经营收入中所占的比例，需要企业结合实际情况进行测算。

例如，S 公司卖出一个产品获得的经营收入为 100%。其中，营销费用所占比例为 10%，制造费用为 60%，管理费用为 5%，财务费用为 10%，利润为 15%。换句话说，当该公司卖出产品的经营收入为 100 元时，营销费用为 10 元，制造费用为 60 元，管理费用为 5 元，财务费用为 10 元，最终剩下的 15 元是公司的利润。

由此可见，为了实现利润目标，企业需要追求"销售最大化、费用最小化"：最大限度地提高产品收入，同时把经费支出降到最少，从而实现利润最大化。如果一个企业有源源不断的利润，就可以基业长青。

2.3.2　明确经营责任人与分配比

为了践行"销售最大化、费用最小化"的经营理念，企业可以把经营收入前面的四个部分划分为单独的经营体进行管理，并给每个部分明确对应的经营责任人（见图 2-5）。

图 2-5　经营责任人划分（示例）

整个企业的经营收入由总经理负责管理，确保企业利润目标的达成；设立营销部，由营销总监负责管理营销费用；设立制造部，由制造部长负责管理制造费用；设立人力行政部，由人力行政总监负责管理费用的使用；设立财务部，由财务总监负责管理财务费用。

日本京瓷公司在成立初期，依据"销售最大化、费用最小化"的原则走上了高收益的轨道：在公司成立的首个财年，税前利润率就超过了10%，之后一路攀升，最高曾达到40%左右。然而，随着公司规模的扩大，在什么地方产生了什么费用，公司有时候就搞不清楚了，导致"销售最大化、费用最小化"这一原则逐渐难以被贯彻到组织的末端，如制造部的员工虽然意识到要削减费用，但是对增加销售量漠不关心。

为了激发公司的发展活力，稻盛和夫将公司划分成若干单元，让这些单元之间进行买卖。比如，精密陶瓷的制造工序可以划分为采购原料、成型、烧制、加工四道工序，各道工序都可作为一个独立的单元。如果原料部门将原料卖给成型部门，那么，原料部门就产生了"销售"，成型部门就产生了"采购"。各个单元如同一个个小企业，成为独立的核算单位，这样各个单元都能实际感受到"销售最大化、费用最小化"的经营原则，为自己的经营结果负责。

通过这样的划分，企业以各个部门的领导为核心，让其自行制订成本费用管控计划，并依靠全体成员的智慧和努力来完成目标，让他们从作为员工的"被动"立场转变为作为领导的"主动"立场。

在成本费用管理方面，华为使用损益表来让各业务单元自我约束，把控成本。损益表的核心要素包括销售收入、产品成本、毛利、直接费用、贡献毛利、产品研发费用分摊、公司平台费用分摊、贡献利润，如表2-5所示。

表2-5　华为的损益表（示例）

序号	科目	业务单元1	业务单元2	业务单元3	总计
①	销售收入				
②	产品成本				
③	毛利③=①-②				
④	直接费用				
⑤	贡献毛利⑤=③-④				
⑥	产品研发费用分摊⑥=①×15%				
⑦	公司平台费用分摊⑦=②×6%				
⑧	贡献利润⑧=⑤-⑥-⑦				

华为通过建立损益表，使员工的奖金包与成本费用相关联，将成本控制压力传导至员工，将责任压实，有效地牵引组织、部门管理和运营的效益提升，实现企业长期稳定发展。

企业通过划分经营单元，将获取收益和控制成本的压力传导至员工，促使每个员工在各自的岗位上都想着为自己的经营单元做贡献，从而也为整个企业做贡献。

2.3.3　建立基于成本与收益的经营模型

在明确各经营体的经营责任人后，可以根据财务账本式的收、支两条线思维，将财务成本"大预算"的概念分解到各经营单元、各业务类型等，建立基于成本与收益的经营模型。财务账本式的收、支两条线思维指的是企业将财政性收支纳入预算管理范围，形成统一的各级预算，其核心是"收"和"支"分别计算管理。

在经营模型中，模型定比就是"收入"线，而实际比例就是"支出"线，以"收"定"支"，以模型定比驱动并控制执行结果。

如图 2-6 所示，将公司划分成几个单独的经营体，每个经营体作为一个小公司，独立核算，如果在经营期内各费用科目有结余，就会对员工进行一定的薪酬激励，将之与员工的收入直接挂钩。

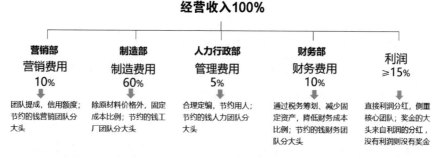

图 2-6　经营模型（示例）

公司首先基于企业年度目标、产品合同和排产计划计算出人力需求，再

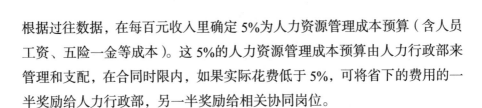

根据过往数据，在每百元收入里确定5%为人力资源管理成本预算（含人员工资、五险一金等成本）。这5%的人力资源管理成本预算由人力行政部来管理和支配，在合同时限内，如果实际花费低于5%，可将省下的费用的一半奖励给人力行政部，另一半奖励给相关协同岗位。

经营模型倡导"分灶吃饭"，经营节约自分，最终为公司创造的利润也被以分红的形式分配给员工。这样一来，每个员工都有动力去削减成本，创造利润，并提高个人绩效。

2005年9月，海尔集团创始人张瑞敏第一次正式提出"人单合一"的模式，并将之作为全球化竞争战略的新模式。"人单合一"模式中的"人"是指内部员工，订单实质上就是指客户。"人单合一"模式就是把人与市场结合为一体，让每个人都成为创造市场利润的"战略事业单位"——SBU，每个人都面对市场进行经营，员工自己参与的产品在市场上亏损，自己的收入就会受到损失。所以，SBU的理念是把市场的压力直接传递给了员工，把每个员工打造成一个自主经营的实体，激活每个细胞，让员工成为自己岗位的CEO。

如今，在"人单合一"模式的指导下，海尔集团已进入第六个战略发展阶段：生态品牌战略阶段。海尔集团已转型为开放的物联网生态，围绕全球客户需求构建了包括"衣、食、住、娱、康、养、医、教"的物联网生态系统。2021年海尔智家实现营收2275.56亿元，同比增长8.50%；其中，属于上市公司股东的净利润为130.67亿元，同比增长47.10%。在原材料价格上涨、海运价格上涨、房地产政策收紧等诸多因素影响下，海尔智家通过前瞻性的战略布局实现了有效应对，交出了一份营收、利润双高增的亮眼成绩单，这也意味着其"人单合一"模式转型再提速。

企业通过建立经营模型，将营销、生产等部门转变为跨流程协同的自主经营体，打破了部门墙，实现相互协同。每个经营体的领导都应树立起自己也是经营者的意识，进而萌生作为经营者的责任感，尽可能地努力提升业绩，实现自己的价值，获得更多的收益。

2.4 明确岗位责任与分配比

经营模型中的每个经营体在缴足企业利润、挣够自己的经营费用后，就能将剩余部分在内部进行分配了。对于内部分配比的确定，管理者可以根据各成员的岗位责任进行。

2.4.1 开展工作分析，明确岗位责任

作为薪酬设计、奖金分配的基础，工作分析是指从企业的战略目标、组织结构及业务流程出发，通过一系列技术手段，对组织中某个特定职务的工作职责、工作权限、工作关系和任职资格等相关信息进行全面分析，并运用统一且规范的格式将这些信息描述出来的过程，又被称为职务分析、岗位分析。

工作分析是对工作进行的整体分析，以便确定每项工作的"6W1H"：用谁做（Who）、做什么（What）、何时做（When）、在哪里做（Where）、如何做（How）、为什么做（Why）、为谁做（Whom）。管理者在进行工作分析之前，需要明确工作分析需要收集的信息，所收集的信息是否全面，决定着工作分析整体质量的高低。工作分析需要收集的相关信息如表 2-6 所示。

表 2-6 工作分析需要收集的相关信息

（1）岗位基本信息	（2）工作活动	（3）工作条件	（4）任职资格
岗位名称 部门名称 直属上下级 岗位定员 ……	工作范围 工作内容 具体岗位职责 与其他岗位的关系 ……	工作地点与环境 社会背景 工作进度安排 ……	教育背景 工作经验 工作技能 职业素养 ……

在收集工作分析的相关信息时，需要灵活运用不同的方法。常见的收集信息的方法有观察法、问卷调查法、访谈法、关键事件法、工作日志法、资料分析法等。

（1）观察法：工作分析人员直接到工作现场，针对特定对象的作业活动进行观察，并记录其工作过程、行为、内容、工具等，然后对记录的信息进行分析与归纳总结。

（2）问卷调查法：先根据要收集的信息设计一套问卷，让员工来填写，然后从中提取需要的信息，最后加以归纳分析。问卷调查法是工作分析中较常用的一种方法。

（3）访谈法：访谈法又称面谈法，是指就某一个岗位，面对面地与员工、主管和专家等进行面谈，收集他们对该岗位的意见与看法。在一般情况下，应用访谈法时可以用标准化的访谈格式记录，目的是便于控制访谈内容，对同一岗位上不同任职者的回答相互比较。

（4）关键事件法：工作分析人员、管理人员及本岗位员工，将工作过程中对岗位工作成败有显著影响的事件（关键事件）详细地加以记录，并对其进行分析研究。

（5）工作日志法：由任职者按照时间顺序详细记录一段时间内的工作内容与工作过程，然后进行归纳、分析，达到工作分析的目的。

（6）资料分析法：当工作分析人员有大量的书面资料（如组织结构图、流程图、以前的岗位说明书等）时，应当尽量利用现有资料，通过分析现有资料对岗位有一个大致的了解，为进一步调查分析奠定基础。

信息收集方法的选择取决于多种因素，包括需要分析的岗位的特点和复杂度、任职者对工作分析人员的接受程度，以及工作分析的最终目的。企业应该基于自身的实际情况，综合考量各种因素，选择经济且适用的方法。

在工作分析结束后，企业就能基于工作分析的结果，完善岗位说明书，明确岗位责任，为确定每个岗位的相对价值提供重要依据。

2.4.2　形成岗位职责，输出岗位说明书

岗位说明书又称为职位说明书、工作说明书，是记录工作分析结果的文件。它把所分析的岗位的职责、权限、工作内容、任职资格等信息以文字形式记录下来，以便管理人员使用。在编写岗位说明书时，应包含以下内容。

（1）岗位基本信息：主要包括岗位名称、岗位等级、所属部门、直属上

级、直接下级、岗位编号及岗位编制等。

（2）岗位目的：岗位设置的目的、工作内容与工作范围等的概括性描述，一般包括目标、限制条件、做什么等内容。

（3）岗位职责：岗位说明书的重要组成部分，主要描述岗位的职责范围、主要工作内容等。HR 的主要职责包括人才培训、绩效评估、员工招聘、制定薪酬激励政策、部门管理与建设等。

（4）岗位任职要求：对胜任岗位的员工的最低要求，包括基本要求（如年龄、性别等要求）、知识要求（如学历要求）、工作经验要求、技能要求、职业素养要求及其他要求等。其他要求包括心理素质、性格特点、兴趣爱好等方面的要求。

（5）岗位发展方向：部分企业的岗位说明书还包括岗位发展方向的内容，希望能明确企业内部不同岗位间的相互关系，有利于员工明确发展目标，将自己的职业生涯规划与企业发展结合在一起。

表 2-7 所示为根据岗位说明书的内容构成编制的某企业物资供应部部长的岗位说明书。

表 2-7　某企业物资供应部部长的岗位说明书（示例）

一、岗位基本信息			
岗位名称	物资供应部部长	岗位编号	NYZL-WZGYB-001
所属部门	物资供应部	岗位人数	1
直接上级	主管副总经理	直接下级	副部长、采购主管、仓库主管、采购员、综合管理员
二、岗位目的			
全面负责物资计划管理、物资采购流程控制、物资采购、物资核算管理、部门基础管理、仓储管理及材料定额、部门采购费用控制管理等			
三、岗位职责			
工作职责	1. 全面负责物资计划管理、物资采购流程控制、大宗原材料物资采购合同的签订； 2. 根据年度、月度采购计划，合理采购物资，有力保障生产运行； 3. 负责物资核算管理、部门基础管理、仓储管理及材料定额、部门采购费用控制管理； 4. 对本部门的安全工作负总责，做好本部门的安全工作； 5. 搞好本部门的职工教育、培训工作； 6. 完成公司交给部门的其他工作		

续表

三、岗位职责	
安全职责	1. 遵守公司及部门各项安全管理制度，掌握《岗位安全操作规程》； 2. 认真学习专业技能知识，积极参加公司及部门的各项安全教育培训； 3. 做好本部门的隐患排查治理工作，配合或参与公司及部门的各项安全检查工作； 4. 做好部门的安全工作，对部门存在的安全隐患及时督促落实整改； 5. 了解部门员工的身体健康状况，发现问题应立即采取措施，确保员工的生命健康安全

四、岗位任职要求			
年龄要求	18～55 周岁	性别要求	不限
学历要求	专科及以上文化	专业及职称	不限
上岗要求	水泥企业 3 年以上实际工作经验，经公司领导层研究认可		
健康要求	身体健康，无色盲		
安全知识技能	熟悉本岗位相关安全法律法规		
专业知识技能	熟悉水泥生产工艺、设备管理要求、备件的性能要求、仓库物资管理要求		
管理知识技能	具备一定的管理知识、计划与执行能力、沟通能力、写作能力		
其他	严格执行各项管理制度，各部门内部及时沟通、配合		

　　岗位说明书不仅是工作分析的最终产出，还是人力资源管理的基础文件。在编写岗位说明书时，应注意以下几个问题（见表 2-8）。

表 2-8　编写岗位说明书的注意事项

序号	注意事项	具体说明
1	部门职责分解要充分、完全	要对部门所有职责进行汇总合并与对比，对缺失的职责进行填充；同一部门职责，不同层级的岗位可能承担的责任不同，必须进行分级详细描述，分别编写岗位说明书，做到充分完全
2	工作领域的划分要合理	准确理解岗位的主要职责，参考部门工作领域对本岗位进行划分。如果本岗位负责部门工作领域中的单个领域，那么应根据其具体的职责采用合并属性同类项的形式进行工作领域的划分
3	岗位说明书要规范、准确、全面	岗位说明书需要按照"动词+内容+目的"的方式进行规范、准确、全面的描述，做到不重复、无交叉，以体现岗位价值，作为进行绩效衡量的标准
4	岗位说明书要保持更新状态	一旦环境、技术、岗位要求发生变化，岗位说明书就要进行及时的调整更新，这样才能起到实时、有效的指导作用

岗位说明书的编写应该清晰、明白，任职员工可以一目了然地了解自己的工作职责和权限，并督促自己做应该做的事情，完成应该完成的任务。

2.4.3　基于岗位责任确定内部分配比

岗位说明书可以作为对员工进行工作评价、确定奖金分配比的依据。奖金的核心作用是解决"多创造出的价值应该如何共享"的问题，以激励有能力的经营团队和个人不遗余力地产生价值。

在《华为基本法》中，详细说明了薪酬激励是按照"按劳分配与按资分配相结合"的原则进行价值分配的，并说明了华为是依据才能、责任、贡献、工作态度、风险承诺的标准进行价值分配的。华为分配的价值以"机会、职权、工资、奖金、股权、红利、福利及其他人事待遇"的形式为参与分配者所拥有。华为分配形式的确定依据：华为员工的工资采取职能工资制分发，奖金的提取与利润总额挂钩，薪酬奖金的分配和个人或群体的贡献与责任挂钩，员工的工作态度决定其退休金的多少，其对企业的贡献大小决定医疗保险的多少，股金取决于华为员工的贡献、责任与时间。

通常来说，针对同一个项目或工作成果，岗位责任不同意味着员工所做的贡献不同，创造的价值也不同，分配的奖金也是不同的。

S 企业为了提升对客户需求的响应速度，组建了以客户经理、产品经理、交付经理为核心的项目组织。

S 企业首先基于项目开展工作分析，明确各项目成员的主要职责。

（1）客户经理：负责建立并维护客户关系；管理客户在各种机会点活动中的期望；驱动销售盈利，确保合同成功签订；管理项目回款。

（2）产品经理：负责制定满足客户需求的恰当的解决方案，保证解决方案质量、标书总体质量；支持客户关系维护。

（3）交付经理：总体负责合同履行、项目管理、服务交付和争议解决；保障合同成功履行，确保企业和客户双方都完全履行了合同义务。

在明确岗位职责后，S 企业根据岗位责任的大小及对过往数据的反复测算、分析，确定项目成员在不同项目阶段的奖金分配比例。之后，S 企业汇

总各项目成员在整个项目运作过程中的分配比,用之乘以项目奖金包和KPI
激励系数,即为项目组各个成员最终的奖金。

　　具体计算方法如下:

$$项目奖金包=项目营收×绩效占比$$

$$项目组个人奖金=项目奖金包×各成员分配比×KPI激励系数$$

S企业的项目奖金包分配如表2-9所示。

表 2-9　S 企业的项目奖金包分配（部分示例）

产品	绩效占比	项目经理	客户经理	产品经理	交付经理
产品 1	10%	3.3%	2.0%	2.5%	2.2%
产品 2	5%	1.4%	1.0%	1.4%	1.2%

　　注：项目经理是客户经理、产品经理和交付经理中的一个，对项目实施的进度、成本、质量整体负责，对公司和客户负责。

　　根据员工所承担的责任大小、任务多少、风险高低来确定其内部分配
比，能够激发员工在自己的岗位上发挥最大的价值，并获得最佳的回报，让
企业始终保持强大的战斗力。

2.5　经营模型的实践应用

　　经营模型的本质是建立一个自我激励的团队，而不是被动的团队。经营
模型通过对定价和附加值的计算，量化每个群体和每个职位的贡献。同时，
经营模型提供清晰的增值途径，提示大家思考"应该怎么做"。最终，整个
企业能从中受益，实现利润最大化。

2.5.1　业务部门的经营模型说明

　　在企业当中，根据分工、管辖范围及对接客户的不同，通常可以将部门
划分为两大类，即业务部门和综合部门。各个部门在企业价值链的不同节点
上一起为企业实现经营目标发挥作用。

由于业务部门和综合部门的不同特性，员工的薪酬结构往往也会不同。因此在建立企业经营模型时，通常也会进行差异化设计。

业务部门通常是企业派往前方市场打仗的部队，如销售部、工程部等，其员工的薪酬结构通常会有奖金或提成。因此，业务部门的经营模型中员工的薪酬激励应包含薪资福利、绩效奖金、利润分红等。

远大住工人力资源团队曾为 A 公司做过薪酬体系变革服务。A 公司是一家人力资源综合服务供应商，在员工的薪酬分配上没有拉开差距，存在"吃大锅饭"现象，管理层没有工作动力，员工缺少机会等。

为优化 A 公司现有的薪酬绩效体系，激发员工对工作的热情，最终实现"力出一孔，利出一孔"，确保其在市场中保持竞争优势，远大住工人力资源团队为 A 公司建立了基于成本、收入的经营模型。

A 公司的组织架构主要分为业务部门和综合部门，业务部门根据不同产品服务来进行划分。A 公司业务部门的经营模型（见图 2-7），将部门的经营收入划分为部门成本、直接成本、毛利三部分。

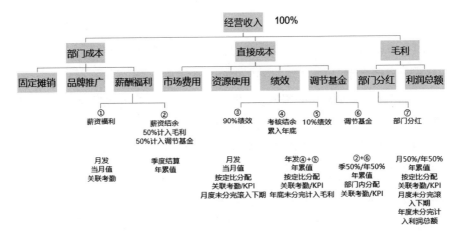

图 2-7　A 公司业务部门的经营模型（示例）

其中，薪酬激励项包含图 2-7 中的①、②、③、④、⑤、⑥、⑦。

薪酬福利：含部门固定薪资、社保公积金、福利、工会费。

绩效、调节基金：属于项目组激励部分，按"营收"定比，回款口径。

部门分红：属于部长/副部长/综合人员激励，按"毛利"定比，回款口径。

1. 账户核算

（1）核算到项目组：按产品/部门分项建立各个"收入"子账户，所有开支也对应地列入子账户的"支出"项。

（2）对于含有公司多个产品的单个项目，如果是一个员工促成的项目签约，则谁签单项目营收就归谁；如果由多人共同推动项目的签订，那么他们按比例来分配项目营收。项目利润则由项目经理来分配。

（3）子账户结余，即收入>支出；子账户亏损，即收入<支出。

（4）非薪酬激励类子账户的结余，100%计入"毛利"。

（5）调节基金账户按顺序依次支出：①因 KPI 高需要多发的绩效奖；②实际毛利<目标，弥补毛利；③薪酬福利子账户亏损，弥补亏损；④部门奖金。

（6）其他薪酬激励类子账户的结余，按经营模型处理。

（7）经营结算：按回款额结算，周期为一个月。

2. 成本费用说明

（1）固定摊销：折旧、物业管理费、低值易耗品摊销、水电费、通信费、差旅费、交通费等。

（2）品牌推广：基于品牌宣传、长期使用或部门共用的广告宣传费、推广费、印刷费、教材费、材料费、制作费等。

（3）薪酬福利：部门人员的固定人工费（含岗位工资、学历工资、职称工资、工龄工资、加班工资、其他工资、五险一金、企业年金、工会经费）。

（4）市场费用：项目组直接产生的培训费、培训合作服务费、考试评价服务费、人力资源服务费、招聘项目费、考务费、制作费、外包服务费、人事管理服务费、其他服务费等。

（5）资源使用：需要使用公司场所、公司大型设备等，折合大致的成本定价。

（6）绩效：项目组从"营收"中提取的一定比例的资金，用来激励项目组。

（7）调节基金：从"营收"中提取的一定比例的资金，用来激励部门，由部门负责人根据业绩等表现分配给内部团队（部门负责人本人不参与）。

（8）部门分红：从"毛利"中提取的一定比例的资金，用来作为部门的分红，其中大部分分配给"部门负责人"（固定比），小部分分配给内部团队（部门负责人根据业绩等表现自行分配）。

（9）部门毛利=部门营收–部门费用–项目组费用–项目组绩效–调节基金。

（10）营收中不含代收款、代付款支出和薪税产品服务费。

3. 奖金提取与发放说明

（1）绩效（项目组）。

奖金提取与分配：

$$项目组奖金包=营收×绩效比×当期发放比（月发90\%）$$

$$销售个人奖金=项目组奖金包×"销售"分配比×KPI激励系数$$

$$项目组其他个人奖金=项目组奖金包×各角色分配比×出勤率$$
$$×KPI激励系数$$

当奖金超额，即 KPI 激励系数>1 时，需要多发的奖金先从"调节基金"中支出，调节基金不足的，再从"绩效"项支出；当奖金结余，即 KPI 激励系数<1 时，未分完的奖金滚入下期；若 KPI 激励系数仍<1，未分完的部分则计入"毛利"。

发放说明：

项目组成员中有兼职的，在奖金发放时合并计算其分配比。

当项目组成员调岗时，月/季的奖金照常发放，年度的奖金按当年贡献占比酌情考虑发放。

当项目组成员离岗时，未结算的季度奖金或年度奖金部分均不再与其相关。

（2）部门分红（业务部门）。

发放对象：

部门分红被发放给除项目组之外的其他人员，主要是部长及综合人员。

奖金提取与分配：

分红奖金包＝毛利×分红比×当期发放比（月发 50%）

① 部长个人奖金＝分红奖金包×部长分配比×出勤率×KPI 激励系数。

当奖金超额，即 KPI 激励系数>1 时，需多发的奖金继续从"毛利"中支出；当奖金结余，即 KPI 激励系数<1 时，未分完的奖金滚入下期；若 KPI 激励系数仍<1，未分完的部分计入"利润总额"。

② 部门综合人员奖金＝分红奖金包×个人奖金系数/部门综合人员奖金系数和×出勤率×KPI 激励系数。

奖金超额：当 KPI 激励系数>1 时，发放的奖金不得超过部门综合人员可发奖金总包，需要控制在可分配额度内。

奖金结余：当 KPI 激励系数<1 时，未分完的奖金滚入下期；若 KPI 激励系数仍<1，未分完的部分计入"利润总额"。

发放说明：

① 当员工有兼职岗位时，仅计算一个岗位，就高不就低。

② 分配比固定的岗位如果空缺（如无综合人员），则奖金不发放，计入调节基金。

③ 综合人员参与项目组工作，可酌情分配项目组内绩效奖，并且原则上不影响其部门分红。

4. 奖金分配方式

（1）项目组分配。

对于开展不同类型产品交付的项目组中的各个角色，先按照工作量和工作难度确定其在不同项目阶段的奖金分配比例，再汇总各个角色在整个项目运作中的分配比例，乘以总绩效点，即为项目组各个角色最终的分配比。

（2）业务部门分配。

部长及其他不参与项目组分配的人员，参与利润分红；当"其他人员"有多人时，内部进行再分配，分配方式同"综合部门成员分配"。

基于业务部门的经营模型，假设 2021 年 A 公司的人才配置部收入 1000 万元，人工支出 434 万元，通过数据反复测算，可以得出人才配置部的各项比例，如图 2-8 所示。

产品1	2.4%	0.2%	28.4%	13.5%	8.9%	9.4%	1.0%	**36.2%**	211万元
产品2	2.4%	0.2%	28.4%	8.0%	8.9%	10.3%	1.1%	**40.7%**	41万元
产品3	2.4%	0.2%	28.4%	12.0%	8.9%	15.4%	1.7%	**31.0%**	81万元
产品4	2.4%	0.2%	28.4%	25.0%	8.9%	18.8%	2.1%	**14.2%**	114万元
产品5	2.4%	0.2%	28.4%	20.0%	8.9%	16.6%	1.8%	**21.7%**	25万元
产品6	2.4%	0.2%	28.4%	35.0%	8.9%	5.7%	0.6%	**18.8%**	528万元

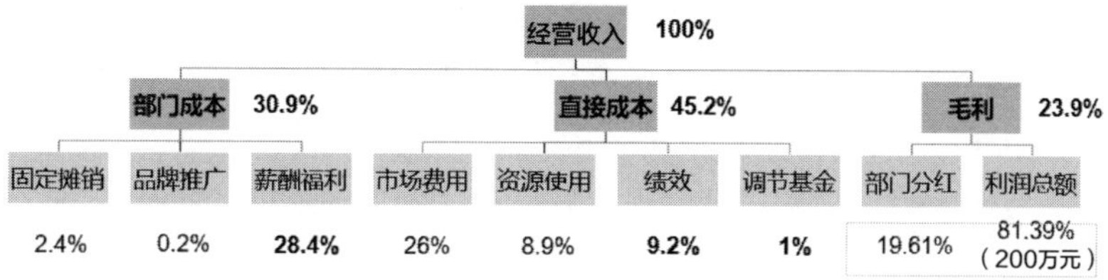

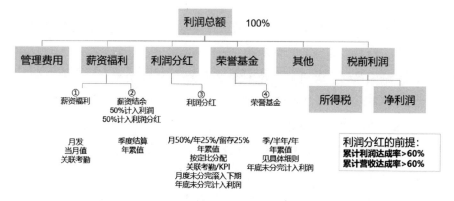

图 2-8　A 公司人才配置部的经营模型

建立业务部门的经营模型，使业务部门中跟部门业绩直接挂钩的人员可以分享项目奖金，其他综合人员也可以参与部门分红。如此一来，部门所有员工的收入都与部门经营结果及利润相关联，激发了团队的活力。

2.5.2　综合部门的经营模型说明

综合部门通常是企业驻扎在市场后方的“部队”，如人力资源部、财务部等。综合部门经营模型中员工的薪酬激励应包含薪资福利、利润分红等。

A 公司综合部门的经营模型（见图 2-9）将利润总额划分为管理费用、薪资福利、利润分红、荣誉基金、税前利润及其他。

图 2-9　A 公司综合部门的经营模型（示例）

在综合部门的经营模型中，薪酬激励项包含图2-9中的①、②、③、④。

薪资福利：含固定薪资/社保公积金/福利/工会费。

利润分红：公司综合部门激励，按各业务部门上交的"利润总额"之和定比，回款口径。

荣誉基金：独立于薪资、绩效奖、分红奖之外的激励，奖励少数突出贡献人员或团队。

1. 账户核算

（1）核算到各部门：按部门分项建立薪资激励的"收入"子账户，所有开支也对应地列入子账户"支出"项。

（2）子账户结余，即收入>支出；子账户亏损，即收入<支出。

（3）非薪酬激励类子账户的结余，100%计入"毛利"。

（4）其他薪酬激励类子账户的结余，按经营模型处理。

（5）经营结算：按回款额结算，周期为一个月。

（6）利润分红前提：累计利润达成率和累计营收达成率需同时>60%。如5月，需同时满足：1~5月的利润>1~5月的目标利润的60%，且1~5月的营收>1~5月目标营收的60%。当期未达到则当月不计提，若后续达到则发放：累计额×月发放比-前期已发。

2. 成本费用说明

（1）利润总额：各业务部门、子公司上交给公司的利润（各部门内部已分配完），回款口径。

（2）管理费用：综合部门产生的所有非人工成本类支出，含固定摊销、市场费用、物资广告、其他费用等。

（3）薪资福利：含固定薪资/社保公积金/福利/工会费。

（4）利润分红：从"利润总额"中提取的一定比例的资金，作为综合部门的分红，分配给各综合部门的负责人及员工。

（5）荣誉基金：独立于薪资、绩效奖、分红奖之外的激励，奖励少数突出贡献人员或团队。

（6）税前利润=利润总额-管理费用-薪资福利-利润分红-荣誉基金。

3. 利润分红奖

发放对象：除支出领导班长奖金外，发放给业务部门/分公司/业务项目组外的其他人员。

奖金提取与分配：

（1）分红奖金包=利润总额×分红比×当期发放比（月发50%）。

（2）部长个人奖金=分红奖金包×部长分配比×出勤率×KPI激励系数。

部长分配比=部门岗位系数×浮动比/所有参与分配人员分配比之和。

奖金超额：若 KPI 激励系数>1，需多发的奖金继续从"税前利润"中支出。

奖金结余：若 KPI 激励系数<1，未分完的奖金滚入下期；若 KPI 激励系数仍<1，未分完的部分计入"税前利润"。

（3）部门成员奖金=分红奖金包×部门成员分配比。

（4）员工奖金=部门成员奖金包×员工分配比×出勤率×KPI激励系数。

员工分配比=(部门成员岗位系数×浮动比)之和/该部门成员分配比之和。

个人实发=部门成员奖金包×员工分配比×激励系数×出勤率±部长调剂（±20%）。

奖金超额：不得超额分配。

奖金结余：部门内可调剂分配完（不得分配给部长），也可留在部门账户用作团建费用。

发放说明：

（1）有兼职岗位：部长仅计算一个岗位，就高不就低；部门成员可适度增加兼职岗位系数。

（2）分配比固定的岗位，如空缺（某部长空缺），其奖金不发放，计入下期利润分红总额。

（3）综合人员参与项目组工作，可酌情分配项目组内绩效奖，并且原则上不影响其利润分红。

基于综合部门的经营模型，假设 2021 年 A 公司收入 9276 万元，人工支出 1049 万元，利润总额为 1504 万元，通过数据反复测算，可以得出综合部门的各项比例，如图 2-10 所示。

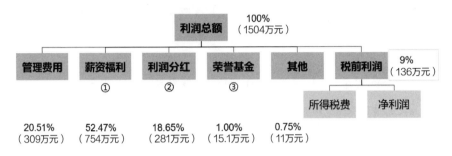

图 2-10　A 公司综合部门的各项比例

在综合部门的经营模型中，综合部门所有人员在公司利润达成的情况下，可以进行利润分红。公司利润越高，员工所分配的奖金越多，从而为公司创造的价值越大。

通过建立经营模型，可以把外部市场的压力向内部进行传递，进而促进各经营体之间互相协同，集成作战，努力把蛋糕做大，激发全体员工的积极性，真正做到"力出一孔"。

第
3
章 ｜ 构建人人账本

在数字化时代，如何量化个人价值，激活人才的自驱力，成为企业关注的重要话题。我们通过多年的实践探索，基于经营模型搭建了"人人账本"分配模式，不仅量化了员工个人创造的价值，还将员工的发展和企业的发展紧密结合在一起，真正实现让每个员工参与企业经营，达到激活员工的目的。

3.1　人人账本的内涵

在企业里，分钱是所有人最关心的事，企业的钱要大家一起挣。企业通过成本费用建模和节约金额共同分配机制，构建人人账本，将每一个员工和企业紧密结合在一起，实现共赢。

3.1.1　人人账本的概念

人人账本是通过为每个员工设立一个账本，让企业能清晰地看到员工在岗位上的价值创造、企业的投入，以及员工的价值分享。简单来说，人人账本相当于一种对员工重新进行个体价值评价与分配的方式。

人人账本是远大住工人力资源团队通过多年实践探索提出的一种创新激励机制，目前已在远大住工得到了深度运用。

远大住工是中国装配式建筑行业的领头羊，是国内首家集研发设计、工业生产、工程施工、装备制造、运营服务于一体的新型建筑工业化企业，拥有300多项技术专利和100多个工业化绿色建筑制造基地。

在发展历程中，远大住工也不可避免地出现了许多问题：部门墙严重，工作协同靠关系；绩效形同虚设，结果平均主义；HR与业务两张皮等。为此，远大住工不断完善企业的人力资源管理体系，找到了人力资源助力企业发展的第二曲线：员工个体价值评价与分配的方式——人人账本。

远大住工花费了一年的时间，通过金蝶s-HR系统将市场、运营、财务等所有的数据进行整合，统一放到一个池子里面，这个池子叫中间数据池。基于该数据池，远大住工构建出诸如人均产效这样的数据模块，进而核算出人人账本。

当每个员工都拥有人人账本的时候，就可以把他们的能量与企业的业务、价值很好地组合在一起。为避免员工只重视结果导致"功利性"太强，人人账本需要同步关联企业管理绩效体系。

人人账本以"增量价值"为牵引，以结果为评判标准。如图 3-1 所示，存量价值只关注完成任务的程度，与公司赚钱与否无关。绩效结果只用来考核，公司多赚钱或者省了钱，都不会影响员工的个人收入。增量价值不仅关注完成任务的程度，更关注给公司赚钱。当公司多赚钱或者部门省了钱时，员工可以获得额外的 N 倍奖金，绩效结果影响员工的奖金系数。

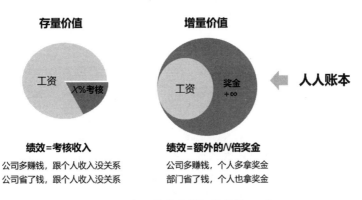

图 3-1　存量价值和增量价值的区别

奖金是开启价值创造的源泉。华为的奖金包是以增量绩效为牵引的：有增量，就有奖金。增量绩效分为两种主要方式。

（1）存量打折，增量加速。

假设 S 公司去年有 1000 万元的销售额，对应的奖金是 20 万元。今年的销售额是 1500 万元，首先对于其中和去年同样的 1000 万元，员工拿到的奖金要打折。去年 1000 万元的销售额的奖金是 20 万元，今年打个 8 折，1000 万元的销售额的奖金只有 16 万元。然后对于增量的 500 万元，还是给20 万元奖金，相当于奖金加倍。这样一来，员工总共能拿到 36 万元的奖金，从而牵引员工做出增量业绩，同时避免出现"躺赢"阶层。

（2）存量不打折，增量加速。

同样假设 S 公司去年有 1000 万元的销售额，对应的奖金为 20 万元。今年的销售额是 1500 万元，对于其中和去年相等的 1000 万元，其对应的资金还是 20 万元，不打折了。对于增量的 500 万元，再发 20 万元奖金。此时，员工总共能拿到 40 万元奖金。通过这种方式，企业就能激励员工努力做增量。而且增量加速能激励员工不断提升个人能力，以获取更多的奖金。

人人账本，激活人人，最终目的是让企业的每一个人都变成经营者，实现从"要我干"到"我要干"的转变。

3.1.2 量化个人价值，实现合理分配

价值分配体系合理，能让那些真正为企业做贡献的人得到合理的回报，牵引员工在自我欣赏中朝着同一个目标前进，为企业创造更大的价值，从而助力企业实现长远的发展。

人人账本深刻反映了远大住工"以奋斗者为本"的价值理念，帮助远大住工量化了员工的个人价值，正确地评估员工的个人价值，进而为合理分配价值夯实基础。

远大住工人力资源团队在探索"量化员工个人价值"时，先将远大住工生产每种构件的员工划分为一个个项目团队，再根据项目团队对整个生产环节的贡献分配奖金，最后将奖金分到团队成员：每个成员每生产 1 件产品都能获得对应的奖金，该奖金数额与成员的业绩、效率等 KPI 相关。员工收入计算公式如下：

收入=基薪×出勤率+（奖金+分红）×KPI 得分

基于该公式，员工可以清晰地计算出自己的收入（见表 3-1），从而在一定程度上确保了奖金分配的公平、公正。

表 3-1　远大住工某岗位的账本示例

XX 岗位（万元/年）	工资	奖金								收入	KPI 得分	实际收入	同岗排名
	年薪	营销费用结余		制造费用结余		管理费用结余		财务费用结余	利润				
		销售费	综合费	设备能耗	工人人工费	管理人工费	办公费	税费					
公司奖金包	—	500	23	186		100		20	610				11/50
岗位分配比	—	20%				—		3.5%		139.35	90%	125.42	
个人分配额	18	100	0	0		0		0	21.35				

注：数据纯属示例，非真实数据。该岗位的奖金=营销费用结余×岗位分配比+制造费用结余×岗位分配比+管理费用结余×岗位分配比+财务费用结余×岗位分配比+利润×岗位利润分配比。

为了避免员工和团队产生短期行为，远大住工为各个团队设定了与收入目标挂钩的 KPI，让各个团队既要关注成本控制，又要关注收入目标的达成。

人人账本的全新模式，通过成本费用建模和节约金额共同分配机制，将每一个员工和企业紧密结合在一起，有效地调动了各级员工降本增效的积极性。人人账本的价值主要有三点。

（1）授权充分：消除组织消耗与壁垒。在所有企业发展壮大的过程中，部门都会不断分化，各部门权责会越来越明确。当人员达到一定规模时，部门之间就会逐渐产生沟通壁垒，并且企业规模越大，这种部门间的"壁垒"现象越严重。人人账本通过充分授权员工，能够打破部门间的壁垒。

（2）全员经营：经营压力层层传递。在传统模式下，企业的经营压力都面向企业的老板和高层管理者，人人账本的模式让每一个员工都成为经营者，直面市场和客户的压力，明确目标，更好地为企业做贡献。

（3）劳资双赢：全员经营让每个员工都成为价值创造者，做到"力出一孔"，实现企业和员工的双赢。

在人人账本这一管理实践的助力下，远大住工 2019 年的收入与利润较2018 年有了较大增长，整体收入 33.69 亿元，同比增长 48.5%；毛利为 11.44亿元，同比增长 57.9%；实现净利润 6.77 亿元，同比增长 45.2%。

对于企业的优秀奋斗者与贡献者，企业要充分保证他们的物质回报。只有坚持对奋斗者和奉献者给予一定的合理回报，绝不让奋斗者和贡献者吃亏的价值分配原则，才会有越来越多的员工主动担责，进而在最佳时间以最佳角色为企业做出最佳贡献。

3.1.3　人人账本搭建的底层逻辑

人人账本的搭建依托于企业的价值创造链。价值创造链由"以客户为中心"的价值创造、"以结果为导向"的价值评价、"以奋斗者为本"的价值分配三个核心组成，这三个核心之间构成了无限循环的关系，如图 3-2 所示。

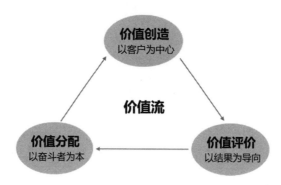

图 3-2　价值创造链

价值流是企业价值创造活动的依据和指导，是企业高绩效管理的基础。价值创造是价值评价与价值分配的前提与基础，价值评价是价值分配的依据。价值评价做好了，价值分配才会更加科学、合理；价值分配合理了，才能充分激发组织活力，牵引员工充满激情地为企业创造更大的价值。

价值创造链的释义如表 3-2 所示。

表 3-2　价值创造链的释义

价值创造	价值评价	价值分配
价值创造源泉	价值贡献度	价值分配要素
为谁创造价值	创造了多少价值（结果）	价值如何分配
谁创造了价值	如何创造价值（关键行为）	价值分配的对象
前提、基础	依据	实现

价值创造：调动一切可以调动的因素，以客户为中心，为客户创造价值。挖掘价值创造要素并激活要素。例如，依据战略要求对价值贡献排序。知识创新者和企业家是企业价值创造的主导要素。

价值评价：以结果为导向，干得好或干得不好都需要进行评价，建立基于人才价值本位的价值评价机制与工具。例如，以素质模型为核心的潜能评价系统，以任职资格为核心的职业化行为评价系统，以 KPI 为核心的绩效评价系统，以提高管理者人力资源管理责任为核心的绩效管理循环系统等。

价值分配：给干得好的人多发，叫激励；给干得一般的人发合适的，叫回报；给干得不好的人少发，叫约束。企业通常可以采用多种价值分配机制与形式，如工资、奖金、红利、股权、职权、机会、学习等。

价值创造链通过全力为客户创造价值，科学地评价价值，合理地分配价值，使真正做出贡献的人得到合理的回报，从而让企业具有持续的活力。

海尔集团为了实施以"单"为核心的薪酬体系，运用了一个工具叫"人单酬表"。从"发工资"到"自主挣薪"，人单酬表中个人薪酬的多少是由员工为用户创造多少价值来实现的。人单酬表激励的原则是三高，即高效率、高增值、高薪酬，具体表现在三个方面：

第一，根据有竞争力的目标确定有竞争力的薪酬标准，经营体实际创造的价值越大，创造的可供分享的薪酬资源就越多；

第二，驱动经营体创造未来的机会；

第三，经营体成员有权决定整合一流的人才加入经营体，让不合格的人退出，并拥有分享增值收益的自主权。

从"固定酬"到"绩效人单酬"，自主经营体根据业绩完成情况确定薪酬，把员工的报酬和其为用户创造的价值紧密结合，体现了员工自主运营、自负盈亏的原则。赋予员工更多的剩余分享权与剩余控制权，有利于调动员工的积极性，发挥员工的创新能力。

从价值创造的角度对部门、团队及员工个人的工作表现进行评价，能牵引所有员工聚焦价值创造。奖金激励体现的是责任、绩效与贡献，多劳多得。

3.2　人人账本的基础支撑

人人账本的搭建需要有依托：合理的组织架构、良好的财务支持、健全的绩效管理体系，以确保其在企业内运行平稳。

3.2.1　合理的组织架构

组织架构是组织所有成员为实现组织目标，在管理工作中进行分工与协作，在职务范围、责任、权利方面所形成的结构体系，是企业内流程运转、部门设置及职能规划等最基本的结构依据。

　　组织想要达成某项战略目标，或达到某一业绩目标，需要建立与之相匹配的组织架构。组织架构不合理将给企业带来很多困扰，如指令传达缓慢、执行滞后、决策周期长、决策失误、权责不清、组织臃肿等。

　　远大住工人力资源团队曾为 R 公司做过组织体系设计的咨询服务。通过多次现场调研及对相关调查问卷进行分析，团队发现 R 公司在组织设计方面的主要问题表现为组织架构缺少对业务开展的支撑。在调研过程中，大家针对组织设计普遍反映了一些典型现象，如图 3-3 所示（图中百分比表示反映问题人数占所有调研人数的比例）。

图 3-3　组织设计方面存在的典型现象

　　R 公司的各个业务部门是相对独立的，各业务部门都是自己做自己的业务，只会站在自己的角度考虑问题，这种分割的机制妨碍了公司的发展。组织架构无法适应公司的阶段性发展需要，缺乏前瞻性，对业务开展的支持力度不够，导致内部资源共享的力度不够。各业务部门之间缺少交流，甚至经常出现不同部门人员对接同一客户的现象，给客户造成了非常不好的体验。

　　针对现有组织架构存在的问题，远大住工人力资源团队根据现代化企业管理要求，结合 R 公司的业务战略和重点业务需求，对其组织架构进行了优化。

　　（1）将原有的技术研发中心改为产品与信息化中心。R 公司现在没有专门的产品部门，而各业务部门都忙于业务和交付，没有时间去优化产品，导致公司产品跟不上市场发展。成立产品与信息化中心，一来可以强化公司的产品研发能力，二来可以打通产品需求和信息化平台建设之间的关系，让信息化真正成为服务于产品与业务的有效手段。

（2）增设市场拓展部。过去各业务部门独自作战，缺少统一的市场接口，成立市场拓展部，可以统一客户对接界面，有利于市场的开拓。

（3）将品牌发展部改为品牌运营与重大项目部。该部门除了承担原来的品牌运营和策划推广职能，还要进行重大项目的交付。

（4）将综合管理部改为战略发展与综合管理部。强化公司战略管理，由战略发展与综合管理部主导做好战略管理工作。

（5）增设人力资源部。原来人力资源职能由综合管理部承担，但综合管理部有太多的行政事务工作，缺少公司层面的人力资源规划和人才培养。成立人力资源部，能够根据公司战略发展及公司价值观的引领要求，为公司可持续发展提供人力资源保障。

（6）将审计法务部改为纪检监察与审计法务部。在原有的审计法务部的职能中，增加了纪检监察职能。

人人账本的搭建也需要合理的组织架构做支撑，以确保能合理划分独立经营体，并进行成本和收益的核算。合理的组织架构主要具备以下几个特征。

（1）组织相对稳定：企业组织的相对稳定性指的是企业组织架构总体上在较长一段时间内保持稳定，不能频繁地更改、变动。如果组织内部和外部的条件发生巨大变化，企业组织架构需要根据长远目标做出相应的调整。

（2）职级归属关系清晰：职级职等的划分是员工各项福利待遇和职权划分的重要依据。设置清晰的职级归属关系，能够让员工明确自身的职责范围，更好地开展工作。

（3）核心岗位设置稳定：核心岗位的合理设置是公司治理机制有效运作的基础，要明确核心岗位的设置目标，完善岗位设置相关制度，将核心岗位进行合理的设置并使之稳定下来。

组织架构要具备以上特征，在设计时应遵循几个原则，如表 3-3 所示。

表3-3　组织架构设计的原则

原则	说明
承接企业战略	以企业战略作为组织架构设计的出发点，以保障企业战略目标的实现
精简高效	组织架构不要追求大而全，防止组织臃肿和流程繁杂，应考虑企业的现实和特殊情况，尽量保证人人工作量饱和
权责清晰	不论人多人少，权责要分配合理、明确，权责不分离，做到"事有可管、责有可追"。设置关键岗位和指令脉络，保证高层决策传递通畅且高效
稳定性和适应性相结合	保证组织在外部环境和企业任务发生变化时，能够继续有序地正常运转，同时能根据变化了的情况做出相应的调整

总的来说，人人账本的搭建需要有合理的组织架构作为支撑，就像建造房屋时，往往要先打地基、建屋架结构，再装修。合理的组织架构能确保企业在实行人人账本的过程中，真实量化员工创造的价值，正确评价其创造的价值，进而实现价值的合理分配，激发人才活力。

3.2.2　良好的财务支持

除了合理的组织架构，人人账本的搭建还需要良好的财务支持。也就是说，企业的财务核算必须清晰，以确保能准确地进行经营模型的核算，为实现合理的价值分配提供数据支撑。

良好的财务支持主要表现在以下三个方面。

（1）账户分类稳定，有清晰的收入和支出。

根据企业组织架构划分核算账户，划分的部门需要有清晰的收入和支出，才能进行细化核算，让企业经营者清楚每个员工为企业所创造的效益。例如，远大住工有营销费用、制造费用、管理费用、财务费用等账户分类。

如果部门的收入和成本核算不清，那么就不能设置成单独的账户。例如，总经办：你卖什么给客户？你的收入是哪些？今天我给老板安排了车，安排了一个会议，收入能不能算得清楚？还有支出，这笔费用是算总经办的还是算老板的？如果这些算不清楚，就无法明确总经办的收入和支出，也就不能形成账户。

（2）清晰的财务科目关系，确保财务运行质量。

财务科目就是会计科目，是对企业会计核算过程中会计要素的具体内容进行分类核算的项目。主要包括资产类科目（如银行存款、应收账款）、负债类科目（如应付职工薪酬、应交税费）、所有者权益类科目（如实收资本、本年利润）、成本类科目（生产成本、制造费用）、损益类科目（如主营业务收入、营业外支出）。

如果财务科目设置不规范，同样的科目在不同组织中核算内容不一致，或者入账科目不对应，都会造成账务核对不一致的现象，需要耗费大量的时间和资源查找原因。这样一来，各科目就会在基础数据管理上难以做到高效协同，财务信息的完整性、及时性和真实性就会受到挑战，进而不利于经营者准确掌握各核算账户的真实运营情况。

（3）及时、准确地核算经营结果，为经营决策提供支撑。

财务部门要能够随时拿出经营部门想要的各种数据，并主动为其服务。例如，对产品品种进行成本核算，分析哪些品种做的贡献多；根据市场区域进行核算，从中发现销售政策向哪方面倾斜；根据客户进行核算，让经营部门了解客户为公司带来的价值；根据账户分类进行核算，让经营者及时准确地看到每个员工为企业所创造的效益。

2006 年 2 月，随着海尔"人单合一"模式的全面启动，其财务体系也开始实施颠覆性的变革：从传统的仅局限于会计成本、费用和收入核算的财务战略，转变为能够融入企业全流程的价值核算的财务战略；从单纯的会计角色，转变为驱动业务的"决策支持者"和"战略引领者"。海尔的财务体系被整合为 4 个模块：战略财务、业务财务、专业财务、共享财务。人员结构也发生了很大的改变，战略和业务财务人员达到了 70% 左右，专业财务人员占 10%，而基础财务人员的数量则下降到 20% 左右。

首先，海尔的财务体系建立了以经营体为索引的损益表，从产品企划、生产制造到销售等，全流程地展示了各经营体的损益项。全流程式的核算体系将财务流程和业务流程进行紧密的融合，使得财务报表中的每一个数据都能被解析。

其次，海尔将财务人员融入经营体的具体经营中。融入经营体的财务人员会得到集团财务平台的业务支持，但是，其业绩完全由所在的自主经营体来考评。同时，财务人员的收入取决于其所服务的自主经营体的绩效。正如一位财务管理人员所说："我的绩效指标都和自主经营体息息相关，让经营体成功，我才能够成功。"

综上所述，当企业拥有良好的财务系统时，财务人员就能先通过财务系统整合各类数据，及时、准确地核算各账户的经营结果，然后通过"人人账本"让员工清晰地看到其所在岗位的创收数据和成本节省数据，激活人才，为企业发展注入源源不断的活力。

3.2.3 健全的绩效管理体系

前文提到为了避免员工和团队产生短期行为，我们在搭建人人账本时，为员工设定了与收入目标挂钩的 KPI，让他们既要关注成本控制，又要关注收入目标的达成。由此表明，搭建人人账本还需要健全的绩效管理体系。

所谓绩效管理体系，是指各级管理者和员工为了达到组织目标共同参与的绩效计划制订、绩效辅导沟通、绩效考核评价、绩效结果应用、绩效改进提升的持续循环过程。人人账本的核算需要依据绩效考核的结果，对员工赋予奖金系数或激励权重。绩效考核是在既定的战略目标下，运用特定的指标和标准，采用科学的方法对员工的工作行为及取得的工作业绩进行评估，并运用评估结果对员工将来的工作行为和工作业绩产生正面引导的过程。

为确保绩效考核的公平、公正，确保奖金分配的合理性，企业在建设绩效管理体系时需要把控以下两点。

（1）组织与岗位的绩效指标设置清晰。

企业在提取绩效指标时应以战略为导向，自上而下分解，先确定组织的绩效指标，然后分解落实到各部门。各部门基于自身的职责和责任中心定位，确定自己的绩效考核指标。在将企业目标分解到部门后，部门主管要根据员工所在岗位的职责对部门目标进行分解落实。不同岗位的职责不同,企业要对不同岗位设置不同的考核指标,以避免出现"躺赢"岗位。

在员工个人绩效管理上,企业可以借鉴华为的 PBC(Personal Business Commitment,个人业绩承诺)(见表 3-4)。当然,在借鉴华为的 PBC 时,企业应该结合自身实际管理状况融合使用。

表 3-4 华为的 PBC

一、业务目标
关键结果目标——个人承接的组织 KPI
1.经营指标(KPI 指标)
2.市场目标
个人关键举措目标
1.个人年度业务目标(战略诉求、山头目标、高层客户管理等)
2.个人年度管理改进目标(交付流程改进、组织建设等)
二、组织与人员管理目标(共 3 ~ 4 项)
根据各部门的团队与人员管理挑战,设置目标
三、个人能力提升目标(共 2 ~ 3 项)
根据个人能力的短板设置个人能力提升指标,非职业发展计划

华为的 PBC 包括三个部分,分别是业务目标、组织与人员管理目标和个人能力提升目标。在业务目标中,关键结果目标是个人承接的组织 KPI;个人关键举措目标是指为了支撑公司的 KPI,个人要承载的关键任务。组织与人员管理目标涉及组织建设和人员管理内容,体现对业务目标的支撑。通常来说,这部分适用于管理者。个人能力提升目标通过识别要达成个人绩效目标自己在能力、经验上的挑战和差距,围绕挑战和差距来制订学习与发展计划,需要和主管、下属沟通后确定。

在绩效指标的制定上,如果对某些工作的结果难以衡量,上级在给下级做绩效评价时,难免会因为个人喜好导致评估结果不公正,难以令人信服。因此在制定绩效指标时要遵循"四化"原则:能量化的尽量量化,不能量化的先转化,不能转化的尽量细化,不能细化的尽量流程化。用数字做管理,通过科学、合理的计算方法,使结果能够客观反映员工的工作业绩。企业在设计绩效指标时可从表 3-5 所示的四个维度来选择衡量标尺。

表3-5　衡量绩效指标的四个维度

维度	示例
数量维度	产量、次数、频率、销售额、利润率、客户保持率等
质量维度	准确性、满意度、通过率、达标率、创新性、投诉率等
成本维度	成本节约率、投资回报率、折旧率、费用控制等
时间维度	期限、天数、及时性、推出新产品周期、服务时间等

具体来说，对定量的指标，可以从数量、成本等维度进行衡量，如招聘人员的数量、销售额目标完成率、费用控制金额等；对于定性的目标，可以从质量、时间的角度去考虑，如人员对职能部门服务的满意程度可以通过人员投诉率、服务及时性来表示。

（2）明确绩效指标的计算公式和数据来源。

在评估组织与员工个人绩效目标的达成情况时，常用的组织与员工的绩效分值计算公式如下：

$$绩效分值=\sum(KPI_1绩效分值×KPI_1权重+KPI_2绩效分值$$
$$×KPI_2权重+\cdots+KPI_n绩效分值×KPI_n权重)$$
$$+加分项-减分项$$

其中，对于每一项指标的计算，常用的是百分率法，即先用指标的实际完成值除以标准值计算出百分比，然后乘以指标的权重，就得到该指标的绩效分值。加分项、减分项分别是针对定性指标设计的。

在确定计算公式后，还需要标明每个指标的考核数据来源，考核数据来源是绩效考核真实有效的前提，提供考核数据的部门要认真核对原始凭证。在绩效考核管理中，要对提供不真实数据的责任人进行处罚，形成一个数据管理的闭环。在绩效考核中，企业可从三个方面来确保绩效考核的公平公正性：第一，尽可能由第三方提供考核数据；第二，谁的数据准确谁提供；第三，谁负责考核项评价谁提供。

表3-6所示为远大住工人力资源团队在为A企业做绩效薪酬体系的咨询服务时，给物业安保部某岗位设计的绩效指标，每个指标都有清晰的计算公式和数据提供部门。

表3-6 A企业物业安保部某岗位的绩效指标

指标	数据来源	计算公式	权重
净利润	财务部	实际/目标	30%
费用控制	财务部	含水、电、气、物业维修、耗材类等费用（不含人工费和活动费用）； 计算公式：1−实际/目标； 每节约5%，+10%；每超额5%，−10%	10%
工作计划完成率	直接主管	月度工作分为重点工作与非重点工作，其中重点工作有5项； 计算公式：实际完成工作项数/总工作项数−50%/总重点工作项数×重点工作未完成项数	60%
财产安全	总部财务	每造成1万元损失，−20%； 发生重大事故，−50%； 每挽回1万元损失，+5%	加减分项
产品/服务质量	督查部	被投诉的、被总部监查到形成扣款扣罚或负面影响，3天内分公司未解决的，−5%/起； 发生影响3人以上的群体事件，−50%/起	减分项

分钱的前提是有客观公正的评价。当企业拥有健全的绩效管理体系时，就能正确评价员工创造的价值，进而实现科学、合理的价值分配。为此，在搭建人人账本时，企业需要有健全的绩效管理体系作为支撑。

3.3 人人账本的搭建

搭建人人账本，不仅要明确奖金的来源及奖金的分配对象，还要让每个人清楚自己贡献的价值和所获得的回报，进而激发组织和个人的活力，实现多方共赢。

3.3.1 明确人人账本中"钱"的来源

要进行奖金分配，首先要确保"有钱可分"才行。钱从哪里来？
公司层面的奖金包通常来自以下三个方面。

（1）利润分红：公司约定拿出一定比例的年度利润，作为奖金分配给员工。统计结果要以财务表现为基础口径，主要采用以下两种形式。

① 提取一定比例的公司年度利润作为总体奖金包分配给员工。例如，提取公司年度利润的15%作为奖金（年度利润×15%），分配给员工。

② 当公司年度利润超过年度利润目标时，提取一定比例的年度利润作为员工总体奖金包。例如，当公司年度利润目标≥1000万元时，提取公司年度利润的20%作为奖金（年度利润×20%），分配给员工。

（2）目标分享：公司首先设定组织层面的目标，再根据组织目标达成情况，将一定比例的总工资作为奖金包分配给员工。这里所指的目标，通常都是组织层面的、可以量化的指标。

① 组织层面：公司、部门或分（子）公司、项目部门等；

② 量化的指标：既可以是财务指标（收入、回款、费用等），也可以是业务指标（第三方调研的客户满意度、市场占有率等）。

（3）盈余分享：也称为"生产率""收益分享"，是指将由生产率改进、质量提高或成本节省等因素给公司带来的经济收益作为奖金包。例如，将成本节省金额的50%作为奖金包分配给员工。

华为通过设置"开源+节流"的奖金包方式（见表3-7），激发了员工的意愿，解决了"吃大锅饭"的问题。

表3-7　华为奖金包的来源

奖金包	获取方式
业绩奖金包	开源：上年奖金包×（1+业绩增长率）×绩效系数
降本增效奖金包	节流：减员或降成本费用×50%

（1）开源部分：是指业绩奖金包，公司业绩有增长，员工就可以多分钱。例如，去年奖金包是100万元，今年业绩增长了20%，那么今年的奖金包就会变成 100×（1+20%）=120（万元）。不过，最终的奖金包还跟绩效系数有关，绩效系数就是组织绩效的评价结果。做得好，公司很满意，绩效系数是1，那么 120 万元就可以拿满；如果有些瑕疵，绩效系数就会打折，如只有0.9，那么奖金就是108万元。华为通过这样的方法，最终确定每年的业绩奖

金包。

（2）节流部分：就是通过降本增效获得的额外奖金包。例如，节约了成本，去年本来预计要花 100 万元，但实际只花了 50 万元，那么节省部分的 50%，也就是（100-50）×50%=25 万元，就应该被作为奖金包。

人人账本中的每个账户都是独立的经营体，奖金包主要来源于利润分红和盈余分享。利润分红是指拿出总体利润的一部分作为奖金包分配给员工，侧重于核心团队。如果公司没有利润，则没有该项奖金。盈余分享是指将通过采取措施节约的各项费用，如通过合理定编和节约用人节省的人力成本、通过税务筹划和减少固定资产节约的财务费用，作为奖金包分配给员工。

3.3.2　确定人人账本的激励对象

任何制度都有一定的适用人群，奖金管理也不例外。在搭建人人账本之前，企业一定要明确其激励对象。

人人账本的激励对象可以参考以下方法来确定，如表 3-8 所示。

表3-8　人人账本激励对象的确定方法（参考）

方法	具体描述	适用公司	举例
定义法	给出相应的定义，由业务部或人力资源部根据实际业务需要自行定义具体适用人员	适用于业务跨度大、各部门之间业务差异明显的公司	直接和外部客户关联并对公司收入产生影响的人员执行销售人员奖励政策；其他人员执行非销售人员奖金激励政策
穷尽法	列明所有属于某一范围的适用职位或人群	适用于业务类型单一的公司	销售部业务经理、客户主管、市场推广人员执行销售人员奖金激励政策；综合管理部、采购部、财务部人员执行非销售人员奖金激励政策
混合法	综合前面两种方法，既有定义约束，又有非典型职位的说明	适用于统一管理，但各部门之间业务差异较大的公司	市场部、销售部人员执行销售人员奖金激励政策；直接和客户关联并对公司收入产生影响的人员执行销售人员奖金激励政策（如技术部售前支持）；其他人员执行非销售人员奖金激励政策

根据企业业务情况，在确定了激励对象后，还需要考虑如何让企业有限的薪酬资源发挥最大的激励效用。根据帕累托法则：企业20%的关键员工创造了80%的价值，企业可以将80%的薪酬激励资源分配给表现最好的20%的关键员工，以打破平衡，拉开差距，牵引员工为企业创造更大的价值。

　　网飞公司创始人里德·哈斯廷斯对此有着更为独特的理解，他认为给这些精英发放最高的工资，从长远角度来看，其实是最节约成本、最有效的人才吸引和激励方式。

　　1968年的一天，网飞公司在加利福尼亚州的一间地下室进行了一项名为"精英原则"的管理研究。当天早上6:30，9名实习程序员被带入一间有着数十台计算机的房间，每个人都被要求在接下来的两小时内竭尽所能地完成一系列的编码和调试任务。

　　实验数据表明，9人中表现最差的一人也是合格的程序员，而表现最好的一人强于表现最差的一人数倍：编程速度快20倍，调试速度快25倍，程序执行速度快10倍。

　　基于"精英原则"，网飞公司将员工的工作分为两类——操作型工作和创造型工作。对于所有操作型工作，网飞公司根据清晰的标准，按市场中间价定工资；对于创造型工作，网飞公司会给某一名能力超强的员工开出市场上的最高工资，而不是花同样的钱去雇十几名或更多表现平平的普通员工。

　　任正非曾表示："前二十年华为公司怕不平衡，后二十年华为公司怕平衡，要把奖励和机会向成功者、奋斗者、业绩优秀者倾斜，大胆倾斜。我们要拉开差距，后进者就有了奋斗的方向和动力，组织才会被激活。"只要员工的潜力与斗志被彻底激发出来，企业就能持续保持活力，创造价值。

3.3.3　设定人人账本的分配比例和方式

　　在确定了奖金的来源与激励对象后，企业接下来就要考虑奖金怎么分。人人账本的分配流程分为三级：首先，基于公司业绩达成和各项费用盈利计算公司奖金包；其次，根据部门控编减员及部门费用盈利确定部门奖金包；最后，依据个人分配比与绩效考核结果，将奖金分配到员工个人（见图3-4）。

图 3-4 人人账本的分配流程

可以看到,每个员工能拿到的奖金主要取决于三个变量。第一个是组织绩效。组织绩效越好,奖金包就越大;反之,组织绩效越不好,奖金包就越小,甚至为零。第二个是个人绩效。员工的绩效考核结果不同,绩效系数也不同。第三个是员工的职级。职级不同,员工获得的奖金也是不同的。

企业在考核周期内,如果达成利润目标,或者费用科目有结余,此时就可以提取利润的一部分,或者费用结余的一部分用于奖励员工。那么该奖金包如何进行分配呢?远大住工在搭建人人账本时,将该奖金包分成两部分:其中70%为固化分配部分,按岗位固定分配比分配到员工,关联员工的绩效考核结果和考勤率;30%为自主分配部分,由分(子)公司或部门自主灵活分配(见图 3-5)。

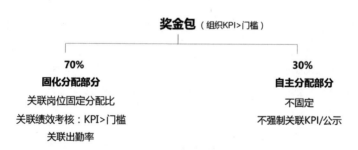

图 3-5 人人账本中奖金包的分配方式

对于费用结余产生的奖金包的分配,我们以营销费用为例(见图 3-6)。假如基于年度预算确定公司收入的 10% 为营销费用预算,由营销部门来管理和支配。在考核周期结束时,在核算销售人员的工资福利(固定支出),以及招待、交通、差旅、场地、推广等的支出后,如果发现实际营销费用低于公司收入的 10%,那么应当将节约的营销费用以奖金包的形式分配给相关员工。其中,节约营销费用的分配比例是根据员工贡献大小及历史数据测算得出的。

在图 3-6 中，奖金包的 70% 是奖励给营销部门的。其中，营销总监占比为 20%，销售经理占比为 50%。奖金包的 30% 是奖励给相关支持部门的。其中，总经理占比为 10%，市场支持占比为 10%，制造部长占比为 2%，人力行政总监占比为 2%，财务总监占比为 1%，剩余 5% 为调节基金（分公司负责人或部门负责人可以根据员工的绩效表现自主分配）。

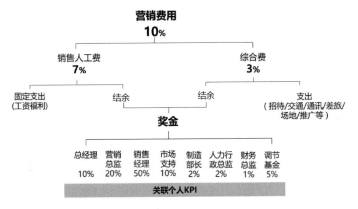

图 3-6　营销费用分配（示例）

对于利润分红，假设公司提取月度净利润的 10% 来进行分红（见图 3-7）。利润分红的对象为总经理和管理团队（包括营销总监、制造部长、人力行政总监、财务总监等人员），根据他们贡献的大小和历史数据测算得出的分配比：总经理为 20%；营销总监为 8%；制造部长为 14%；人力行政总监为 10%；财务总监为 8%；生产经理为 10%；设备经理为 5%；工艺总工为 10%；综合人员为 35%。

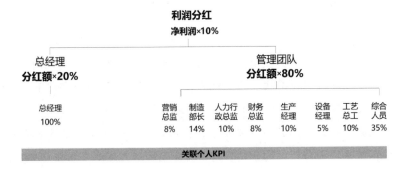

图 3-7　利润分红（示例）

综上所述，不管是提取利润中的一部分，还是将费用结余用于奖励，员工个人获得的奖金都是由组织绩效、个人绩效和所在岗位的职级共同决定的。其实，华为的奖金分配也是如此进行的。

华为将员工岗位职级和个人绩效考评结果组成一个分配矩阵，每个员工都可以从中得到一个分配权重。

分配公式：个人奖金=组织实得奖金×个人分配权重/组织所有人员权重之和。

其中，组织实得奖金是与组织的绩效结果挂钩的。如果有两个同样职级、个人绩效考评结果也一样的人分布在不同的部门，他们的奖金是不一样的，因为不同部门的组织实得奖金是不同的。即使组织实得奖金一样，他们的奖金也是不一样的，因为不同部门的人员结构不一样。

奖金不是分来的，而是赚来的，需要员工通过履行岗位职责并完成绩效目标来赚取，而且不是每个人都有奖金的，每个人的奖金也不可能都一样。人人账本正是秉承该理念，确保奖金向为企业贡献大的奋斗者倾斜，从而牵引员工持续为企业创造更大的价值。

3.4　人人账本的数字化

随着数字化时代的到来，越来越多的企业把数字化转型作为战略决策的重点目标。在企业进行数字化转型的同时，人力资源部也要跟上步伐。基于数字化平台，将人人账本数字化，可以大大提高人力资源管理的效率，进而提升组织的管理效率。

3.4.1　将账本数字化，提升组织效率

在数字化背景下，企业需要找到适合自身的数字化管理模式，从而提升组织效率。数字化的一个大前提是能够实现数据的互通互联，从技术层面来

说，需要通过系统的架构，打破不同软件之间的壁垒，让数据高效流通起来，创造增值价值。

构建高效、敏捷的 IT 系统能为企业的前端赋能，使其更及时、更精准地满足客户的需求。一方面，IT 系统能提高业务团队的能力上限，提高产品与服务的综合品质，为企业吸引更多客户资源，把握更多发展机遇。

美团基于互联网技术，利用先进的 IT 系统，通过数据分析和产品优化，助力线下服务业商户，为消费者提供更精准、有效的服务。美团通过评选餐饮、酒店、旅游等榜单提升影响力，拉动商户品牌溢价，辐射更多的 C 端用户，为 B 端商户强劲赋能，提高用户量和交易额。

另一方面，IT 系统能大大提升企业内部的运营效率，节省组织的人力、物力、财力及时间成本；同时使企业的发展适应全球化进程，不再受限于当地的人才与资源。

华为在成立初期，主要靠 E-mail 和 MRPII（物料资源计划）来支撑业务的发展。从 1998 年开始，华为学习西方的管理经验，对产品研发和供应链进行了管理变革，IT 体系也由此进入了第二个阶段，通过 IT 集成化给华为的业务提供了更好的支撑。从 2004 年开始，华为 IT 体系逐步进入第三个阶段——国际化阶段，这一阶段主要以全球上线 ERP 系统为主。通过将近十年的努力，华为在全世界建立了一张 IT 大网。由于华为的 IT 系统不仅要支持公司内部运营，还要支撑公司外部的业务创新，逐渐跟不上时代的发展。为了完善 IT 系统，2012 年，时任华为软件公司总裁的邓飚提出了华为IT2.0，标志着华为 IT 体系进入了第四个阶段。

经过多年的努力，时至今日，华为的 IT 网络遍布全世界，共建有 70 多个数据中心、36 个客户联合创新中心、800 多个 IT 应用系统等。

在企业进行数字化转型的同时，人力资源部也要跟上步伐。为此，远大住工搭建了人力资源数字化管理平台，其中就包括人人账本的数字化。

远大住工在发展初期，人力资源管理布局分散、碎片化问题严重。从2015 年开始，远大住工逐步搭建统一的人力资源数字化管理平台，从人员招聘、入司、成长、考核、异动到离司等环节，实现对员工的全职业链信息化管理。为了更好地展示人力资源状况，远大住工还在数字化平台的基础上接入管理控制和员工服务的系统，以及配置了 30 张人力报表，员工可以在线自助咨询人事、薪酬、福利、假期等相关信息，公司管理层可随时随地查看人事数据，以辅助制定业务策略，如图 3-8 所示。

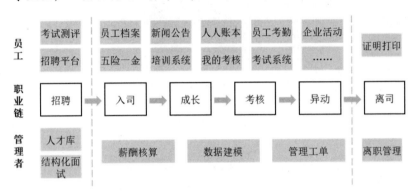

图 3-8　远大住工人力资源信息化管理平台

在人力资源信息化管理平台的支撑下，人人账本的数字化也得以实现，员工可以在线查询成本和收益数据，人力资源工作者也可以通过系统快速核算出人人账本。例如，以前每个分公司都需要安排一个人核算工资，100 多个分公司就需要 100 多个人。而在将人人账本数字化后，全集团只需要安排一个人核算工资，剩下的人就可以全部转型做数据分析。

人人账本的数字化有效打破了企业内部的部门墙，实现企业范围内的信息共享，提升了组织效率。

3.4.2　建立人人账本系统

在将人人账本数字化后，企业可以通过线上信息化工具——人人账本系统和经营账户线下表单，将员工创造的价值用数据形式清晰地呈现。

通过线上的人人账本系统，员工不仅可以随时查看已经结算的各账户奖金，清楚自己创造的价值，还能看到自己未来 3 个月内的预发奖金，进而为了达成个人绩效目标而不断努力，在企业内部形成良好的奋斗氛围。在有了人人账本系统后，系统会根据各账户可分配额、核心团队岗位分配比、其他员工系数比、出勤率、考核结果，计算出个人奖金，从而大大提升企业的人力资源管理效率。

　　远大住工的人人账本系统如图 3-9 所示。

图 3-9　远大住工的人人账本系统（示例）

　　从图 3-9 中可以看出，员工能通过手机端看到自己已结算的各账户奖金，包括基本工资、绩效工资、奖励、福利、绩效扣除、账本分配奖金、董事长基金、经营扣除等。

　　经营账户线下表单的可视化范围广，从当月结余、年累结余、当期可发奖金、实际分配、年累实发奖金等维度，展示了各月的数据，便于多维度进行对比。

　　远大住工的经营账户线下表单如表 3-9 所示。

表 3-9　远大住工的经营账户线下表单（示例）

项目	1 月	2 月	3 月	4 月	5~11 月	12 月	年度	上年留存
Cyber	#	#	#	#	#	#	#	#
Physical	*	*	*	*	*	*	#	/

续表

项目	1月	2月	3月	4月	5~11月	12月	年度	上年留存
*当月结余	#	#	#	#	#	#	#	/
*年累结余	#	#	#	#	#	#	#	/
*当期可发奖金	#	#	#	#	#	#	#	#
*实际分配	*	*	*	*	*	*	#	/
*年累实发奖金	#	#	#	#	#	#	#	年度结余+上年留存

说明:

当月结余=当月收入–当月固定支出;

年累结余=年累总收入–年累总固定支出;

固定支出是指各经营账户薪资、社保、福利的总和(不含经营奖金);

标#项为公式,不可修改。

今麦郎食品股份有限公司(简称"今麦郎")是全国方便食品行业的龙头企业,是以方便食品为主业,集生产、销售、研发于一体的现代化大型综合食品企业集团。

今麦郎通过人力资源数字化系统,实现了生产和销售一线员工工资日清。每天下班后一线员工就能即时看到当天的工资情况,还可以互相查看对方的日工资,每天工资数量的差异反映出个人的绩效情况。"日工资核算"的管理方式激发了员工内在的竞争潜力和个人荣誉感,让员工的心态产生巨大变化,从以前的"能干多少是多少"转变为"比学赶超抢着干"。

此外,今麦郎还实现了对职能线员工次月1日发薪,展现了公司强大的实力,以及内部业务流程的高效协同与整合。

因此,员工对公司的认同感和自豪感得到极大提高,主动介绍亲友到今麦郎工作的意愿非常强烈。

远大住工基于软件进行数据管理的打通和协同,将不同系统里的"数据孤岛"进行有效的融合,从而实现人人账本系统管理,让每个员工的工作成果和绩效收入直接挂钩,量化员工个人价值与收入的关联,真正让每个员工参与经营,成为价值创造者。

3.5　人人账本的实践应用

搭建人人账本，并将其数字化，不仅能提高组织效率，还能激活组织和员工，真正让员工参与经营。本节主要介绍人人账本在购物商城、地产公司及集团总部职能部门的实践应用。

3.5.1　购物商城的人人账本

近年来，受网络购物的冲击，实体购物商城的发展受到了很大的影响。为了提升员工的工作积极性和创造性，更大程度地激发员工的潜能，为企业创造价值，企业需要建立更有效的激励机制。

S 商城是 H 城市中一家中型的购物商城，自 2018 年以来，该商城一直处于亏损状态，员工的工作积极性也不高。

远大住工人力资源团队在为 S 商城做咨询服务时，通过调研诊断发现以下情况。

（1）该商城的组织架构主要分为职能服务和业务集群两类（见图 3-10）。

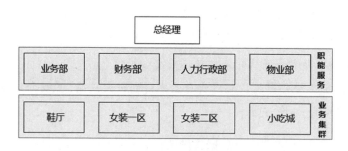

图 3-10　S 商城的组织架构

（2）该商城采用的激励机制主要针对柜组主任及以上员工，按照月固定工资 1∶1 分配奖金（也就是说，当柜组主任的月固定工资为 8000 元时，对应的月奖金也是 8000 元），没有结合公司经营情况来制定；对于柜组主任以下员工，采用提成制；对于所有 14 级以下的职能员工，采用固薪制，没有奖金（见表 3-10）。

表 3-10　S 商城的激励机制与奖金（现状）

岗位名称	人数（个）	当前月薪（元）	当前月奖金（元）	人均年奖金（元）	人均年收入（元）
商城总经理	1	15000	15000	180000	360000
业务经理	1	7000	7000	84000	168000
财务经理	1	7000	7000	84000	168000
人资经理	1	7000	7000	84000	168000
物业经理	1	7000	7000	84000	168000
商品部经理	3	7000	7000	84000	168000
柜组主管	15	5000	5000	60000	120000
导购员	46	2000	/	/	24000
档口师傅	10	3000	0	0	36000
收银员	7	2000	0	0	24000

注：导购员采用提成制，提成没有被计入他的月奖金、年奖金，以及年收入中。

虽然柜组主任及以上人员有奖金，但是由于条件设置得不合理，很少能拿到。由于经常拿不到月度奖金，员工逐渐开始"躺平"。为优化 S 商城的绩效薪酬体系，使奖金更具有激励性，从而激发组织与员工的活力，远大住工人力资源团队为其设计了人人账本式的激励方案，如图 3-11 所示。

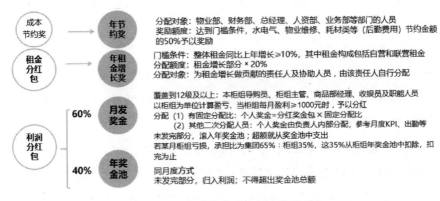

图 3-11　S 商城的激励机制（优化后）

（1）成本节约奖。

① 奖励比例。

门槛条件：利润至少完成年度利润目标的60%。

奖励额度：达到门槛条件，对比费用控制的目标值，拿出节约金额的50%实施奖励。

成本范围：费用包括水电气、物业维修、耗材类等后勤费用。

② 奖励对象。

分配对象：物业部、财务部、总经理、人资部、业务部等部门或人员。

分配比例：与某部门职责相关项的成本节约，该部门分配占比为60%，其中，该部门负责人分配占比为40%，20%由该部门负责人分配给其他员工；总经理分配占比为40%。

③ 发放周期：1次/季度；季度发60%，年度发40%（需要先弥补年中亏损额）。

④ 流程：商城总经理先提报给集团运营副总审批，再呈报集团总经理或管委员批准。

（2）租金分红包。

门槛条件：当整体租金同比上年提升≥10%时，租金增长部分的20%用于激励。其中，整体租金构成包括联营租金和自营租金。

分配对象：为租金增长做贡献的负责人及协助人员，由该负责人自行分配。

（3）利润分红包。

① 分红范围：利润分配范围覆盖到12级及以上员工，包括盈利柜组导购员/记账员、柜组主管、对应的商品部经理、收银员、档口师傅，以及后勤科室（职能人员）。

② 奖金额度：以柜组为单位，柜组每月盈利≥1000元，予以分红。具体核算按以下3档叠加：月度利润≤1万元，分红比例为60%；1万元<月度利润≤2万元，分红比例为50%；月度利润>2万元，分红比例为净利润的40%；在持续盈利6个月后，分红比例调整为净利润的40%。

③ 分配比例：利润在员工间的分配分为两种情况。

有固定分配比的员工：个人奖金=分红奖金包×固定分配比。

其他二次分配人员：个人奖金由负责人内部分配，参考月度 KPI、出勤等。

④ 发放形式：员工月分红奖金中的 60%按照一定规则以"月发奖金"形式发放，剩下的 40%纳入年奖金池，在每年 3 月底以"年奖金"的形式发放。

⑤ 发放说明：月度未发完部分，滚入年发 40%奖金池；年度未发完部分，归入利润。若某月柜组亏损，承担比为集团 65%：柜组 35%，这 35%从柜组年发 40%的奖金池中扣除，扣完为止。

为了验证该激励机制的合理性，我们对该激励机制的人员利润分红情况进行了测算。

假设 S 商城有 12 个柜组达到盈利门槛，经过核算得出当月分红额为 13.2 万元，柜组主管、导购员、商品部经理、收银员及其他职能人员的月度、年度人均奖金标准如表 3-11 所示。

表 3-11　S 商城 12 个盈利柜组的人人账本（示例）

项目	合计	柜组		商品部		职能人员		
		柜组主管	导购员	商品部经理	收银员	总经理	经理级	其他员工
人数（人）	86	15	46	3	7	1	4	10
分红比 1		60%		15%		25%		
分红比 2		25.0%	35.0%	13.0%	2.0%	10.0%	8.0%	7.0%
月分红额（元）	79200	19800	27720	10296	1584	7920	6336	5544
年分红额（元）	52800	13200	18480	6864	1056	5280	4224	3696
月发奖金人均（元）		1320	603	3432	226	7920	1584	554
年发奖金人均（元）		880	402	2288	151	5280	1056	370

S 商城人人账本式的激励模式使每个员工的收入和经营结果挂钩，倡导劳有所得的价值分配，贡献越大，分配比越高，从而激发员工工作的热情，助力商城摆脱发展困境。

3.5.2 地产公司的人人账本

地产公司是指从事地产开发、经营、管理和服务活动，并以营利为目的进行自主经营、独立核算的经济组织。房地产投资所需的资金额巨大，动辄以亿元计，并且开发周期较长，一般为 3～5 年，甚至 7～8 年。房地产市场的刚性供给、具有弹性的需求决定了地产公司高负债、高风险、波动性大的特点。因此，地产公司要重视人力资源的开发和激励，确保房地产项目按时、按质完成。

H 公司是一家没有销售岗位的地产公司，其组织架构如图 3-12 所示。

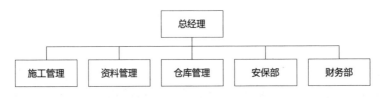

图 3-12　H 公司的组织架构

远大住工人力资源团队在为 H 公司做咨询服务时，通过调研数据发现，H 公司的激励机制主要存在两个方面的问题。

（1）绩效奖金按照岗位月固定工资 1∶1 分配，仅覆盖到总经理、项目经理。

（2）项目进度奖金包的金额大小和分配比例是由公司总经理拍脑袋决定的，缺乏合理依据。

随着公司的发展，现行的激励机制对员工的激励作用越来越有限，具体现状如表 3-12 所示。

表 3-12　H 公司的激励机制（现状）

一、绩效奖金						
岗位名称	人数（人）	月固定收入（元）	月奖金包（元）	月发 25%（元）	季发 25%（元）	年发 50%（元）	总奖金额（元）
总经理	1	15000	15000	3750	11250	90000	180000
项目经理	2	8000	8000	2000	6000	48000	192000

续表

二、项目进度奖金包				
节点	总奖金额（元）	安全奖（元）	消防验收（元）	竣工验收（元）	交房（元）
奖金额	200000	30000	20000	30000	120000
比例	100%	15%	10%	15%	60%

现行的奖金设置绩效奖金和项目进度奖金包，存在重叠，绩效奖金仅覆盖到总经理和项目经理层级，未向下覆盖。

为使价值分配更合理和更具有激励性，远大住工人力资源团队对 H 公司目前的激励机制进行了优化，如表 3-13 所示。

（1）将绩效奖金与项目进度奖金包合并，与项目工作强关联，同时优化奖金包发放模式，按比例分配到月度工作、关键节点、交付等项目节点中。

（2）奖金包覆盖到项目中的所有人员，含地产资料员、保安等其他人员。

表 3-13　H公司的激励机制（优化后）

奖金包	发放方式	发放说明
项目优化节省奖	一次性发放	**奖励额度**：针对施工类、做法类及材料类优化设置阶梯奖励。 节省 10～30 万元：奖励 1 万元； 节省 30+～50 万元：奖励 2 万元； 节省 50+～100 万元：奖励 3 万元； 节省 100 万元+：奖励 5 万元； **奖励对象**：总经理、项目经理、提出人、实施人。其中提出人包含且不限于项目组内成员、监察、地产督办主任、其他员工，具体由项目经理自行分配
项目奖金包	季度考核奖金25%	**公司奖金**：项目奖金包×季度发放比×项目负责人 KPI 系数； **项目负责人**：当期奖金包×个人分配比； **项目成员**：项目负责人参考各成员分配比、考核结果，灵活分配
	节点奖金75%	**公司奖金**：项目奖金包×$\sum$（节点比例×单项节点考核分）； **项目负责人**：当期奖金包×个人分配比； **项目成员**：项目负责人参考各成员分配比、考核结果，灵活分配

根据历史数据，远大住工人力资源团队构建了项目奖金核算模型（见表 3-14），将资金按照比例拆分为季度奖金包（25%）、节点奖金包（35%）、交付奖金包（40%）。其中，节点奖金包会根据考核节点分配权重来核算（见表 3-15），并被拆分到对应的节点指标下。

表 3-14　项目奖金核算模型

拆分奖金	季度奖金包	节点奖金包	交付奖金包	总奖金包
分配比例	25%	35%	40%	100%

表 3-15　地产项目的节点奖金包分配权重

考核节点	安全奖	土方工程	桩基工程	拿预售证	主体封顶	主体验收	设备安装	土方回填	室外配套建设	竣工验收	交付
进度分配比	10%	3%	2%	3%	2%	4%	2%	2%	4%	3%	40%

为了验证该激励机制的合理性，远大住工人力资源团队对该激励机制下人员的项目奖金情况做了测算。假设项目奖金包为 50 万元/年，预估项目周期为 2 年，总奖金包为 100 万元，总经理、项目经理、地产资料员及其他人员的项目奖金如表 3-16 所示。

表 3-16　H 公司的人人账本（示例）

	项目	总额度	总经理	项目经理	地产资料员	其他人员
奖金	年奖金额标准（元）	500000	280000	150000	40000	30000
	个人分配比	100%	56%	30%	8%	6%
	季度 25%（元）	125000	17500	9375	2500	1875
	四项节点占 35%（两年期）（元）	350000	196000	105000	28000	21000
	交付奖金 40%（元）	400000	224000	120000	32000	24000
	项目期合计（元）	1000000	560000	300000	80000	60000

注：其他人员含仓库管理人员、安保人员、财务人员，共 3~5 位，由总经理依据奖金包灵活分配。

H 公司人人账本式的激励模式，使每个员工的收入和项目工作强关联，将奖金包按比例分配到月度工作、关键节点及项目交付等节点中，促使员工不仅要关注结果，也要关注过程，确保项目按时、按质完成。

3.5.3　集团总部的人人账本

集团总部是整个集团管控体系的中心，是整个集团公司有效运作和发展的"大脑"。很多企业在集团总部的组织体制建设上都会存在弊端：集团总部未建立健全公司管理体制，导致职能定位不清；集团总部组织架构设置繁多，未建立激励与约束并重的运行机制等。

Y 集团成立于 2016 年，经营范围包括百货零售、房地产开发、餐饮服务、旅游管理服务等，旗下有多家分公司。

远大住工人力资源团队在为 Y 集团做咨询服务时，通过调研数据发现，该集团总部在组织架构、岗位设置、绩效薪酬体系设计方面存在以下问题。

（1）组织架构设置与集团治理需求有差距，关键岗位设置不合理且职责不清。

（2）人员薪资结构单一，绩效与薪酬之间缺少明确的动态关系。

（3）在价值分配上存在"吃大锅饭""躺平"的现象，绩效奖金按照岗位的月固定工资 1：1 分配，并且绩效指标设置单一且不合理，没有起到激励作用。

针对 Y 集团存在的问题，远大住工人力资源团队为其重新厘清了集团总部的组织架构与岗位编制（见图 3-13）。

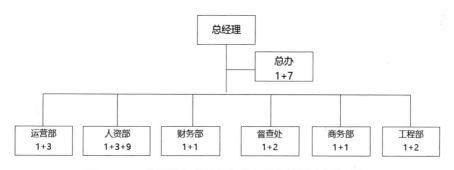

图 3-13　Y 集团总部的组织架构与岗位编制（优化后）

在薪酬绩效激励机制方面，远大住工人力资源团队根据岗位特性重新调整薪酬结构，并设置人人账本式的奖金分配模式，使之与绩效系数相关联，让员工的收入跟集团的经营目标、利润目标挂钩（见表 3-17）。

表 3-17　Y 集团总部的激励机制（优化后）

奖金包	发放方式	发放说明
奖金包	月发 60% 年发 40%	奖金基数=固薪标准×20%+绩效奖金基数 部门负责人：个人奖金基数×公司奖金系数×个人 KPI 系数 部门奖金包：部门奖金基数×公司奖金系数×部门负责人 KPI 系数 部门内员工：（个人奖金基数×个人 KPI 系数）/（∑个人奖金基数×个人 KPI 系数）×部门奖金包

注：公司奖金系数根据年累营收达成率和年累利润达成率确定。

假设集团总部的人数为 30 人，总奖金基数为 30 万元，则年度奖金为 360 万元，根据不同的年累营收达成率和年累利润达成率，测算出的集团总部人员的人均年奖金如表 3-18 所示。

表 3-18　Y 集团总部的人人账本（示例）

门槛条件		月度奖金（60%）		年度奖金（40%）		年度奖金合计（万元）	人均年奖金（万元）
年累营收达成率	年累利润达成率	公司奖金系数	月度奖金（万元）	公司奖金系数	年度奖金（万元）		
<80%	<80%	0	0	0	0	0	0
≥80%	≥80%且利润为负	0.3	5.4	0	0	64.8	2.16
≥80%	≥80%且利润为正	0.6	10.8	0.6	86.4	216	7.2
≥90%	≥90%且利润为正	0.8	14.4	0.8	115.2	288	9.6
≥100%	≥100%且利润为正	1	18	1	144	360	12

在 Y 集团总部人人账本式的激励模式中，员工固定薪酬的 20%及全部的绩效工资被作为奖金包，公司经营和利润的完成情况决定最终分配的奖金包的大小，同时员工最终的分配比例跟个人 KPI 系数关联。这种激励模式解决了绩效考核和薪酬关联性弱的问题，也让员工更加关注集团的经营结果。

企业在构建符合自身的激励模式时，可以参考本节介绍的方法，融合自身实际管理现状使用。

第4章

组织绩效解码

任正非表示："加薪是有条件的，一定要员工拿出好的成果，拿出高额绩效来交换。员工有成功，有绩效，给员工多少钱都不过分。"企业在运用人人账本时，为避免只重视结果导致功利性太强，还需要同步关联企业绩效体系的应用，以激励员工不断创造卓越的绩效，推动企业实现可持续发展。

4.1 绩效的三层融合

企业绩效管理通常分为三个层次：组织绩效、流程绩效和个人绩效。组织绩效的实现需要流程绩效、个人绩效的全力支撑，而个人绩效的实现需要以组织绩效与流程绩效为基础。

4.1.1 组织绩效不是个人绩效的简单加总

组织绩效是指在一定时期内，对组织基于自身职责定位承接的公司或上级组织目标的完成结果的衡量。组织绩效主要以关键绩效指标（KPI）来表现。简言之，组织绩效考核主要对组织目标的达成情况进行考核，通常以年度为单位来对组织进行考核。那么，组织绩效的主要作用是什么呢？

组织绩效的作用主要有三个（见图4-1）。

（1）支撑战略达成。先把公司战略目标自上而下地逐级分解，从公司分解到一级部门/业务线，从一级部门/业务线分解到二级部门及业务线下属部门，确保组织的战略诉求落实到组织绩效里面。再从二级部门及业务线下属部门分解到基础岗位，将公司管理者的责任和压力转变成每个部门的责任和压力，促使各个部门的员工为了实现部门的目标而不断努力奋斗。华为创始人任正非表示，如果在制定好战略并分解完后，有部门及部门负责人感觉不到压力，那么这个部门及部门负责人就可以撤销了，因为他们对公司战略目标没有贡献。

（2）促进组织协同。组织绩效考核通过对组织的考核，促进组织之间产生足够的协同。公司在做组织绩效考核时，需要进行绩效指标互锁。比如，产品线跟销售部门之间的考核指标要互锁，公司不仅对产品线要考核收入和利润指标，对销售部门也要考核收入和利润指标。这样，公司的产品线就会在老产品上支撑区域，在新产品上带领区域协同作战，真正做到"力出一孔"。

（3）衡量组织贡献。组织绩效的评价结果最终体现了部门的价值创造，而价值创造的大小决定了部门奖金包的大小。很多公司想对组织贡献进行衡量，但是因为在组织绩效指标设计环节做得不扎实而不敢用。

图 4-1 组织绩效的作用

总体来说，组织绩效考核就是在战略既定的前提下，衡量公司内部各部门"是否在做正确的事"及其"做事的效果如何"。对组织绩效来说，其主要来源有三个。

（1）战略解码：通过 BLM 模型，解码每个部门的关键任务和 KPI 指标，使之实现跟公司战略目标的对齐。

（2）责任中心定位：每个部门在端到端的流程里应履行的职责和定位也是组织绩效的关键输入。例如，公司研发产品线的目的是希望产品线能和销售部门一起负责产品在市场上的商业成功。那么，对产品线的考核指标（收入、利润、产品竞争力）并不是来源于战略解码，而是来源于部门的责任中心定位。

（3）业务"短木板"/管理诉求：为改善组织能力"短木板"需要进行相关重点工作。例如，远大住工人力资源团队曾服务的一个客户有 8 家子公司，其中 7 家子公司的回款都没有问题，只有 1 家子公司的回款出现了很大的问题，那么这家销售回款有问题的子公司就是该客户的"短木板"。在进行组织绩效考核时，应针对这个"短木板"专门制定考核指标。

相对而言，个人绩效是指个人在一定时期内履行其岗位职责与角色要求的有效产出，一般包括工作结果、工作行为和工作态度。

由此可见，组织绩效是远大于个人绩效的，而且组织绩效不是个人绩效的简单加总。此外，个人绩效的结果也会对组织绩效产生直接影响，但是个人绩效的实现不一定能保证组织绩效必然实现。

4.1.2　个人绩效是为组织绩效实现服务的

组织绩效需要通过个人绩效的实现最终落地，个人绩效的最终结果必须是贡献于组织目标的，这也是企业设定个人绩效目标的出发点。

个人绩效的目标主要来源于以下几个方面。

（1）部门目标：先将公司目标分解到部门，再将部门目标分解到个人，确保个人的工作目标和公司、部门的目标保持一致。

（2）流程目标：业务流程分解及改进要求，即从流程的角度分解会对目标提出什么要求。

（3）岗位职责：岗位需要对组织有什么样的贡献或产出。每个人都有自己的位置和岗位职责，职责范围内的工作是必须保证完成的。

员工在达成个人绩效目标的过程中，要关注组织目标。在通常情况下，当员工具备工作胜任力，并且能保持较好的工作态度和投入，依旧不能达成预期的绩效目标时，主要原因是管理者存在以下几个问题。

（1）管理者传达的目标或期望不清晰，或者根本没有明确的要求，可是在绩效考评时，又是以结果导向来量化考核的，这使得问题得到暴露。

（2）没有开展工作必需的信息、资源和主管支持。对于工作内容，公司是否存在标准流程要求，补充信息应该如何获取，历史上积累的信息和经验是什么，上下游部门有什么样的期望，如果这些信息不全，员工单枪匹马很容易撞到枪口上，绩效结果自然不会太好。尤其是当遇到需要多部门协调配合的工作任务时，由于员工的个人影响力不够，主管有必要对此给予一定的支持和协调。

（3）某些员工的工作方式和方法有问题，管理者需要安排部门内的一些资深人员帮扶、帮带，并且鼓励大家多沟通交流，分享有用经验，从而降低"走弯路"的频率。

因此，当员工个人的绩效结果无法对组织目标做出贡献时，管理者一定要介入并实事求是地寻找原因,帮助员工解决困难。员工自己也要在绩效结果与同事存在差距时,及时反思与总结,以确保在下一阶段能够改进自己的绩效。这样员工才能为组织目标贡献自己的价值,支撑组织目标的实现。

4.1.3　流程绩效是组织绩效和个人绩效的桥梁

流程绩效是横向的基于流程的绩效管理,目的是根据企业战略规划要求,分析业务流程绩效的表现,确定业务流程哪里出了问题或什么地方需要进一步改进,以针对性地解决业务中出现的问题。

组织中的员工虽然接受纵向的职能管理,但是他们的日常工作大都是横向的跨职能、跨部门、跨岗位的接力赛。如果没有横向的流程绩效管理,那么工作产出何时能到达客户手中就没有衡量标准,而且质量和成本也没标准。所以组织绩效要依靠流程绩效管理才能落实到个人绩效上。

L 企业是一家家电企业,为提升企业销售额,增加了一条新的空调生产线,希望通过销售夏季新产品增加 15% 的收入。然而该企业的绩效考核体系却让销售遇到了困难。

该企业负责销售的李总最近非常焦虑,他连续奔波了几个月,花费很大精力才签下了新型空调的大订单。这批订货需要在天气炎热前发货,否则客户就有权取消订单。然而他刚得知:由于生产线这几个月处于调试阶段,第一批新型空调很有可能要到订单交货日之后才能发货。如果真出现了这种情况,那么该企业的销售业绩将会大幅下降。

负责生产的王总却显得很高兴,因为他的两项主要考核指标(质量与产量)都完成得非常出色,次品率也降低了 54%,远远超过了设定的目标。生产率目标是指让车间满负荷运作,在对产品型号进行转换时把机器停工时间降至最短。而新产品的生产质量达标是一个费时、费力且效率又很低的过程,并且生产新产品会使机器停工的时间延长,降低生产量。马上临近年中考核了,他认为新产品的生产会对部门的绩效产生影响,而销售不是他考虑的问题,于是他就决定等考核结束后再对新生产线投入生产。

该企业的财务经理赵总也挺满意,他的绩效考核标准之一——缩短应收账款周期完成得很好。他认为缩短应收账款周期的捷径是缩短客户的付款期限。原来的付款期限为 45 天，现在他自作主张减少到 25 天。他知道这种方法对销售不利，但是销售不是他要考虑的重点。他要关心的只是为企业尽快地收回应付款，减少利息成本。

该企业的绩效考核指标仅以部门为基本单元孤立设计，导致各业务单元的绩效目标相互之间存在横向失衡，严重阻碍了组织目标的实现。我们应站在全局视角看绩效，运用流程 KPI 对流程绩效进行考核，而不是从部门视角来看绩效，以有效解决组织绩效设计过程中部门各自为政的问题，做到"力出一孔"。

总体来说，组织绩效是面向整个企业的任务和目标，个人绩效是纵向的基于部门的绩效。企业的战略管理最终都要落实到流程战略与流程运行上，并且员工又是在流程中工作的。因此，可以说流程绩效是组织绩效与个人绩效之间的桥梁。

4.2 组织绩效指标设计

组织绩效指标设计不仅需要上下对齐、分层担责，还需要有挑战性且牵引组织的目标达成，从而让各部门形成合力，支撑企业战略目标实现。

4.2.1 上下对齐，层层支撑到位

"战略解码是战略执行的前提，战略解码的质量决定战略的执行落地。"战略解码是指通过可视化的方式，将组织的战略转化为全体员工可理解、可执行的行为的过程。

如图 4-2 所示，通过战略解码将战略目标进行层层分解，使企业战略目标、组织绩效目标、个人绩效目标上下对齐，各组织和员工都清楚自己的具体任务，有效地支撑战略执行落地。为了让各部门和员工的绩效目标都紧紧

围绕着战略，企业在执行战略解码时需要遵循以下原则。

（1）垂直一致性。垂直一致性是指上下目标要一致，以企业战略和部门业务目标为基础，自上而下地垂直分解目标，从企业到各部门再到各个岗位，保证目标的纵向承接一致性。而且下面的目标要大于上面的目标，这样企业的目标才能够实现。

（2）水平一致性。企业价值链上的各个环节都是互相关联的，战略解码需要以企业端到端的流程为基础，建立起各部门间的连带责任和协作关系，保证横向的一致性。

（3）均衡性和导向性。指标选取要结合平衡计分卡的四个维度和企业导向、部门责任均衡考虑。例如，今年重点要发展哪个业务，要重点提升哪个能力，在指标设置时就要考虑，并且要加大该指标权重。

（4）责任层层落实。建立 KPI 责任分解矩阵，落实部门对上级目标的承接和责任，为个人绩效考核的确定提供依据。

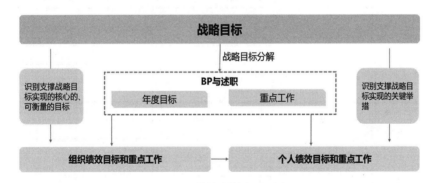

图 4-2　绩效目标上下对齐

战略解码通常采用的工具是平衡计分卡（Balanced Score Card，BSC），从财务、客户、内部运营、学习与成长四个维度（见图 4-3），按照组织结构自上而下地对战略进行垂直分解，从公司级到部门级，从部门级到团队级，从团队级到个人级，层层进行。同时，战略解码又按照业务流程从左至右对战略进行水平分解，保证分解前后的战略一致性。

表 4-1 所示为 A 企业基于 BSC 进行战略解码后，形成的包括战略目标、衡量指标、目标值的战略解码总表。

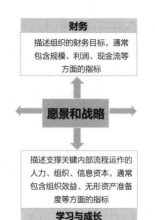

图 4-3　基于平衡计分卡的战略解码架构

表 4-1　A 企业的战略解码总表

维度	战略目标	衡量指标	目标值	备注
财务	企业价值最大化	自营营收		
		联营营收		
		净利润		
		毛利率增长		
		单位租金增长		
	降低运营成本	费用控制		
		进价库存		
		过季库存		
		空租铺位		
客户	提升客户满意度	产品/服务质量		
		公共关系维护		
内部运营	提升人效	工作计划完成率		
	提升风险管控力	财产安全		
		人身安全		
学习与成长	提升人员竞争力	岗位胜任率		
		招聘到岗率		
		人才梯队		

　　企业应围绕战略目标制定逐级分解绩效指标，确保上下一致，实现组织的各级目标都与战略方向保持一致。这样各级管理者与所有员工对自己的目标与责任一目了然，分层负责，层层支撑到位。

4.2.2 部门绩效指标要"拧麻花",形成合力

企业无论规模大小,为满足运作的需要必然会在内部设立相互独立的部门,如产品研发部、销售部、生产部、人力资源部等,各部门都有自己的任务和职责,因此各部门的价值定位是不完全相同的。例如,一家企业以营销为主,那么销售部门是它的利润中心,其价值定位自然会高于其他部门;如果企业以制造为主,那么生产部门的价值定位就会高于其他部门。

然而,部分企业在设置不同部门的绩效考核指标时,通常采用一刀切的方式。例如,对各个部门都设置资本报酬率指标,虽然这种做法从某种意义上来说是"公平"的,但它没有考虑不同部门的价值定位,使得它们不能为企业贡献自己的独特价值。

作为一家制药企业,Y 企业在每年年初都会制定年度战略目标。一级部门的负责人签订年度目标责任书,明确各方面的业绩跟相关的绩效指标挂钩,但最终出来的绩效结果往往令老板非常不满意。

例如,2022 年第一季度企业的销售额和利润都完成得非常好,但生产部门因为生产进度跟不上,导致有时会断货,因而没完成考核指标。人力资源部的绩效指标因为跟利润挂钩,因此完成得很好。在老板看来,生产部门虽然出现了断货,但非常辛苦,也为企业业务贡献了很多;而人力资源部事实上并未贡献多少,只是因为背了利润这个指标。这样的考核结果非常不公平。

为了确定产生这种情况的原因,Y 企业邀请远大住工人力资源团队为其提供绩效管理体系建设咨询服务。远大住工人力资源团队对 Y 企业的绩效指标等相关数据进行了统计分析,如表 4-2 所示。

表 4-2 Y 企业人力资源部和生产部门的绩效指标对比

绩效指标	人力资源部权重	生产部门权重
净利润完成率	30%	
人均销售收入完成率	20%	
人工成本占毛利比	20%	
招聘到岗率	20%	

续表

绩效指标	人力资源部权重	生产部门权重
工作计划完成率	10%	10%
制造费用下降率		20%
半成品一次性合格率		20%
采购成本节约		15%
内外部检查缺陷率		20%
设备正常使用率		15%

从表 4-2 中可以看出，人力资源部绩效指标中的净利润完成率占比 30%，人均销售收入完成率占比 20%，人工成本占毛利比为 20%，招聘到岗率占比 20%，工作计划完成率占比 10%。人力资源部的绩效指标中跟销售相关的占比高达 70%，而人才组织这一块的占比只有 20%，这种设置显然是不合理的。

生产部门绩效指标中的制造费用下降率占比 20%，半成品一次性合格率占比 20%，采购成本节约占比 15%，内外部检查缺陷率占比 20%，设备正常使用率占比 15%，工作计划完成率占比 10%，其中没有跟销售利润挂钩的指标。

由此可以看出，Y 企业对公司经营目标的分解没有按照部门职责和独特价值定位进行差异化考量，缺少"拧麻花"式的指标设计。

为了体现不同部门的独特价值，华为基于对各部门的价值定位来差异化地设计组织绩效指标。

华为的研发部门负责开发产品，销售部门负责开拓客户，把产品销售给客户。基于这两个部门不同的职责和定位，华为分别为它们设计了绩效指标，如表4-3所示。

表4-3　华为研发部门与销售部门的绩效指标（示例）

部门	绩效指标	
	相同	差异化
研发部门	战略目标、新产品销售额、客户满意度、网络运行质量、市场份额、收入/订货数、利润率、存货周转效率	产品竞争力、产品进度偏差、产品规格实现、技术断裂点、专利覆盖率、产品质量（返修率/事故率）、研发成本

续表

部门	绩效指标	
	相同	差异化
销售部门	战略目标、新产品销售额、网络运行质量、客户满意度、市场份额、收入/订货数、利润率、存货周转效率	客户关系、客户成功、回款/现金流、资金周转效率、服务成本率、销售费用率

从表 4-3 中可以看出，这两个部门虽然一个在内，一个在外，但是通过基于部门的价值定位进行差异化的绩效指标设计，都实现了以客户为中心，从而做到了"力出一孔"。

组织绩效管理的目的是确保每个部门都发挥最大的潜力，实现其独特价值，为组织做出应有的贡献。企业可以结合自身实际情况，借鉴和参考华为针对不同业务单元的价值定位，差异化地设计组织绩效指标的方法，让各部门的绩效指标"拧麻花"，形成合力，提升整体的绩效水平。

4.2.3 组织绩效指标有挑战性且可达成

组织绩效指标设计不仅要体现不同业务单元的职责和独特贡献，还要能牵引业务发展和绩效目标的达成。表 4-4 所示为针对不同绩效目标应设置不同的组织绩效指标。

表 4-4 针对不同绩效目标应设置不同的组织绩效指标（示例）

不同阶段	销售组织	产品线组织
拓展市场	避免用收入、利润这样的绩效指标；发放战略补贴，并将阶段性市场目标与战略补贴挂钩	为了牵引市场成交量增长，要加强对收入和销售毛利率的考核，但不宜考核利润
增长市场	为了鼓励它们做大市场规模，选用收入和回款等绩效指标，不宜考核利润	适当地加入利润考核，牵引它们有质量地扩张
成熟市场	均衡考核它们的收入、回款和利润，以及牵引效益和盈利能力	加强对成熟产品的人均效益考核，以牵引它们将研发人员迁移到新的产品领域或其他领域

今天最好的表现是明天最低的要求，为了牵引绩效目标达成，企业设计

的组织绩效指标也要有挑战性且可达成。企业应通过设定"底线值""达标值""挑战值"来牵引绩效目标的达成，如图 4-4 所示。

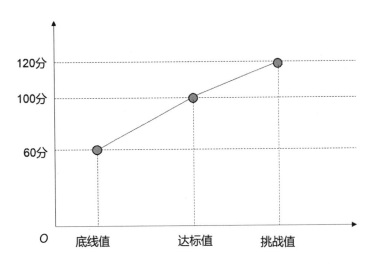

图 4-4　绩效目标值的设定

（1）底线值（60 分）：底线值是绩效指标达成结果的最低要求，是企业战略落地的最基本保证，低于底线值即为不可接受，得 0 分；

（2）达标值（100 分）：达标值反映企业正常业务发展诉求，是维持管理的基本水准，是绩效指标的正常目标值；

（3）挑战值（120 分）：挑战值是在达标值基础上设定的挑战目标，要体现目标强有力的牵引，是需要付出很大努力才能达到的。

远大住工人力资源团队曾受邀为 A 企业提供绩效薪酬体系建设的咨询服务。为了解决该企业绩效激励性不足的问题，远大住工人力资源团队结合该企业的实际情况，遵循平衡计分卡的原则设置了 KPI 集合。为了让该企业的组织绩效指标具有挑战性，远大住工人力资源团队参考华为的组织绩效指标设计方法来设计。

例如，当财务类的绩效指标实际完成值为目标值时，为满分；当未完成目标值时，每低于目标值 2%，扣该指标基础分值的 3%，最多扣 50%；当完成值超过目标值时，每超过目标值 4%，加该指标基础分值的 5%，最多可加 20%。当客户类的绩效指标实际完成值为目标值时，为满分；当完成值低于目标值时，扣分不超过该指标基础分值的 30%；当完成值超过目标值时，最多可加该指标基础分值的 20%。当内部运营类的绩效指标实际完成值达到或超过目标值时，为满分；当完成值低于目标值时，扣分不超过该指标基础分值的 30%。远大住工人力资源团队通过设置兼具牵引性与挑战性的考核规则，并加上相应的绩效激励措施，有效地解决了 A 企业绩效激励不足的问题。

组织绩效指标设计始终要围绕企业的战略目标来进行，企业真正想要的是什么，就牵引什么。同时，设计的绩效指标还要有挑战性且是可达成的，保障组织绩效目标的达成。

4.3　部门绩效指标制定

在企业战略目标被分解落实到各部门后，各部门基于自身的职责和责任中心定位，将其转换为部门的绩效目标，形成对部门的绩效考核表。

4.3.1　厘清部门的职责，确定部门重点工作

彼得·德鲁克曾说："战略管理是实现企业目标的一系列决策和行动计划，任何行动从语义学的角度分析都包含这样几个问题，即做什么、由谁做、怎么做、在哪里做、何时做。"

企业的每个重大战略都会经过层层解码，在经企业战略管理部门制定、核心经营管理团队确认后，被导出可衡量和可管理的关键成功要素，再被分解到各部门，让各部门充分理解并落实执行。如此一来，各部门就能够找到自己在战略中所处的位置，发挥自己的作用。

为确保部门工作的顺利开展，充分发挥其在战略中的作用，企业需要厘清各部门的职责。也就是说，企业在制定绩效指标前要先明确各部门对企业战略目标的价值。企业可以通过对业务流程（价值流）的梳理，来确定各项

关键价值活动的责任部门和协同部门，进一步厘清各部门的职责。

表 4-5 所示为远大住工人力资源团队在为一家企业提供咨询服务时，在对业务流程梳理后确定的各项关键价值活动在部门间的分工结果。

表 4-5　关键价值活动梳理及部门职责分配（部分示例）

主业务流程	序号	关键价值活动	总经办	人力资源部	商务部	财务部	督查处	法务部
战略规划	1	集团战略规划和经营规划制订	★	√	√	√	√	
	2	经营目标制定与下达	★	√	√	√	√	
	3	分公司经营规划梳理与制订	★	√	√			
	4	集团经营管理及偏差分析	★	√	√	√	√	
	5	重大事项的研讨和落地	★	√	√			
	6	人力资源规划编制		★		√	√	
	7	经营目标完成总结	★	√	√	√	√	
	8	组织阶段性战略落地回顾	★	√	√			
	9	起草、审定集团规章制度	★	√	√			
财务审计	10	财务预算规划编制	√	√	√	★	√	
	11	费用管理				★		
	12	财务风险管理				★		
	13	资金管理（应收、应付）			√	★		√
	14	经营分析			√	★		
	15	税务筹划				★		
	16	投资分析与管理	√			★	√	
	17	审计和风险、内控管理				√		★

注："★"表示主导，"√"表示协同。

在厘清部门职责后，企业需要结合战略目标确定部门的重点工作。财务和客户维度的年度重点工作和措施可以归类为重点业务措施；内部流程、学习与成长维度的重点工作和措施可以归类为重点管理措施。这些重点措施要保证 SMART（S：Specific，明确的；M：Measurable，可衡量的；A：Attainable，可实现的；R：Relevant，有关联的；T：Time-bound，有时限的）化。企业可以基于表 4-6 所示的内容来确定部门的重点工作。

各部门的重点工作确定的基本原则：（1）为达成部门目标，确定哪些是部门或团队最关键的、需要优先考虑的、需要团队共同完成的事情；

（2）对需要优先考虑的事情开展优先级排序；（3）需要优先考虑的事情最好不超过 8 件。

表4-6　年度重点工作细化表

序号	年度重点工作	评价标准	可执行的行动计划	负责人	协同方	完成时间
1						
2						
3						
……						

在厘清部门职责、确定部门的重点工作后，企业就可以制定部门的衡量指标了，确保部门工作不偏离企业战略。

4.3.2　基于部门责任分解矩阵，分解组织目标

制定部门绩效指标要围绕企业的战略目标来进行，不能让各部门孤立地去制定。企业可以结合部门职责与责任中心定位，把绩效指标落实到责任部门，从而形成部门的绩效指标库。

将企业目标分解到部门指标，常用的一种工具是部门责任分解矩阵。这种工具也可用于将部门目标分解到岗位目标。

远大住工人力资源团队曾为 T 企业提供绩效薪酬体系建设咨询服务。在搭建绩效薪酬体系时，远大住工人力资源团队首先根据 BSC 从财务、客户、内部运营、学习与成长四个维度制定了公司级绩效指标库。然后，通过部门责任分解矩阵，远大住工人力资源团队分解组织目标，确定了部门绩效指标，如表4-7 所示。

表4-7　基于部门责任分解矩阵确定 T 企业的部门绩效指标

维度	绩效指标	人力资源部	财务部	物业部	运营部
财务	营收				√
	净利润	√	√	√	√
	费用控制	√	√	√	

续表

维度	绩效指标	人力资源部	财务部	物业部	运营部
客户	客流量				√
	会员充值				√
	产品/服务质量	√	√	√	√
内部运营	工作计划完成率	√	√	√	√
	财产安全			√	
	人身安全			√	
	公共关系维护			√	
学习与成长	岗位胜任率	√			
	招聘到岗率	√			

部门绩效指标的数量一般为 6 到 12 项。指标过少容易造成考核不够全面，风险过于集中；而指标过多又会分散部门的注意力，并且有可能使企业的考核成本过高。因此，选择适当的指标数量不仅使得各部门的绩效目标更加明确，还让企业对自己的绩效考核更加具体且有针对性。

此外，为了确保上级部门的目标和重点工作能够在下级部门得到层层落实，可能有些指标需要由多个部门来承接，因此在制定部门绩效指标时，还要考虑绩效指标在横向部门间的分配与承接，如表 4-8 所示。

表 4-8　绩效指标由多部门承接（示例）

绩效指标	销售部	财务部	人力资源部	……
公司营收	○	×	×	
公司净利润	○	×	×	
……				

注："○"表示完全承接，"×"表示部分承接。

基于部门责任分解矩阵，把企业目标层层分解落实到各部门，让各部门对自己应该承担的责任一目了然，分层当责，从而确保企业战略目标更好地实现。

4.3.3　形成部门 KPI，输出部门绩效考核表

在部门绩效指标制定好后，企业要根据各个指标在被考核部门的重要

程度、对企业经营管理的支撑程度，给各个指标分配权重。

作为绩效指标体系的重要组成部分，权重是对各项指标重要程度的权衡和评价，权重不同，会形成不同的评估结果。绩效指标权重的设定是绩效指标制定的最后环节，绩效指标权重的分配在一定程度上能够反映企业的战略意图和价值定位，进而对员工的工作行为产生一定的导向作用，引导员工朝着组织期望的方向努力。

设计绩效指标权重要遵循以下原则。

（1）平衡分布原则。一般而言，绩效指标权重应设定在 5%~30%，不能过高或过低。如果某项指标的权重过高，员工在工作中就会特别关注高权重指标，而忽视其他低权重指标。如果某项指标的权重过低，这个指标就不会引起员工的重视，就会被忽略，进而失去了价值，产生"抓大头、扔小头"的现象。

（2）战略导向原则。绩效指标权重的设计要能够体现出企业战略的发展方向，与企业战略目标相关度越高的指标的权重越高，对企业战略目标支持性越强的指标的权重越高。

（3）重点突出原则。根据帕累托法则，一般最重要的指标只有 2~3 个。如果有 2 个，那么每个重要指标的权重最好设置在 30% 以上；如果有 3 个，那么每个重要指标的权重一般设置在 20% 以上。

（4）先定量后定性原则。根据指标"定量为主，定性为辅，先定量后定性"的制定原则，一般优先设定定量类指标权重，而且定量类指标权重一般大于定性类指标权重。

绩效指标权重分配在同级别、同类型的部门之间应具有一致性，同时要兼顾每个部门的独特价值。为了体现各指标权重的轻重缓急，指标之间的权重差异最好控制在 5% 以上。

表 4-9 所示为远大住工人力资源团队为前文提到的 T 企业设定的各部门绩效指标的权重。

表 4-9 T 企业各部门绩效指标的权重

维度	绩效指标	人力资源部	财务部	物业部	运营部
财务	营收				30%
	净利润	30%	30%	30%	30%
	费用控制	5%	30%	10%	
客户	客流量				10%
	会员充值				10%
	产品/服务质量	减分项	减分项	减分项	减分项
内部运营	工作计划完成率	40%	40%	60%	20%
	财产安全			加减分项	
	人身安全			减分项	
	公共关系维护			减分项	
学习与成长	岗位胜任率	10%			
	招聘到岗率	15%			

另外，绩效指标权重分配还应该考量企业在不同阶段的发展重点，避免一些战略重点事项的权重占比过低、不可量化而被忽略。例如，在设计销售类指标的权重时，应该体现旺季与淡季的差别。

在确定各绩效指标的权重之后，还需要确定各绩效指标对应的目标值。绩效指标的目标值是企业对未来绩效的期望，是绩效指标的衡量基准。绩效指标目标值的确定是确保绩效管理体系的公平客观性的关键环节。

在确定绩效指标的权重和目标值之后，企业就可以输出部门绩效考核表了。

表 4-10 所示为远大住工人力资源团队为前文中提到的 T 企业设定的人力资源部的绩效考核表。

表 4-10 T 企业人力资源部的绩效考核表（示例）

维度	绩效指标	权重	目标值	完成值	得分
财务	净利润	30%	280 万元		
	费用控制	5%	600 万元		
客户	产品/服务质量	减分项	0 投诉		
内部运营	工作计划完成率	40%	100%		

续表

维度	绩效指标	权重	目标值	完成值	得分
学习与成长	岗位胜任率	10%	100%		
	招聘到岗率	15%	95%		
合计		100%			

综上所述，绩效指标权重的设定要体现部门业务和绩效提升的重点，绩效指标目标值的确立要与业绩目标保持一致，并且具有一定的挑战性，以牵引部门和员工为了实现目标持续奋斗，进而在企业内部营造积极向上的竞争氛围。

4.4　导出个人绩效目标

组织绩效最终要落实到个人绩效上，这就要求企业将组织绩效目标转化为个人绩效目标，上下对齐，进而确保战略目标的实现。

4.4.1　员工要充分理解组织绩效目标

彼得·德鲁克认为："企业中的每一个成员都有不同的贡献，但是所有贡献都必须有一个共同目标。"因此，企业各层级的管理者应该适度地把控员工个人绩效的制定，让员工充分理解组织绩效目标，以确保员工个人绩效目标的达成能为组织绩效目标的实现服务，让组织形成合力朝着同一个方向前进。

在华为的一次内部会议中，在时任华为公司 CFO（首席财务官）的孟晚舟做完财务报告之后，任正非忽然说道："时间还很充裕，谈谈你对华为发展目标的看法。"于是，孟晚舟便将壮大欧洲市场、致力于开发新一代智能产品、打造电信网络新平台等战略构想阐述了一遍。还没等她说完，任正非打断了她："你的战略构想很好，但是如何向下面的人传达你要当世界老大呢？"孟晚舟一时无言以对，不知道如何回答。

任正非表示："制定战略是公司层面的事，我们的员工未必关心公司的事，他们更关心自己一年能拿多少钱。但是我们要让员工觉得公司的事业是和他们息息相关的，光喊几句口号是不行的，以前行得通是因为我们人少，现在我们的员工一个体育场都盛不下，我们怎样将声音传给体育场外面的员工？"

新西兰著名战略规划师和沟通专家布鲁斯·霍兰德曾说："企业的员工需要理解企业的使命、愿景、价值观，以及战略，这样才能'高效、专注、灵活地开展工作。'"如果组织成员没有对战略达成共识，他们就会不由自主地按照各自的想法展开行动，各自为政。因此，企业在确定组织绩效目标后，可以通过目标通晒法让全员充分理解它。

阿里巴巴采用目标通晒法将组织绩效目标传达给每个员工，确保人人知道、人人理解、人人相信、人人支持。在目标通晒法中，晒的是战略方向、组织能力、衡量指标的信息（上下左右）、今年的关键议题、与自己有什么关系、客户价值实现过程中不可缺少的协同伙伴是谁、自己可以成就他人的是什么，等等。例如，在"双11"的活动场景中，站在业务的角度，业务线负责人需要讲清楚自己所在部门在"双11"活动中，到底要创造什么样的价值、目标是什么，以及解决路径是什么。

企业不仅要有明确的组织绩效目标，还要让员工知晓目标并为之奋斗。通过晒目标，企业可以让每个人都能理解组织绩效目标，了解各自所在部门的目标、实现目标的路径，以及各自的工作对组织绩效目标的贡献度，从而牵引全体员工共同奋斗。

对员工来说，只有将每项任务的工作目标弄清楚，才能有的放矢地去做。企业通过层层解码，将组织绩效目标传达到各部门，再到所有员工。这样一来，摆在每个员工面前的便是一个个具体的指标，即员工个人的KPI。有了KPI，员工就能比较容易地去理解组织绩效目标，然后朝着组织绩效目标的方向去努力、去执行，确保其实现。

4.4.2　部门主管要辅助员工制定个人绩效目标

没有部门与下属的绩效，部门主管也不可能有好的绩效，部门主管帮助下属就是帮助自己。所以部门主管应该辅助员工制定个人绩效目标，让员工更清楚地认识公司战略目标的价值、个人的能力、业务的重点，以及展开工作和达成绩效目标的方法与路径等。

华为在制定个人绩效目标时借鉴了 IBM 的考核模式，让部门主管辅助下属做 PBC。部门主管需要与员工进行沟通，辅助他们对自己承诺的目标进行分解并量化，以及制订 PBC，以便员工在执行时能兑现他们的绩效承诺。

华为的部门主管辅助员工制定个人绩效目标的整体思路如下。

（1）了解整体现状和问题。"与去年的产品相比，今年的产品有哪些变化？这些变化对团队的业务提出了什么要求？"

（2）澄清目标。"团队今年要达到什么目标？为什么是这样的？"

（3）聚焦独特价值。"哪些事情是部门主管必须花大精力去关注的？在这些事情中哪些由主管完成，哪些由下属完成？为何要这样分配任务？做好这件事情的关键举措是什么？"

（4）强调结果导向，明确真正成功的标准是什么。"这件工作怎么样才算落地了？做到什么程度能让上级和客户很满意？"

（5）回顾目标和问题。"问题解决了吗？上级和客户满意了吗？"

部门主管辅助员工制定个人绩效目标是一个双向沟通的过程。对部门主管而言，需要深入地了解员工的业务领域，通过沟通厘清业务思路，实现上下对齐。对员工而言，绩效目标沟通不仅能让他打开思路，学会结构化地思考，还能帮助他明确工作方向，避免走弯路，同时找到达成目标的方法与路径。个人绩效目标的制定流程如图 4-5 所示。

第一步：部门主管承接关键组织目标，并在关键举措部分主动设置挑战性目标；

第二步：部门主管发送自己的 PBC 给下属，并对下属提出真实的关键目标与期望；

第三步：员工承接关键组织目标，并在关键举措、人员管理和能力提升部分主动设定目标；

第四步：部门主管和员工经过沟通，对员工绩效目标设定达成共识；

第五步：员工根据沟通建议，调整完善自己的绩效目标；

第六步：部门主管和员工最后经过沟通确认绩效目标，并签字。

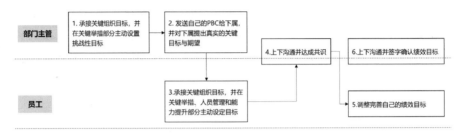

图 4-5　个人绩效目标的制定流程

一个好且合理的个人绩效目标，是部门主管与员工都可以接受的目标，是双方互相协商的产物。通过沟通，部门主管帮助员工明确目标，清楚地告诉员工他们的工作到底应该是以销量为先，还是以服务为先，或者以利润为先。如果员工没有明确的工作目标，就会感到迷惑、彷徨，没有方向感，工作效率也会受到影响。同时，员工的努力方向同公司所希望达到的结果难免会有所不同。

总体来看，部门主管和员工共同制定绩效目标的模式，有助于部门主管考察员工的最终业绩，同时能了解在整个过程中员工的工作情况，及时调整工作偏差。这种模式在帮助员工更好地完成绩效目标的情况下，能够使部门获得更好的团队绩效，从而实现公司和个人的双赢。

4.4.3　基于岗位价值定位，设计个人绩效目标

企业对员工的绩效目标设计不能采用"一刀切"的方式，需要根据部门目标和岗位职责，制定不同岗位的绩效目标，以体现员工在部门目标实现过程中的独特价值，从而避免出现"躺赢"岗位。

企业可以采用个人绩效目标责任矩阵法来分解部门目标，如表 4-11 所示。

（1）梳理部门目标。

（2）澄清岗位职责。按照岗位类别的不同，分析并澄清企业内所有工作岗位的职责，奠定个人绩效目标制定的基础。

（3）结合岗位职责对部门目标进行分解。

（4）审视目标的协同一致性。在分解完目标之后，需要站在整体的角度来分析各岗位的绩效目标，看它们是否与部门目标实现了对齐，以及是否可以支撑部门目标的达成。

表 4-11　个人绩效目标责任矩阵法

部门目标	岗位 1	岗位 2	岗位 3	岗位 4	岗位 5	岗位 n
关键目标 1						
关键目标 2						
关键目标 3						
关键目标 n						

如表 4-12 所示，华为"铁三角"销售团队根据业务目标和不同岗位的主要职责，分别设计了各岗位的关键绩效考核指标。

表 4-12　华为"铁三角"销售团队各岗位的关键绩效考核指标（示例）

指标	客户经理	交付专家	解决方案专家
销售目标达成	●		●
回款目标达成	●		
客户满意度	●		
收入达成		●	
成本控制		●	
卓越运营目标		●	
产品市场份额			●

远大住工人力资源团队在为一家企业提供绩效薪酬咨询服务时，基于 S 部门的整体目标，并结合 S 部门经理和员工的岗位职责分解，确定了经理和员工的绩效指标责任矩阵，如表 4-13 所示。

表4-13　S部门经理和员工的绩效指标责任矩阵

类目	指标	经理	员工A	员工B	备注
财务	部门营收	★	●		
	净利润	★	●	●	
客户	会员充值	★	●		
	客流量	★		●	
内部运营	工作计划完成率	★	●	●	
	产品/服务质量	★	●	●	减分项
学习与成长	岗位胜任力	★			
	人才梯队	★			

在运用个人绩效目标责任矩阵法将部门目标分解到个人后，可以得到员工的绩效考核表。表4-14所示为S部门员工A的绩效考核表。

表4-14　S部门员工A的绩效考核表

姓名	员工A	部门	S部门		职位	专员	
考核期间	2022年7月		考评人				
关键指标							
指标	权重	目标	实际	达成率（实际/目标）	考评人评价		备注
部门营收	30%						
净利润	30%						
会员充值	20%						
工作计划完成率	20%						
产品/服务质量							减分项
考核得分合计							
考核等级							
被考评人签字/日期							
考评人签字/日期							

企业根据岗位职责的不同来设计绩效目标，可以体现不同岗位的独特价值，以便在进行价值评价和价值分配时更加合理。此外，企业还要充分发挥绩效管理"指挥棒"的作用，以更好地牵引员工向企业价值聚焦，做他们最该做的事情，激发员工的工作积极性，从而实现管理效率的持续提升。

4.5　绩效考核与强制分布

绩效考核的核心目的是客观、公正地评价员工的绩效, 通过强制分布区分干得好和干得差的员工, 激励绩效优秀的员工, 管理贡献较低、绩效待改进的员工, 从而激活组织, 最终实现企业与员工的共赢。

4.5.1　绩效评价应以价值创造为准

在对员工进行绩效评价时, 要以价值创造为准, 重点关注员工的贡献和工作成果。企业应基于价值创造评价团队与个人的工作表现, 牵引员工聚焦在价值创造上, 使员工的奋斗目标始终明确且清晰。

在进行绩效评价时, 企业必须抓住绩效的本质: 为客户创造价值。

丹麦 TDC 是一家老牌的网络运营商, 由于网络老化、成本高居不下、客户体验不好, 其市场份额逐年下滑。为了重新赢回客户, TDC 要华为提供全网无线搬迁、优化和管理服务。这一项目的难度和挑战都很大, 华为的项目组与 TDC 展开了漫长的谈判。项目经理周瑞生相当清楚, 如果这个项目能成功, 可为公司赚取利润, 项目组的绩效考核也会相当优秀。于是他做出决策, 与客户签署了协议。

为了达成目标、向客户兑现承诺, 周瑞生把难题汇报给总部, 向总部申请资源支持, 并且在华为内部招募有相关经验的员工。很快, 周瑞生得到了上级的支持, 几个有经验的员工加入了他的团队。周瑞生带领交付团队, 用了九个月的时间, 一个一个地优化作业流程, 一个一个地进行站点规划, 或搬迁, 或扩容, 或优化, 最终把客户的网络质量做到了第三方测试排名第一, 圆满地实现了客户项目的目标。根据合同中的奖励条款, 客户给华为发了1300 万丹麦克朗的奖金, 而奖金的大部分都进了项目组。

从上述案例中可以看出, 华为的项目组因为为客户创造了价值, 才获得了客户的奖励，赢得了更多的价值分配。

在对员工进行工作成果评价时，建立清晰的绩效评价标准，不仅可以让高绩效的员工有成就感，知道自己已经达到或者超出了公司的要求，还可以使没达到标准的员工有一个努力的目标，知道自己同其他人的差距，从而激发工作干劲，努力完成工作指标。当然，清晰的绩效评价标准需要跟公司的薪酬挂钩，保证激励的有效性。

华为坚持以价值创造为标准对员工的工作成果进行评价。无论什么岗位上的员工，只要做出了符合激励导向的贡献，就能够获得奖项和奖金。华为依据"机会面前，人人均等"的原则来评定金牌和奖项，员工只要将自己的能力和工作成果体现在绩效上，就有机会获得奖项。

金牌个人奖就是从所有绩效考核靠前的奋斗者中遴选出来的。华为年度绩效考核为 A 的员工仅占部门员工总数的 10%～15%，金牌个人奖所占比例为 1%，也就意味着员工要拿金牌个人奖，必须得进入绩效考核为 A 的员工行列，而且排名得靠前。除此之外，还需要经过多方评定，如"为部门做出了卓越贡献，帮助公司取得了商业成功"。

企业以价值创造为绩效评价标准，同时保证评价过程和结果的公平、公正，让每个员工都有动力和机会去争取更多的价值分配。这样员工就把精力都聚焦在了多做贡献上面，持续为企业创造价值。

4.5.2 差异化评价不同层级的员工

在组织实践中，无论其规模大小，都会形成若干的层级和部门。各层级之间、各部门之间的职责是不完全相同的，因此绩效考核也应该和战略目标分解一样，分层、分级地进行考虑，如图 4-6 所示。

对高层管理者的绩效评价，应重点关注中长期综合绩效目标的达成和对企业长期利益的贡献，重视团队建设和干部后备队建设，不断提升其领导力，确保企业可持续发展。企业可以采用述职和签署 PBC 相结合的考核机制来实现对高层管理者的考核。

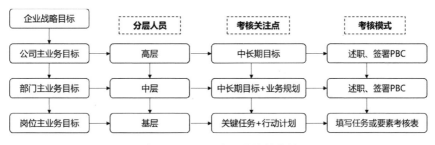

图 4-6　分层、分级的绩效考核

　　华为的高层管理者在述职时主要从客户、财务、内部运营、学习与成长四个层面，对照经批准的年度业务规划、预算和 KPI，总结实际完成情况，并对下一年度的业务规划、预算和 KPI 做出承诺，提出要采取的具体策略和措施，以及需要的资源支持。述职的具体内容一般包括八个方面，如表 4-15 所示。

表 4-15　华为高层管理者述职的内容（示例）

序号	述职内容	具体说明
1	不足/成绩	总结当期的业务和管理工作，针对 KPI 和影响 KPI 的因素，按照先后次序，列出最主要的不足和最主要的成绩，并扼要地指出原因
2	竞争对手比较/业务环境及最佳基准比较	通过准确的数据与指标，说明客户、竞争对手和自身的地位、潜力、差异和策略；聚焦变化、动向、机会和风险，关注影响公司和部门 KPI 完成的市场因素与环境因素，以及业界最佳基准
3	KPI 达成情况	总结 KPI 完成情况，以及其与历史同期水平相比的情况，审视本期目标的完成程度，说明差距和原因
4	核心竞争力提升的措施	提升核心竞争力的措施是完成 KPI 和增强管理潜力的措施。各部门围绕公司目标，回顾和评价部门业务策略、重点工作/业务推进措施的落实情况，并对措施的实施结果进行规划
5	客户/内部客户满意度	每个部门说明和分析内部客户满意度，特别是最满意的比率、最不满意的比率、哪些部门客户最满意、哪些部门客户最不满意、下一期如何改进
6	组织学习与成长	提出和检查提高员工技能的计划、措施和效果，报告和分析组织氛围指数，检查公司重大管理项目在本部门的推进计划和阶段目标的完成情况
7	预算与 KPI 承诺	根据历史水平及与竞争对手的对比，对 KPI 和业务目标做出承诺
8	意见反馈	提出在运作过程中需要的支持，以便公司协调相关资源

对中层管理者的绩效评价，要兼顾中长期绩效目标的达成和业务规划的有效落实，绩效考核重点关注他们在本岗位上达成短期绩效目标的情况和行为规范。中层管理者的绩效考核内容主要有组织 KPI、个人 KPI、关键举措、重点工作任务。企业通常采用述职和签署 PBC 相结合的方式对中层管理者进行绩效考核。

华为在对中层管理者进行绩效考核时通常遵循四个原则。

（1）责任结果导向原则：引导员工用正确的方法做正确的事，不断追求更高的工作效率。

（2）目标承诺原则：被考核者和公司在考核前对绩效目标达成共识，被考核者对绩效目标做出承诺。

（3）考评结合原则：在考核初期确定绩效评价者，在评价时充分征求绩效评价者的意见，并将此作为考核依据，绩效评价者应及时提供客观反馈。

（4）客观性原则：考核以日常管理中的观察、记录为主，注意定量与定性的结合，以数据和事实为考核依据。

对基层员工的绩效评价，应该以业绩考核为主，关注岗位短期绩效目标的达成和过程行为规范。基层员工在日常工作中快速改进，实现个人成长，进而实现对企业总体战略的有效支撑。

华为对基层员工的绩效考核是通过要素考核来实现的，将员工各自的目标达成情况、岗位职责与通用标准进行对比。考核分为月度考核、季度考核、年度综合评议，详细介绍如表 4-16、表 4-17 所示。

表 4-16　华为基层员工的要素考核表

考核要素	序号	分项描述	得分
工作量			
工作质量			
工作规范性			
合计得分			

注：无须单独设定目标，直接与通用标准比较。

表 4-17　华为基层员工的年度综合评议表

基层员工的年度综合评议表
第一部分：工作产出（70%～80%） 1. 根据月度考核结果计算得出； 2. 根据员工做出的贡献确定结果
第二部分：劳动态度（20%～30%） 对基层员工的劳动态度进行考核，应重点关注"企业员工商业行为准则"遵从、劳动纪律等方面

由此可见，企业需要根据业务特点、岗位层级和职责、价值定位等对员工进行差异化评价，最大限度地保障组织绩效考核的公平、合理，从而促进全员奋发前进、创造价值。

4.5.3　绩效结果等级划分及强制分布

如何科学、合理地划分绩效等级，确定不同绩效等级下员工的分布比例，是绩效管理成功推进的关键之一。

绩效等级是企业根据员工的绩效结果划分的等级层次。绩效等级数目的多少主要由企业绩效考核的奖惩力度和参与考核的员工数量决定。当企业对绩效考核要求比较高且参与考核的员工比较多时，可以将绩效结果划分为五个等级，实现对员工的强激励作用。例如，腾讯、华为都将绩效结果划分为五个等级。当企业对绩效考核要求比较低且参与考核的员工比较少时，为减少内部矛盾，可以将绩效结果划分为三个等级。

在划分好绩效等级后，企业还需要清晰描述每个绩效等级，让管理者能够进行有效区分，保障他们在对员工进行绩效考核时，能科学合理地确定员工的绩效结果所在的等级，并为下一阶段的绩效改进提供指导。

远大住工人力资源团队在为一家地产公司提供绩效体系优化服务时，将员工的个人绩效结果划分为杰出、优秀、满意、部分满意、不满意五个等级，并对每个等级做了详细阐述，如表 4-18 所示。

表 4-18　绩效考核等级定义表

等级			等级说明
杰出	A+	与大多数员工相比 总是出类拔萃	员工的工作/任务完成结果和行为表现远远超过本职位的要求/期望，同时给组织带来的影响/贡献是前所未有的
优秀	A	胜出大多数员工	员工的工作/任务完成结果和行为表现超过本职位的要求/期望，同时给组织带来的影响/贡献是公司明显公认的
满意	B	与大多数员工相同	员工的工作/任务完成结果和行为表现达到本职位的要求/期望，同时给组织带来的影响/贡献是积极的
部分满意	C	不如大多数员工	员工的工作/任务完成结果和行为表现部分达到本职位的要求/期望，同时给组织带来的影响/贡献是有限的
不满意	D	落后的	员工的工作/任务完成结果和行为表现很少或没有达到本职位的要求/期望，同时给组织带来的影响/贡献是消极的

　　绩效等级的划分不仅与具体的绩效考核指标及标准有关，还与绩效考核的评价主体及方式有关。绩效等级的多少和等级之间的差距将会对员工的薪酬分配产生比较大的影响。

　　为了使员工绩效结果呈现"两头小、中间大"的正态分布规律，企业可以采用强制分布来划分绩效等级，即按照每个员工的绩效情况，按照一定比例将其强制划入某一绩效等级。从国外知名企业 GE、HP、百事可乐，到国内标杆华为、阿里巴巴等，它们都在使用强制分布来划分绩效等级。

　　华为将绩效等级分为五个等级，并确定对考核比例分布的总体管理规则，如 A（10%～15%）、B+/B（70%～85%）、C/D（5%～10%），如图 4-7 所示。

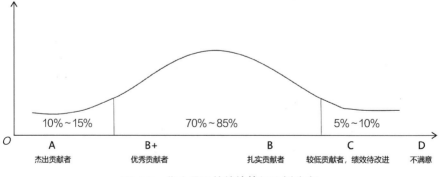

图 4-7　华为员工的绩效等级比例分布

等级 A 代表着杰出贡献者，指员工的绩效表现在各方面明显超越所在岗位层级的职责和绩效期望，绩效结果明显高于他人，是部门员工的绩效标杆。

等级 B+代表着优秀贡献者，指员工的绩效表现经常超越所在岗位层级的职责和绩效期望，不断拓展工作范围与影响；等级 B 代表着扎实贡献者，指员工的绩效表现始终能够满足所在岗位层级的职责和绩效期望，部分能够超出组织期望。

等级 C 代表着较低贡献者，指员工的绩效表现不能完全满足所在岗位层级的职责和绩效期望，需要及时改进绩效以正常履行岗位职责的要求；等级 D 代表着不满意，指员工不能履行所在岗位层级的职责和绩效期望，明显缺乏正常履行岗位职责所需的知识技能、工作有效性和积极性。

不区分绩效结果，可能会使企业前 10%的优秀员工离开；而区分绩效结果可能只是让绩效排名后 10%的员工离开。通过对员工的绩效结果进行区分，能够识别出企业中的精兵，为他们创造更多的表现机会，激励他们向更高的工作目标冲刺。同时，区分绩效结果能及时对后进者提出改进要求，激励其不断改进绩效水平，进而推动组织绩效的提升。

第

5

章 | 关联个人绩效

为了激励员工聚焦价值创造，持续为企业创造价值，企业在设计人人账本时要融合个人绩效，将绩效考核结果与奖金分配强关联。

5.1 激励要融合个人绩效，拉开差距

当企业的薪酬与绩效挂钩时，就能充分发挥薪酬的激励作用。员工的物质薪酬应受到自己绩效考核结果的直接影响，拉开差距，这样才能激励员工为取得高绩效而不断奋斗。

5.1.1 在激励分配上要打破平衡

判断一家企业的价值分配体系是否有效，最重要的依据就是该体系是否能够促进员工"责任结果"的提升。每个员工对组织的贡献是不同的，是"不平衡"的，这也就意味着"平衡"的价值分配体系是不可能与之匹配的。因此，企业要打破在价值分配上的平衡，激发员工奋斗的动力，保持活力，避免被"熵死"。

华为创始人任正非曾表示："要把奖励和机会向成功者、奋斗者、业绩优秀者倾斜，大胆倾斜。我们要拉开差距，后进者就有了奋斗的方向和动力，组织才会被激活。"华为强调要有动态上的变化，要打破平衡，制造差距，用差距来鞭策员工持续奋斗。在具体执行中，为了打破价值分配上的平衡，华为做出了很多努力和尝试，其中特点最为鲜明的就是奖金分配机制的改革。

较早之前，华为的奖金分配还是遵循过去"吃大锅饭"的形式：哪个部门业绩好，就集体奖励；哪个部门业绩差，就集体受罚。随着市场的发展和管理者认识的提高，华为开始意识到：这样的规模型分配对人才的实际激励作用很小，集体奖励和集体受罚几乎等同于没奖也没罚，无法作用到每个员工身上。

于是，从2001年开始，华为逐步制定了透明的业务部门奖金方案，稳定了奖金政策，形成了自我激励和自我约束的可持续发展机制。

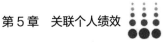

2007 年，华为接受了英国对本地员工的双轨制考核建议，将短期奖金激励与 PBC 的晋升考核很好地管理起来，保证了"差距"的有章可循，实现了本地员工奖金的透明化，员工自己可计算、可管理，避免了传统的奖金大排队的做法。同时，任正非在 EMT 会议上指出，要逐步制定相对完善的奖金策略来激活组织。高层团队的责任是确定奖金的导向机制，并授权下级团队策划多样化的分配方案，要把奖金的发放规则按业务需求和管理要求来细分，增强激励的针对性、及时性，以起到明显的杠杆作用。

2009 年，华为继续对奖金进行优化，一方面打破了跨区域的平衡，另一方面打破了区域内部的平衡，也就是打破了人与人之间的平衡。如果看到哪里奖金很平均，那么这个干部必定要下台。

要打破利益均衡分配原则，就要坚持"以贡献大小确定奖金多少"，让员工在最佳时间、最佳岗位做出最佳的贡献，并获得最合理的报酬。

5.1.2　挂钩个人绩效，实现差异化激励

美国心理学家斯塔西·亚当斯于 20 世纪 60 年代提出了公平理论，其中最主要的观点是：当个体在工作上有一定的成绩并获取了相应的报酬时，他会将自己的所得与他人的报酬进行比较。

企业中的个体不仅会考量自己的劳动付出和收入之间的比例关系，还会对比相关人员的收入和付出的比例关系。当个体通过比较，发现自己与相同工作者的收入与付出之间的比例关系相等时，他会感觉公平且心情舒畅，并继续热情地工作；但是当他发现两者之间不对等的时候，内心就会产生不公平感，并因此心生怨气，继而影响到工作积极性。

远大住工人力资源团队在为 H 公司提供绩效薪酬体系优化咨询服务时，通过调研发现该公司薪酬激励体系的设计并不科学、合理，员工的薪酬没有因为创造价值的不同而拉开合理的差距。图 5-1 所示为对该公司员工收入分配合理性的调研结果。

从调研结果可知，有 40.52% 的员工认为公司内部收入分配的合理性一

般，有27.45%的员工对收入分配感到不合理。

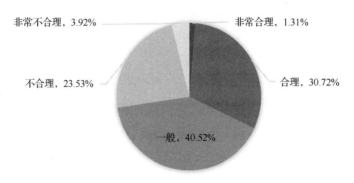

图5-1　H公司员工收入分配合理性的调研结果

员工对收入分配感到不满，主要的原因如下。

（1）员工收入存在"吃大锅饭"的现象，没有实现差异化。例如，信息化部门的程序开发员和电脑维修员拿一样的工资。两者为公司创造的价值是不一样的，但是在薪酬上没有区别。

（2）绩效目标管理流于形式，员工的绩效考核结果不会影响员工的收入。员工的绩效目标完成与否，对员工的收入不会产生任何影响。

这些问题的存在导致员工产生心理上的不平衡，也让员工质疑公司内部收入分配的合理性，不利于公司的发展。

因此，企业在构建人人账本式的激励机制时，需要将激励与个人绩效表现进行关联，根据员工贡献的大小，实现差异化激励，以充分激发员工的工作主动性和积极性，让"奋斗者"保持奋斗热情，为企业创造更大价值。

总之，企业在搭建人人账本时，需要关联个人绩效表现，以确保薪酬激励导向绩效优秀的员工，让绩效优秀的员工拿高收入，让绩效差的员工拿低收入，对于不出活的员工要降薪、清理，避免出现"劣币驱除良币"的现象。

5.1.3　给火车头加满油，拉开收入差距

任正非曾说："要按价值贡献，拉开人才之间的差距，给火车头加满油，让列车做更多的功、跑得更快。不能按管辖面来评价人才的待遇体系，一定

要按贡献和责任结果，以及他们在此基础上的奋斗精神。"这充分体现了华为的价值评价和价值分配的导向：向优秀的奋斗者倾斜，给火车头加满油，让千里马跑起来，让奋斗者获得胜利的果实。

企业在搭建人人账本式的激励机制时，也需要以奋斗者对企业的贡献为衡量标准，并据此进行价值分配。这样一来，就能让奋斗者分享企业成长的收益，激励员工持续为企业创造价值，从而在企业内部形成"高压力、高绩效、高薪酬"的良性循环。而事实上，这种良性循环能够顺利形成，关键在于"差距"的存在。

德国社会行为学家弗雷·莱纳德于 21 世纪初在"公平理论"的基础上指出，如果企业能够合理利用"相对"差距，并且让员工充分意识到产生这种差距的根源不是管理者的失误，而是个体与比较对象之间确实存在价值创造能力上的不同，那么这种差距就会成为收获价值较低的一方努力追逐的动力。

早在 1995 年，任正非就强调："我们将逐步拉开差距，提高优秀人员的待遇，让雷锋先富起来，使千百人争做雷锋。"在 1996 年任正非又一次强调："华为缺少火车头。我们一定要坚定不移地贯彻倾斜政策，向市场人员、开发人员倾斜，要在很长一段时间内维持这种倾斜，要保证作战的人受益最大。"

华为一直秉承以奋斗者为本、给火车头加满油、拉开收入差距的理念，在价值分配上做了以下几点。

（1）激励分配向组织中的绩优者倾斜，逐步打破了分配的过度平衡，强调将激励资源向一线倾斜，一线关键岗位的职级要高于支撑服务岗位，一线获得更大的价值分配比重。

（2）公司为承担重大业务和管理责任的人员建立了重大责任岗位津贴、高管奖金方案等机制，体现"给火车头加满油"的导向。

（3）公司激励资源分配强调向艰苦地区或艰苦岗位的员工倾斜，提高了在艰苦地区工作的员工的外派补助和生活补助标准，实施艰苦地区员工的职级高于非艰苦地区员工职级 1~2 级的倾斜政策，促使员工积极奔赴艰苦地区与艰苦岗位。

薪酬激励是需要向承受压力大、工作难度大、创造性的工作倾斜的。摆平的做法，无疑会抹去不同人员承受的压力有巨大差别这一现实，是对那些公司最有价值人员的视而不见，这反而是真正的不公正。

综上所述，人人账本式的激励机制需要坚持向做出突出贡献的"优秀人才"倾斜，拉开员工间的收入差距，以促进其他员工向奋斗者看齐，共同且持续为企业创造价值。

5.2　利用绩效结果进行绩效奖金分配

人人账本式的激励机制融合个人绩效，员工的绩效结果不同，拿到的奖金也是不同的。通常来说，在考核周期结束时绩效最好的员工可以拿到最多的奖金，绩效差的员工就拿得少。管理者通过这种差异化的分配方式，达成对绩效结果奖优罚劣的目的。

5.2.1　组织绩效结果影响部门奖金包

很多公司遵循按价值贡献进行分配的理念，但是在真正分钱的时候往往很凌乱，因为缺少对员工的价值进行衡量的方法。

从专业角度来讲，衡量员工的价值应该有四个核心的依据。

（1）组织绩效：所有员工最后获得的奖金都会受到公司和部门的绩效结果的影响。

（2）个人绩效：相同岗位相同级别的员工，谁的个人绩效高，谁获得的绩效奖金就高。例如，两个员工都是高级工程师，那么绩效得 A 的员工要比绩效得 B 的员工分配的奖金更多。

（3）岗位价值：在组织发展过程中，每个部门的职责越来越清晰，岗位设置越来越明确，每个岗位的职责也越来越稳定，此时企业可以依据岗位价值来进行奖金分配。例如，公司总经理的薪酬一定比前台的高，因为总经理的岗位价值明显要比前台的岗位价值高。但是公司内还有很多岗位的价值

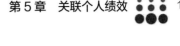

难以区分，比如税务专员和招聘专员哪个更重要很难区分，那么就需要采用方法进行衡量。

（4）岗位胜任度：相同岗位上的员工谁的胜任度越高，薪酬就越高。例如，高级工程师要比初级工程师的岗位胜任度高，所以高级工程师的薪酬更高。

其中，组织绩效的考核结果体现的是各部门的价值创造，而价值创造的大小决定部门奖金包的大小。企业应基于绩效等级来确定部门/团队的奖金包：对于绩效优秀的组织，其获得的奖金包应该大于绩效较差组织的奖金包。不过奖金包系数不宜过大，最好控制在 10% 以内。

假设 B 企业的 R 部门有四个流程，分别是流程 A、流程 B、流程 C 和流程 D。在绩效考核周期内，各流程创造的价值分别为：流程 A 为 5000 元，流程 B 为 4500 元，流程 C 为 3500 元，流程 D 为 3000 元，那么部门月度奖金包合计为 16000 元（见表 5-1）。

表 5-1 不同绩效等级下的奖金包系数（示例）

部门内流程	流程 A	流程 B	流程 C	流程 D
奖金基数（元）	5000	4500	3500	3000
部门奖金基数（元）	16000			
组织绩效等级	A（优秀）	B（良好）	C（合格）	D（待改善）
奖金包系数	1.1	1.0	0.95	0.9
部门奖金包（元）	17600	16000	15200	14400

B 企业的组织绩效等级划分为 A（优秀）、B（良好）、C（合格）、D（不合格）四个等级。当 R 部门超额完成任务时，该部门的绩效表现为优秀，组织绩效等级就为 A，对应的奖金包系数为 1.1，那么 R 部门当期获得的奖金包为 17600 元（16000×1.1）；当 R 部门的任务完成率低于 80% 时，该部门的绩效表现为不合格，组织绩效等级就为 D，对应的奖金包系数为 0.9，那么 R 部门当期获得的奖金包为 14400 元（16000×0.9）。

可见，B 企业针对 R 部门的绩效政策是有奖有罚的。该绩效政策的好处在于激励效果更好，更容易形成团队凝聚力，是一种正向激励的手段。

当 R 部门的最高奖金包系数为 1 时，该绩效政策就属于只罚不奖。只罚不奖则倾向于给部门施加更大的压力，是一种负激励的手段。相较而言，人人账本式的激励机制明确规定：当组织绩效结果大于门槛条件时，企业或团队才能有可以分配的奖金包。其中，门槛条件是根据组织的历史数据测算得到的。

总体来看，基于组织绩效结果来决定部门奖金包的大小，不仅能驱使部门积极主动地去追求绩效结果，还能在一定程度上推动企业整体绩效的提升。

5.2.2　组织绩效结果影响团队成员的绩效等级分布比例

组织绩效结果除了会影响部门奖金包的大小，还会对部门内成员的绩效等级分布比例产生影响。当不同部门的业绩不一样时，部门内绩优人员的比例应该也是不同的。如果采用一刀切的方式来评定部门内的绩优人员，那么很大可能会带来不公平的现象，进而削弱部门的凝聚力与战斗力。因此，企业需要根据部门的绩效结果来设置不同绩效等级下员工所占的比例。

腾讯将员工的绩效等级分为 1 星到 5 星五个等级，将部门的绩效等级分为优秀、良好、合格和不合格四个等级。表 5-2 所示为在不同绩效等级下部门内个人绩效等级的分布情况。

表 5-2　在不同绩效等级下部门内个人绩效等级的分布情况

部门绩效	员工绩效				
	1 星	2 星	3 星	4 星	5 星
优秀	0 ~ 5%	30% ~ 40%	30% ~ 40%	15% ~ 20%	15% ~ 20%
良好	5% ~ 10%	40% ~ 50%	25% ~ 30%	10% ~ 15%	5% ~ 10%
合格	10% ~ 15%	60% ~ 65%	5% ~ 15%	0 ~ 5%	0 ~ 5%
不合格	20% ~ 25%	65% ~ 70%	5% ~ 10%	0 ~ 5%	0 ~ 5%

从表 5-2 中可以看出，如果部门绩效等级为优秀，则部门的员工绩效为 5 星的比例可以达到 15%，甚至 20%，绩效为 1 星的员工可能就没有。如果部门绩效等级为不合格，则部门内员工绩效为 5 星的比例只有 5%，甚至没有，而绩效为 1 星的员工的比例却要达到 20% ~ 25%。

由此可见，组织绩效结果影响了部门成员绩效等级的分布比例，部门绩效等级越高，部门内个人绩效等级高的员工所占比例越大；反之，部门绩效等级越低，部门内个人绩效等级低的员工所占比例越大。

远大住工人力资源团队在为 R 企业做绩效管理体系优化时，将员工的绩效结果划分为 A（优秀）、B（良好）、C（合格）、D（不合格）四个等级；同样地，将部门的绩效结果也划分为优秀、良好、合格和不合格四个等级。表 5-3 所示为在不同部门绩效结果下部门内不同绩效等级员工的分布比例。

表 5-3　在不同部门绩效结果下部门内不同绩效等级员工的分布比例（示例）

部门绩效	员工绩效			
	A	B	C	D
优秀	≤25%	≤40%	≈40%	≥0
良好	≤15%	≤35%	≈50%	≥5%
合格	≤5%	≤30%	≈55%	≥10%
不合格	0	≤30%	≈55%	≥15%

从表 5-3 中可以看到，当部门绩效等级为优秀时，部门内员工绩效等级为 A 的比例分别比部门绩效等级为良好、合格、不合格的高 10%、20%、25%；对应地，部门内员工绩效等级为 C/D 的比例是最低的。

企业将组织绩效结果与团队成员的绩效等级分布比例挂钩，让整体绩效表现优秀的部门中有更多的员工获得优秀的绩效等级，让不合格的部门中有更多的人被强制分布为合格或不合格的绩效等级。这样就能让部门及其员工认识到，当部门总体绩效获得提升时，员工个人的工作成绩就能得到充分肯定，从而牵引员工始终关注部门绩效的提升。

5.2.3　个人绩效结果影响员工绩效奖金

绩效奖金直接反映的是员工在考核周期内的工作表现。相似岗位上相似资历的员工在固定工资上可能相差不大，因为固定工资主要体现的是岗位价值。但是绩效奖金的分配，应根据个人绩效结果的不同拉开差距，体现"多劳多得"的激励导向。

阿里巴巴集团在绩效优秀员工和绩效一般员工的奖金分配上设定了比较大的差距：绩效优秀员工要拿走整个激励包的50%。例如，今天要奖励10个人，奖金总额为20万元，那么排名前三的员工要拿走10万元。

如何将个人绩效结果应用于员工个人绩效奖金的分配上？企业通常的做法如表5-4所示。

表5-4　不同个人绩效结果下的员工绩效奖金（示例）

员工绩效等级	A（优秀）	B（良好）	C（合格）	D（待改善）
绩效系数	1.2	1.0	0.8	0.6
部门奖金包（元）	16000			
人员构成	甲	乙	丙	丁
个人分配比	3%	3%	2%	2%
绩效考核结果	B	A	D	C
绩效系数	1.0	1.2	0.6	0.8
绩效奖金（元）	5106	6128	2043	2723

假设生产制造企业S的部门R共有4名员工，根据部门内各岗位的工作内容及职责的不同，部门主管确定了各员工的个人分配比：甲为3%，乙为3%，丙为2%，丁为2%。

根据组织绩效的表现，部门R可分配的奖金包为16000元。在部门可分配绩效奖金包确定后，根据员工的绩效考核结果，部门主管在部门内各成员间将其进行再次分配，计算公式如下。

某员工绩效奖金=部门可分配绩效奖金包×

(该员工个人分配比×该员工绩效系数)/

[∑(员工个人分配比×员工绩效系数)]

具体计算过程如下。

员工甲：16000×(3%×1.0)/(3%×1.0+3%×1.2+2%×0.6+2%×0.8)=5106元

员工乙：16000×(3%×1.2)/(3%×1.0+3%×1.2+2%×0.6+2%×0.8)=6128元

员工丙：16000×(2%×0.6)/(3%×1.0+3%×1.2+2%×0.6+2%×0.8)=2043元

员工丁：16000×(2%×0.8)/(3%×1.0+3%×1.2+2%×0.6+2%×0.8)=2723元

可见，在个人分配比一样的情况下，甲和乙所得的绩效奖金并不一样，丙和丁所得的绩效奖金也不一样。因为他们的绩效结果等级不一样，对应的绩效系数也不一样。

此外，企业可以赋予直接上级对下属的绩效奖金进行调整的权力，如赋予管理者对计算出来的每个人的奖金 10% 的浮动权力，让奖金分配更好地反映每个人的实际贡献，拉开绩优员工与普通员工间的差距，体现向高绩效员工的激励导向。

组织绩效结果影响部门内所有成员的总奖金包，而员工个人绩效结果则决定了个人最终获得的奖金为多少。绩效考核结果不同，员工的绩效系数就不同，进而员工获得的绩效奖金也是不同的，以此来牵引员工持续奋斗，为企业做出贡献。

5.3　绩效调薪，让绩优员工实现增值

为了最大限度地确保薪酬调整的公平性，企业应该建立薪酬与绩效考核结果紧密挂钩的动态调整机制。对于绩效优秀的员工，要加大薪酬调整幅度，对于绩效差的员工，要降薪降级，更好地保障薪酬分配的公平性。

5.3.1　绩效等级不同，调薪幅度不同

如果薪酬调整不与绩效考核结果挂钩，就很有可能出现"吃大锅饭和平均主义"现象，导致薪酬分配不公平。如何根据员工的绩效表现来确定合理的调薪幅度，保证绩效考核的激励作用，是企业需要重点关注的问题。

在通常情况下，企业可以采用调薪矩阵来确定员工的调薪幅度。什么是调薪矩阵呢？所谓调薪矩阵，是指在有限的薪酬调整预算下，根据员工的绩效表现，合理地确定员工的调薪幅度，以使得到的薪酬调整结果符合企业的薪酬战略与薪酬理念。

华为结合员工的绩效等级和薪酬水平率，构建了调薪激励矩阵，如图5-2所示。

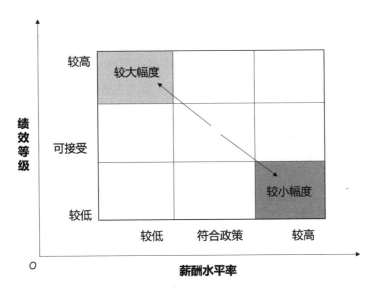

图 5-2　华为的调薪激励矩阵

其中，薪酬水平率=员工实际工资/员工所在职级的平均工资。该调薪矩阵生动地体现了华为薪酬调整的两个主要思路。

（1）在充分考虑员工的贡献和绩效结果的情况下调整员工薪酬。确切地说，在相同薪酬水平下，绩效结果越好，薪酬调整幅度越大。

（2）充分考虑员工现有的工资水平。确切地说，在相同的贡献和绩效结果的前提下，员工的薪酬水平率越低，薪酬调整幅度越大。这意味着，当员工的现有工资水平与其所在级别的平均工资水平相差越多时，其薪酬能够获得更大的调整幅度。

在对员工进行调薪时，企业应遵循以下两个原则：第一，合理拉开差距，避免"吃大锅饭和平均主义"；第二，当员工的薪酬水平非常低时，理论上应该逐步提高，使其进入目标薪酬带；第三，每次的调整幅度应该有限制，因为在实操中，根据员工绩效表现进行的薪酬调整是渐进的。

龙湖地产基于绩效结果等级和 CR 的调薪矩阵，根据调薪预算，测算出每个员工的调薪比例，如表 5-5 所示。

其中，CR（Comparative Rate，薪酬比较率）是员工实际薪酬水平除以该级别薪酬中位值得到的结果。例如，员工 A 的月薪为 15000 元，在企业薪酬架构中，该员工所在级别的薪酬中位值为 12000 元，则员工 A 的 CR 为 1.25（15000/12000=1.25）。

表 5-5 龙湖地产的调薪矩阵（示例）

绩效等级	CR（薪酬比较率）						
	CR<72%	72%≤ CR<82%	82%≤ CR<94%	94%≤ CR<106%	106%≤ CR<118%	118%≤ CR<128%	128%≤ CR
1	240%	230%	220%	210%	200%	180%	160%
2	180%	160%	150%	140%	130%	120%	100%
3	120%	100%	100%	100%	90%	80%	80%
4	120%	100%	80%	60%	0	0	0
5	0	0	0	0	0	−10%	−20%

表 5-5 所示的龙湖地产调薪矩阵虚线框内的百分比数据是指龙湖地产在开展薪酬调整时下达的指导调薪比例的倍数。例如，员工 A 的年度绩效等级为 2，CR 为 90%，所在组织的指导调薪比例为 10%，那么该员工的个人调薪比例为 150%×10%=15%。

从表 5-5 中可以看出，员工绩效等级相同，CR 越低，调薪比例越高。比如，员工 B 和员工 C 的绩效等级都为 1，所属部门的指导调薪比例都为 8%，员工 B 的 CR 为 80%，员工 C 的 CR 为 100%。根据 CR 所处的区间，确定员工 B 的调薪比例为 18.4%，大于员工 C 的调薪比例 16.8%。

另外，在龙湖地产，基于该矩阵计算出来的调薪比例是一个参考值，原则上还会设置一个浮动范围，如设定为上下 20%，那么员工 A 的指导调薪比例为 15%×（1±20%），即员工 A 的调薪区间为[12%，18%]。

在采用调薪矩阵来确定调薪幅度时，员工要想获得更大的调薪幅度，就需要在组织中尽可能地成为绩效表现最好的员工，进而在组织中营造一种良性竞争的氛围，将个人绩效提升到更高水平。

5.3.2　让绩优员工实现小步快跑式增值

每个员工对组织的贡献是不同的，是"不平衡"的，这也就意味着企业在价值分配上要"打破平衡"。同样，薪酬调整也要打破平衡，导向绩效结果优秀的员工。

对于采用宽带薪酬体系的企业或岗位，管理者只需要提前设定好不同绩效表现下薪酬调整的档数，在每年年中或年末据此调整对应的档数即可。为了让优秀员工跑得更快，企业在采用该方法进行绩效调薪时，可以参考以下三个原则。

（1）将薪酬总额增量的部分主要用于绩效优秀员工的薪酬调整。一般来说，在原有薪酬等级不变的情况下，绩效优秀员工的调薪幅度是绩差员工的2～4倍。

（2）考虑企业重点激励的对象。如果企业重点激励新进员工的成长，则应在宽带薪酬体系前端设计较大档差；如果企业重点激励中坚力量，则应在宽带薪酬体系中端设计较大档差。档差体现的是同一价值等级的岗位上不同人员的能力差异，同时反映了薪酬调整时的调整幅度。

（3）绩效调薪预算最好不要一次用完。绩效调薪预算作为年度调薪预算中的一部分，不只用于对全员进行普调。从本次绩效调薪到下次绩效调薪，企业还可能发生各种各样常规调薪以外的情况，如员工挽留、重点人员绩效调薪等，为此企业应该尽量留出一小部分的绩效调薪预算，用于二次薪酬调整。例如，企业一年整体的绩效调薪预算比例为8%，可以做如下分配：5.5%用于年初全员绩效调薪；1%用于全年员工晋升调薪；1.5%用于半年后对重点人员的绩效调薪。

要让薪酬调整导向绩优员工，让他们分享到企业发展的"糖果"。华为、字节跳动等企业在薪酬调整方面都导向了绩效表现优秀的员工。

华为员工的绩效结果分为 A、B+、B、C、D 五个等级。当员工的绩效结果等级为 A 时，到年终就可以加薪 30%～50%，而且还能获得配股；绩效结果等级为 B+的员工，到年终可以加薪 20%，配股要视情况而定；绩效结果等级为 B 的员工，基本不加薪，配股也要视情况而定。

　　字节跳动将员工的绩效结果分为八个等级，从低到高为 F、I、M-、M、M+、E、E+、O，并进行强制分布。绩效决定了年终奖的多少和是否涨薪，员工位于前四级就有加薪的机会，并有至少 3 个月的年终奖（见表 5-6）。

表 5-6　字节跳动不同绩效结果等级的薪酬调整幅度

绩效结果等级	年终奖
O	N 个月年终奖（人数极少）
E+	6 ~ 9 个月年终奖
E	5 个月年终奖
M+	3 个月年终奖

　　让绩优员工实现小步快跑式增值，不仅能确保绩优人才的稳定，还可以在企业内部形成一种正向循环：员工只要把工作做好、做得优秀，就一定能脱颖而出，得到涨薪的机会，从而持续创造高绩效。

5.3.3　对绩效表现差的员工降薪降级

　　在将薪酬激励导向绩优员工的同时，企业还要及时对绩效表现差的员工进行降薪降级处理。所谓降级，是指将员工所在岗位的职级往下降。职级降低，相应的薪酬待遇也会降低。

　　在华为，如果员工的年度绩效考核结果排在倒数 5% 以内，那么他就会失去调薪的机会。一旦绩效考核结果为 C 或 D，那么员工在三年内不能上调工资，奖金也是 0，更不能配股。对此，华为内部称为"一 C 毁三年"。

　　对于绩效表现差的员工，如果不对他们进行降级降薪，依然让他们占据企业的核心岗位，那么就很有可能导致绩优员工的离开，最后企业剩下的都是能力普通的员工。长此以往，企业就难以在激烈的市场竞争中存活下来。

　　2020 年，远大住工人力资源团队在为 R 公司提供组织变革的咨询服务时，发现该公司的绩效考核制度存在比较大的问题，其中比较重要的一点是没有将绩效考核结果应用在薪酬分配与调整上：调薪没有向绩优员工倾斜；

对绩效表现差的员工也没有进行降薪降级，导致一些绩优员工离职。

基于此，远大住工人力资源团队为 R 公司重新优化了绩效考核方案，将员工个人绩效等级分为 A（优秀）、B（良好）、C（合格）、D（不合格）四个等级。同时，该团队还将员工的绩效考核结果与薪酬调整挂钩，具体如表 5-7 所示。

表 5-7　R 公司的员工调薪规则

项目	调薪规则
年度调薪	年度内 6 次及以上评价为 A，上调 1 档
降薪	年度内累计 3 次评价为 D，下降 1 档
降级降薪	（1）出现 1 次 D，并且不愿做出有改进性的绩效承诺 （2）连续 3 次评价为 D

在对员工进行降级降薪处理时，管理者要与员工进行沟通，给出客观、明确的理由与事实依据，让员工信服。

通过对绩效表现差的员工进行降级降薪，不仅能督促其秉承奋斗精神，不断改进自己的绩效水平，还能增强员工的危机感，使其为了不成为绩效表现差的人员而努力，大大提升了工作积极性，进而让企业始终保持活力。

5.4　绩效结果与培训管理的融合应用

日本著名企业家松下幸之助曾说："培训很贵，但不培训更贵。"通过培训可以改善员工的绩效，进而改善部门和整个组织的绩效。为此，企业应将员工绩效表现融入培训管理中。

5.4.1　绩效结果诊断，提取绩效低下因子

绩效考核的结果可以让企业对员工的优缺点和未来的发展方向有更全面的认知。企业通过对绩效结果的诊断分析，找出影响员工绩效的因子，以此来确定员工培训的需求。

企业可以采用绩效诊断工具箱（见图 5-3）来找准绩效短板。绩效诊断工具箱从知识、技能、态度、外部障碍四个方面来分析，并根据员工绩效差的原因采取有针对性的措施，进行改善。

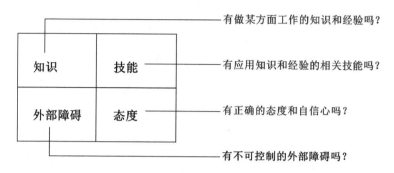

图 5-3　绩效诊断工具箱

（1）如果是知识、技能方面的问题导致员工绩效不好，管理者可以通过引导员工参加培训来进行改善；

（2）如果是员工的态度有问题，管理者要争取员工的配合与协调，加强沟通，辅导员工去解决它；

（3）如果是有外部障碍，管理者应尽可能地帮助员工排除障碍，或尽量减少其影响，然后寻求其他领导或同事的协同支持。

表 5-8 所示列出了针对不同绩效问题的解决方案。

表 5-8　针对不同绩效问题的解决方案

绩效问题	解决方案
员工不知道该做什么/该怎么做/为什么要做	把任务安排得更清楚明确，如工作具体内容、何时开始/结束、绩效完成标准，以及做这项工作的原因、背景和价值等，把这些和员工沟通清楚
员工认为他正在按你的要求做，实际上却不是	把工作任务分解成若干阶段，把握关键节点，适时地过问、沟通、纠偏、辅导
员工碰到无法控制和克服的问题	要协调资源，给予支持，帮助解决
员工认为你的方法不一定对或者自己的方法更好	说明你的理由并分享成功经验，多问"你觉得呢"，引导员工说出自己的想法；多对比分析，在适当时候可以让员工尝试自己的方法

续表

绩效问题	解决方案
员工认为自己有更重要的事要做	协同员工理顺工作优先级，明确工作完成时间
做了没有正面反馈，反而会有负面结果；不做却有正面结果，或没有负面结果	建立相应的评价制度，严格执行
员工个人能力不足	培训及辅导，如果员工还无法达标，就调岗或辞退
员工个人家庭或私人问题	沟通疏导，让员工说出来，给予更多关心，帮助他一起解决
员工恐惧或目前还没有人做到	告知员工完成这项工作所带来的正面效果比不做更大，帮助他克服恐惧，协调资源，一起完成工作

由此可见，对于知识和技能方面的问题导致的员工绩效差，可以采用培训的方式进行改善；对于态度或者外部障碍方面的问题导致的员工绩效差，应该采用其他的管理策略来解决。

5.4.2　基于绩效低下因子，制订培训计划

在基于绩效诊断提取的绩效低下因子确定培训需求后，各层级管理者可以由此制订针对绩差员工的培训计划。

培训计划制订主要从以下三个方面进行。

（1）确定培训内容：根据员工绩效未达标原因的不同，设置不同的培训内容。培训内容的设置要以能够有效地解决企业的问题为前提，要注重理论与实践相结合。例如，职业培训：针对员工的职业素养、团队合作、职业规划、心态建设等方面的培训，通过双向沟通，让员工懂得如何规划自己的前程，懂得如何把握公司平台，达到自己的理想，以及在工作中应该保持什么样的心态，怎样融入团队、发挥自己的作用；知识、技能培训：针对岗位技能，如市场销售、客户服务、产品技术等进行培训，帮助员工对以前的工作方式进行改进和完善，学会用创新的思路来开展自己的工作。

（2）确定培训形式：在培训形式的设计上，要注重创新性与实践性。应根据培训内容及员工的差异选择合适的培训方式（如演讲式、讨论式、游戏式等），避免培训僵化。例如，针对绩效差的员工普遍缺乏能力的情况，可

采用统一授课的方式，如采用案例讨论的方式，帮助员工将知识与实际结合起来，从而更深入地学习知识的精髓；针对员工专业技能的参差不齐，可以采用由优秀员工带领绩效差的员工进行能力提升的培训形式。

（3）确定培训时长：确定培训时长是非常关键的一个环节，应根据不同的培训内容，确定不同的培训时长，这样才能使培训效率最大化。培训时间太长会占用员工过多的时间，可能会造成员工的排斥，同时过长的培训时间也意味着企业成本的增加。培训时长过短也不利于员工对相关培训内容的掌握。因此，合理设置培训时长至关重要。

绩效结果培训是针对性很强的"补课式"培训，目的是解决绩差员工的共识性短板问题。为了更好地制订培训计划，企业可以对员工的绩效改进进行分析，或者在绩效考核结束后做一次专门的培训需求收集，进而制订针对员工绩效改进的培训计划（见表 5-9）。

表 5-9　员工绩效改进培训计划

部门		岗位		姓名	
所承担的工作		上级评价 （完全胜任/胜任/不能胜任）		所需能力描述	
培训计划		课程名称/项目名称			培训时长
脱产培训					
在职培训					
自我学习					

企业应根据员工的绩效考核结果评估员工的素质能力与职位需求的匹配度，找到差距，并结合员工的个人发展要求，为其选择、安排相关培训课程，促使其提升能力水平，确保其达成个人绩效目标。

5.4.3　培训计划实施与效果评估

在培训计划制订完成之后，企业需要依据培训计划来实施培训，并对实施的过程进行监控，保证培训按既定的方向进行。

在培训结束后，企业要及时对培训的效果进行评估。培训效果评估主要包括两个方面。

（1）员工对培训过程的反馈：通常采用问卷调查或者面谈的形式，调查员工对整个培训过程的意见与看法，包括对培训讲师、培训内容设置、培训时长等的建议与看法。

（2）员工培训效果的考核：通过笔试、演讲等形式，评估员工对培训内容的掌握程度，并对员工的绩效结果进行持续跟踪，通过客户评价、主管评价、自评等方式，对员工接受培训之后一个阶段的工作绩效进行评测。如果员工的绩效水平有明显提高，则表明培训是有效的，否则说明培训没有达到预期的效果，需要及时调整。

华为终端销售部门的员工小王在上季度绩效考核中绩效不佳，被打了"C"。在看到小王的绩效结果后，部门主管和小王进行了一次沟通，以此来找出小王此次绩效不佳的原因。

在沟通时，部门主管先询问了小王对自身绩效不佳有什么看法。小王想了想，将自己绩效不佳的原因归咎于销售不好做、客户特别挑剔。部门主管听后拿出了小王的绩效考核数据，指着"客户满意度"说："销售不好做、客户很挑剔是客观原因。要想客户来买公司的产品，必须首先做好客户服务，让客户满意，这样你的业绩才能提升。我看到你的'客户满意度'考评太差了，你应该从这里找原因。"

然后，部门主管给小王讲了绩效考核优秀员工小李服务客户的故事："有一次，公司的一个客户根据合同来提货400件，但是客户在回去后清点商品时，提出少给了他8件。小李在收到反馈后并没置若罔闻，而是马上赶往客户的公司，协助其重新清点商品。在多次清点商品后，小李发现问题出在客户清点商品的方法上，原来客户把几件商品捆在一起，当作一件商品计算了。

"很多公司在遇到这个问题时可能会认为，货物已经出库且客户都签字了，或许是他自己在路上弄丢的。而小李并没有这么做，而是积极主动地解决问题。这虽然是一件小事，但让小李赢得了客户的支持。"

听了部门主管的话，小王明白了自己绩效不佳的原因是，没能全心全意地践行"以客户为中心"的核心价值观。在找到这个原因后，部门主管安排小王参加了公司开展的企业文化培训，并安排小李协助他，让小王对华为的核心价值观有进一步的认识，强化其在工作中的客户意识。

经过培训后，小王在工作中把全部精力都用在了做好客户服务上。在接下来两个季度的绩效考评中，小王连续被评为"A"。

将绩效考核的结果运用于培训管理，可以让员工培训起到更显著的作用。根据不同员工的差异进行有计划、有针对性的培训，可以让员工更好地改善自身短板，创造更好的绩效，为企业做贡献。

5.5 将绩效考核结果用于职位变动

绩效考核结果是员工职位变动的重要参考依据。职位变动不仅包括纵向的升迁或者降职，还包括横向的工作轮换。但是要注意的是，绩效考核结果只能作为员工职位变动的重要参考维度，而不是唯一参考维度。

5.5.1 对于绩效优秀的员工，优先提拔

依据绩效考核结果来为优秀员工提供晋升渠道，是企业常用的方式。对于绩效表现卓越的员工，企业除了要进行薪酬奖励，还要及时进行提拔，让他们肩负更大的责任，带领更多的人冲锋陷阵，为企业创造更大的价值。

管理岗位上的员工是企业的宝贵资源。企业在提拔绩效优秀的员工时，需要注意以下几点，以充分发挥提拔晋升的激励作用。

（1）岗位晋升要依据企业的人力资源规划有计划地进行，有空缺才能调整。

（2）将绩效考核结果应用于岗位晋升，企业必须有公开的事前制定的绩效管理制度，保证过程和结果的公开、公平、公正。

（3）在将绩效考核结果与晋升挂钩时，应对员工的业绩、能力、态度等进行全面考核，因为即使员工在当前岗位上做得很优秀，也并不代表其到另一个岗位上会合适。

（4）注重员工在本岗位上的持续贡献，只依据某次的绩效考核结果就让员工变动职位会让员工变得短视。等员工持续贡献达到一定程度后，再进行岗位调动。

绩效考核结果是员工晋升的重要参考维度，企业可以据此设置一定的晋升条件，让绩效优秀的员工优先获得提拔的机会。例如，绩效等级为良好及以上的员工才有可能获得晋升资格，连续两年绩效考核结果均为卓越的员工可能被越级晋升等。

华为在提拔干部时，强调只有那些在实际工作中已经取得了突出绩效，并且在绩效考核的横向排名中处于前25%的员工，才能进入干部选拔流程。

组织绩效结果会影响团队成员的绩效分布比例，同样也影响团队成员的晋升比例。根据组织绩效等级的不同，设置不同的晋升比例，绩效优秀的组织应该被赋予更高的晋升比例。表5-10所示为某企业在不同组织绩效等级下的晋升比例。

表5-10　某企业在不同组织绩效等级下的晋升比例（示例）

组织绩效等级	优秀	良好	合格	待改善
晋升比例	60%	25%	10%	5%

通过优先提拔绩效优秀的员工，让他们肩负更大的责任，能让这些员工感受到机会是均等的，要想在企业中获得晋升与成长，唯一的路径是不断奋斗，为企业创造更大价值。

5.5.2　对于绩效表现不佳的员工，要调岗或降职

唯有能者上、平者让、庸者下，整个企业才能维持正常运转。企业在优先提拔绩效优秀的员工的同时，对于绩效考核不合格且无法达到所在岗位绩效目标的员工，也应该及时予以处理——调岗或降职，要不然会让员工认

为企业的绩效管理只是在走过场。

（1）调岗：针对绩效表现不佳的员工，可以采用面谈的方式，如果通过面谈确定员工绩效考核结果不佳的原因是员工不适合现在的岗位，那么可以考虑调换岗位来帮助员工改变现状，找到其最能发挥能力的岗位。不过，调岗必须合理，不能脱离员工之前的工作。比如，不能让之前做销售的人员调岗去做设计。

（2）降职：将企业的一名员工调动到低一级的职位上。在对员工进行降职处理时，各级管理者应该注意维护员工的自尊，提前跟员工沟通，并给出客观、明确的理由与事实依据。否则，就会使员工的情绪产生比较大的波动，同时会降低员工的工作效率。

可见，在对绩效表现不佳的员工采取调岗或降职的方式时，为减少员工不服从安排的情况，企业需要跟员工进行良好的沟通，指出他绩效不佳的原因是什么，以及改进的方法有哪些。再加上绩效表现不佳的员工自己也会很焦虑，只是苦于找不到原因，不知道如何改进。此时，上级领导如果能主动去找他们，帮助他们分析绩效不佳的原因，并且协助他们找到改善的方法，提供改进的机会或者资源支持，那么就可以大大减少员工不服从安排的事件发生。

此外，根据员工的绩效考核结果进行岗位调整，需要符合人力资源发展规划，遵循有空缺才调整的原则，而且比例要合理，不能为了鞭策绩效不佳的员工而频繁地调动其岗位，结果导致出现企业执行脱节、责任推诿、员工无所适从等问题。同时，岗位调整要严格参照绩效管理制度执行，以避免因操作方法不当使员工失去对企业的信任，从而不愿意继续为企业奋斗。

5.5.3　采用末位淘汰制，激活沉淀层

对于经过调岗和培训后绩效结果仍无明显改善的员工，企业可以实施末位淘汰制。末位淘汰制是指企业根据设定的目标，结合各个岗位的实际情况，设定考核指标体系，并以此指标体系为标准对员工进行考核，根据考核

的结果对得分靠后的员工进行淘汰。

华为已经将末位淘汰制融入日常绩效考核工作体系中：根据绩效考核结果将员工分为A、B+、B、C、D五个等级。对于绩效考核结果为D的员工，华为会直接与他们终止合同；连续两个半年绩效考核结果为C的员工，基本也会被华为劝退，即使不被劝退，这样的员工一般也会主动离职。

华为的末位淘汰制不仅仅停留在基层主管层面，对于不合格的中高层干部同样适用。2019年6月18日，任正非在干部管理工作汇报会议上指出："主管一定要实行每年10%的末位淘汰，迫使自我学习，科学奋斗。下岗的管理干部一律去内部人才市场重找工作机会。实在需要向下安排岗位的，一定先降到所去岗位的职级，并继续考核，不放松。"

末位淘汰制可以作为长期执行的激活机制，用来鞭策员工，让他们时刻保持饱满的工作激情。

麦肯锡公司有一条制度称为"UP OR OUT"，意为"得不到晋升与发展的人，请离开。"其理论基础就是末位淘汰制。麦肯锡公司认为，只有实行优胜劣汰，才可为客户提供最优质的服务。

在麦肯锡公司，每年有20%的员工离开，也就是说，在一起进入麦肯锡公司的100人中，在经过四年之后，只剩下20人。在离开公司的员工中，一半是主动离开的，另一半则是被公司劝退的。麦肯锡公司对不同的咨询人员有不同的要求，但有两点是一致的。第一，如果一名咨询人员在绩效考核中连续处于后5%，就会被公司劝退；第二，如果一名咨询人员长期没有长进，也会被公司劝退。

"UP OR OUT"的用人制度有两个层面的含义。一个层面是公司为员工提供高水平的专业培训，协助员工在相对短的时间内"UP"到公司所要求的能力水平和综合素质。对员工而言，这种制度会对其个人的职业生涯发展起到积极的推动作用。另一个层面是经过培训未达到公司要求的员工，将会自动"OUT"。对公司来讲，这种制度为公司搭建了一个健康的金字塔式的组织结构，将在很大程度上保证公司各个层级时刻拥有最优秀的人才。

在这一制度下，麦肯锡公司的员工营造了一种自觉学习的氛围，经过持续地学习，他们接受知识的能力不断提升，业务能力也会越来越强。

末位淘汰制被很多知名企业采用，但此制度如果没有实行好，就会给企业带来风险。因此，企业在将绩效考核结果用于末位淘汰制时需要注意以下几点。

（1）考核制度要清晰，包括在什么情况下可以判定员工不能胜任，要让员工非常清楚，不然容易引发劳动争议。

（2）绩效考核标准要明确，要跟员工进行充分沟通，沟通后需要考核主管和员工双方在绩效考核表上签字，以表明双方经过沟通达成一致。

（3）对于不能胜任工作要求的员工，要给予一定的绩效改进和培训的机会，如果这些员工在接受培训后仍不能胜任工作，再给予其调岗的机会。如果在调整岗位后这些员工仍不能胜任工作，再与其终止劳动关系。

采用末位淘汰制不仅能增强员工的危机感，使每个员工都会为了不成为最后一名而努力工作，进一步提升员工的工作积极性，还能促进干部队伍的"新陈代谢"，保持整体队伍的活力。

第

6

章 | 融合长期激励

人人账本是基于实现短期业绩而实施的激励计划。为了避免员工的短期行为，牵引员工持续为企业创造价值，企业还需要融合长期激励，确保让员工在多产粮食的同时，还要增强土地肥力。

6.1　长短结合，激发员工的动力

短期激励促收成，长期激励促发展。企业的激励体系建设，需要将长短期激励相结合，持续激发员工的动力，为企业的长期发展注入源源不断的活力。

6.1.1　融合长期激励，提升人才吸引力

在 2000 年美国薪酬协会提出的"整体薪酬"概念中，整体薪酬包括固定薪酬和可变薪酬，其中可变薪酬又包含短期激励薪酬和长期激励薪酬。短期激励和长期激励的对比如表 6-1 所示。

表 6-1　短期激励和长期激励的对比

激励模式	短期激励	长期激励
含义	基于实现短期（年度或更短）业绩而实施的激励计划，如年度奖金	基于实现长期（一年以上）业绩而实施的激励计划，如股票、期权
优点	对员工进行及时奖励，管理灵活度高，可以根据当年的不同情况适时调整	平衡长期目标和短期目标，实现长期激励，保留骨干员工
缺点	可能导致员工行为的短视化，致使公司长期利益受损	激励周期长，无法根据快速变化的外部环境进行及时调整

在企业管理实践中，长期激励要与短期激励进行有效的结合。例如，华为对不同职位采用的薪酬激励模式都是长短结合的，只是侧重点不同。（1）针对高管职位和研发人员：注重未来的薪酬，即长期激励，更多地强调长远决策和绩效，奖励员工的忠诚度和长期服务，减少对当年绩效的激励；（2）针对销售和后勤部门的人员：强调当前的薪酬给予，即短期激励，根据公司当前的盈利及时调整薪酬。

长期激励是企业与部分员工或全员分享长期收益的一种薪酬形式。长期激励的类型有很多，常见的包括股票期权计划、员工持股计划、合伙人计

划、利润分红计划等，每种类型都有其优缺点（见表 6-2）。

表 6-2　长期激励的常见类型

类型	优点	缺点
股票期权计划	具有长期激励效果，可降低委托代理成本，可提升企业的业绩和投资者的信心	管理者可能会因自身利益而使用不法手段抬高股价，管理者的收入与员工的收入差距加大
员工持股计划	能增强企业的凝聚力、竞争力，调动员工的积极性，可抵御企业被恶意收购	福利性较强，与员工的业绩挂钩不足，平均化会打击员工的积极性，操作上缺乏法律基础和政策指导
合伙人计划	所有者和经营者的物质利益都得到合理配置，激励员工进取和对企业保持忠诚	合伙人的责任比企业股东的责任大得多，企业管理分散，稳定性较差
利润分红计划	将员工的利益在同一计划中体现，使全体员工都关注企业的利润	利润分红计划一般不考虑员工个人的业绩，仅关注企业的经营目标
限制性股票	激励对象一般不需要付钱购买，可以激励高层管理人员将更多的时间和精力投入长期的战略目标中	业绩目标或股价的科学性确定较困难，现金流压力较大
股票增值权	激励对象无须付出现金，无须证监会审批	资本市场的弱有效性使股价和企业的经营业绩关联不大，企业的现金压力较大
虚拟股票	发放虚拟股票不会影响企业的总资本和所有权结构，不需要证监会审批，只需要股东大会通过即可	企业的现金压力较大，虚拟股票行权和抛售时的价格确定难度较大

长期激励作为企业用来留住高绩效人才和关键人才的重要手段，在制定时需要遵循以下基本步骤。

第一步：确定激励目标，选择激励模式。

不管企业是处于创业期、快速发展期，还是处于成熟期，都需要先确定长期激励的主要目标，再根据主要目标确定下一步要选择什么样的激励模式。

激励目标的确定是企业实施中长期激励计划的核心环节。激励模式的选择会直接影响激励的效果，为此企业在选择激励模式时应综合考虑自己的资金情况、发展战略、预期效果、可行性等条件。

例如，对于国有科技型非上市企业，应该注重对科技创新的激励。其中，重资产企业可选择分红激励，轻资产企业可选择分红激励、股权激励等；对于混合所有制企业，为快速实现企业与员工的利益捆绑，可选择实股类激励；对于上市企业，可优先选择限制性股票，其次是股票期权计划与股票增值权。

第二步：根据法律政策，明确激励条件。

企业在确定激励模式后，要根据国家出台的法律政策，明确在此激励模式下所必须具备的条件和必须遵照执行的限定要求。

如果没有国家的强制性规定，企业也可以在中长期激励的实践过程中，建立一套科学的绩效考核体系来评估人力资本价值，最终确定激励约束条件。例如，企业可以将绩效考核分为公司绩效考核、部门绩效（或项目绩效）考核和个人绩效考核三个层面。对于层级较高的员工，侧重对公司绩效的考核；对于层级较低的员工，侧重对个人绩效的考核。

第三步：制定激励方案。

作为企业实施中长期激励计划的关键环节，制定激励方案需要确定激励对象、激励周期、激励额度、激励来源，以及激励对象的权利和义务等。

激励对象：主要从三类员工中进行选择。第一类是从初创期就进入企业，愿意与企业共同成长的员工；第二类是企业的核心、骨干员工，愿意与企业共同发展；第三类是今后可能会来企业上班，并且会对企业发展起到关键作用的员工。

激励周期：长期激励的周期一般在三年及以上，主要目的是持续激励为企业不断做出重大贡献的核心、骨干员工和中高层管理者，避免此类员工的流失。

激励额度：根据企业的实际情况来确定，每位受益人的激励额度基本上是按照个人职级、个人价值能力来确定的。总体原则是，对人力资本的依附性较强、资金门槛较低的企业，长期激励的总量应多一些；对人力资本的依附性较弱、资金门槛较高的企业，长期激励的总量应少一些。

激励来源：股权激励中股份的第一个来源是原股东转让，即从原来的股东那里得到转让的股份，这种方法是股票市场常常会用到的。第二个来源是增资扩股，即企业通过增加自己的资产，扩大股份，这种方法一般需要经济市场向社会进行增资。第三个来源是预留股权，也就是说，有一部分预留的股权将会被企业拿出来激励员工，如果一个企业想要在市场上站稳脚跟，这个方法是非常可取的。第四个来源是股份回购，指的是企业会从回购中得到一定的股份，然后将之用来激励员工，这种购买方式的资金流量通常比较大。

激励对象的权利和义务：激励对象在获得长期激励后，享有的权利和需要履行的义务。

长期激励是一项复杂的系统性工程，因此企业需要按照步骤，逐步开展，制定出一套符合自身实际情况的长期激励机制，以增强员工的归属感和主人翁意识，同时提升自身对人才的吸引力。

6.1.2 将长期激励保持在适当水平上

作为现代经济学中的一个非常重要的理论，"边际效用"是指在其他投入固定不变时，连续地增加某一种投入，直至超过某个水平后，新增的产出或收益并不会等比例地增加，反而会逐渐减少。也就是说，新增的每一个单位的投入换来的产出量是下降的。企业的激励机制同样如此。

例如，在 A 企业刚开始启动股权激励时，员工为了获得股权，工作积极性大大提高，恨不得投入 200% 的精力来工作。但在真正获得股权之后，员工在工作积极性上就打了折扣，前两年还能投入 80% 的精力到工作中，两年之后，投入工作的时间只剩了 20%，股权激励的效果逐渐在减弱。

可以看出，如果企业给员工持续稳定的长期激励，初期可能会有效地激发员工的积极性，但随着时间的流逝，长期激励就会逐渐失去对员工的激励作用，无法产生长期效用。因此，企业必须打破稳定的态势，让长期激励机制发挥应有的作用。

足球球队推行"一年一签"的政策，本质上就是为了尽可能地规避老球员拿着长合约"出工不出力"的风险。

随着职业体育变得越来越商业化，大牌球员的收入堪称天文数字。面对足球运动员高昂的工资支出，许多球队都推行"30 岁以上的球员一年一签"

的政策：对于 30 岁以上的球员，球队每次只和他签订一年的合同。一方面是因为 30 岁以上的球员能力开始下滑，"一年一签"的政策可以让球队及时评估球员的能力和价值；另一方面是因为 30 岁以上的球员一般都已经功成名就，工资通常比年轻球员高很多，很可能存在动力不足的情况，就想收获一份"大合同"为将来退役后的生活考虑。

为了实现长远发展，留住优秀人才，企业应将长期激励保持在适当水平，这样就可以使干部、员工具有一定程度的饥饿感，处于激活状态，持续努力地工作，并且从根本上否定评价与价值分配上的短视、攀比与平均主义。

总之，企业通过设置合理的长期激励机制，让员工长期地参与到企业价值创造过程中，并及时分享到企业发展的价值，进而牢牢绑定高绩效人才，确保自身在市场上始终保持强大的战斗力。

6.2　人人账本与合伙人计划

合伙人计划不仅是一种激励手段，还是促进企业持续发展的一种战略动力机制。企业通过将合伙人计划与人人账本融合使用，可以让奋斗者及时享受到企业发展的成果，进而牢牢地绑定支撑企业发展的核心人才，始终保持强大的战斗力。

6.2.1　形成合伙人计划，共创共享

合伙人企业是指由两个或两个以上的合伙人拥有并分享利润的企业。合伙人享有企业经营所得并对企业经营亏损共同承担责任，合伙人企业可以由所有合伙人共同参与经营，也可以由部分合伙人经营，其他合伙人仅出资并自负盈亏。

合伙人计划是企业中长期激励中的一种创新激励模式。目前国内已有很多知名企业在实行合伙人计划，如阿里巴巴、万科、小米等。

阿里巴巴的合伙人计划是从 2010 年开始在企业内部实施的。马云曾说："大部分公司在失去创始人文化以后，会迅速衰落并蜕变成一家平庸的商业公司，我们希望阿里巴巴能走得更远。下一轮竞争，不是人才的竞争，而是合伙人制度的竞争！"

　　成为阿里巴巴的合伙人必须满足四个基本要求和两个弹性标准。其中，四个基本要求分别如下。

　　（1）在阿里巴巴服务超过五年，也就是在阿里巴巴工作的时间在五年以上。员工如果能够在阿里巴巴待五年，证明他未来可以跟着公司一起成长！作为合伙人，一定要对公司的未来有非常清晰的了解，所以在阿里巴巴工作五年以上是成为阿里巴巴合伙人的一个非常重要的衡量指标。

　　（2）必须持有公司股份，并且有限售要求。

　　（3）在选举之前，先由在任合伙人向合伙人委员会提名候选人，再由合伙人委员会审核并决定被提名的候选人是否能参加选举。选举新合伙人的标准和程序强调的是要对合伙人、客户、员工和股东负责。

　　（4）在一人一票的基础上，超过 75% 的合伙人投票同意方可加入。合伙人的选举和罢免无须经过股东大会审议或通过。

　　两个弹性标准分别如下。

　　（1）价值贡献：合伙人作为公司的建设者，必须对公司发展有积极的贡献。

　　（2）价值观认同：合伙人作为公司文化的传承者，必须高度认同公司文化，愿意为公司的使命、愿景和价值观竭尽全力。

　　阿里巴巴的合伙人无固定人数，名额随着成员变动而变化，并且无上限，到 2022 年阿里巴巴的合伙人人数是 29 名。合伙人分为永久合伙人和非永久合伙人，马云和蔡崇信为永久合伙人，应于年满 60 岁时或雇佣合同终止时退出。其余合伙人的地位与其任职有关，一旦离职则退出合伙人关系。

　　推行合伙人计划，不仅极大地保护了阿里巴巴创始人团队的运营决策权，还减少了管理层发生变动带来的风险。

可见，推行合伙人计划的目的是激发认同企业、有能力的人持续为企业做贡献，促进企业的持续发展。为此企业在实行合伙人计划时，要秉承共创、共担、共享的理念，让创造了价值的员工可以分享企业发展的成果，同时让分享了成果的员工肩负起相应的责任。

6.2.2　合伙人的选择与调整

合伙人的概念产生于西方，在西方最早实行合伙人制度的行业是资本密集型行业，如会计、律师、建筑等行业。一旦对行业健康造成了负面影响，合伙人就需要承担对应的连带责任。这样一来，合伙人就不能为了个人利益或者短期利益，去做有损长期利益的事情。

在一个企业里面，需要有不同层级的合伙人，也要有处于不同阶段的合伙人。企业在选择合伙人时，可以从以下两个方面进行考量。

第一，做好管理预期。合伙人是分层级的。企业根据能力、社会资源、对企业贡献的不同，可以将合伙人分为核心创始人、高级合伙人、普通合伙人（见表6-3）。为此企业在选择合伙人时，应提前做好管理预期，即基于企业当前发展的阶段，选择合适的合伙人。

表6-3　合伙人层级划分

合伙人层级	说明
核心创始人	具有很强的专业能力、广泛的社会资源和深刻的行业洞察力，能够真正参与企业的战略决策，对企业的发展做出准确的判断。核心创始人是企业的"老板之一"，是合伙人中的最高层级
高级合伙人	自身能力出众，有较多的人脉资源，能够解决一般人无法解决的问题，能够得到老板的器重，并部分参与企业的决策。高级合伙人很难与企业的老板平等地讨论问题，在本质上还是员工
普通合伙人	普通合伙人是核心骨干，能力强，有激情，是企业希望长期保留的对象

第二，制定相关标准。很多创业者在选择合伙人时，常常纠结要不要找自己的老同事、老同学。其实不管选择谁，关键点在于对方是否能满足合伙人的标准。通常，企业可以从专业能力、人品、价值观、互补性四个方面来制定相关的标准。

（1）专业能力：对于不同层级的合伙人，确定不同的标准，如表 6-4 所示。普通合伙人的标准是具有很强的专业能力，能够按照企业要求在规定的时间内交付高质量的工作成果；高级合伙人的标准是在具备专业能力的同时，还要有人脉资源，能够帮助企业快速发展；核心创始人的标准是不仅要有专业能力和社会资源，还要有行业洞察力。

表6-4　不同层级合伙人的能力矩阵

	普通合伙人	高级合伙人	核心创始人
专业能力	√	√	√
社会资源		√	√
行业洞察力			√

（2）人品：合伙人需要具备优质的人品，如富有激情、敢于担当、目标感强，能够给企业带来好的风气；反之那些斤斤计较、自私自利、传播负能量的人员是不能入选企业合伙人名单的。

（3）价值观：价值观是影响企业高层决策的关键。如果合伙人的价值观不统一、不一致，那么内部矛盾就会越来越多。

（4）互补性：找合伙人需要找基因不一样的人，这样找到的合伙人就会在知识、技能等方面形成互补，搭配成为一个和谐并具有竞争力的团队，朝着同一个理念和愿景去奋斗。

此外，企业还需要在建立合伙人计划时提前明确合伙人退出机制。

第一，在合伙人加入的时候，约定好合伙人在退出企业时要退回的股权和退回形式；退出的合伙人的股权回购只能通过提前约定的方式，企业在合伙人退出时可以按照当时的估值对合伙人手里的股权进行回购。

第二，为了防止合伙人退出企业但不同意企业回购股权，企业可以在股东协议中添加违约金条款。

总之，企业在没有引进合伙人的时候，就需要把退出机制明确好。建立一个有加入、有退出的合伙人机制，能够保证企业有源源不断的人力资本，并体现企业"谁创造谁分享"的导向。

6.2.3　人人账本与合伙人计划的融合应用

合伙人的最大特点是以个人的特质创造价值，合伙人需要一个平台，平台型组织的管理模式能够保障合伙人从进入到退出，从价值创造到价值评价、价值分配，都有明确的管理机制支撑。平台能让合伙人的价值充分实现，在平台里，每一个合伙人都是独立的核算体。从某种意义来说，合伙人计划是人人账本和股权激励的融合升级。

海尔创始人张瑞敏说："做企业最怕的就是留在过去。"海尔通过机制创新，打破组织的层级制和岗位的限制，让员工直接面对市场，与客户互动，理解客户的需求，用价值引导员工的行为，员工由他驱变自驱。

海尔薪酬激励模式的发展经历了职务酬、人单酬、对赌酬三个阶段（见表6-5），每个阶段的机制都承接了各阶段的战略要求。

表6-5　海尔的薪酬激励模式发展的三个阶段

阶段	职务酬	人单酬	对赌酬
组织形态	正三角组织 （部门）	倒三角组织 （自主经营体）	平台组织 （小微企业）
组织关系	雇佣关系	雇佣关系	动态合伙人（人人创客）
薪酬来源	企业付薪	企业付薪	客户付薪
激励理念	按职级定薪 高职高酬 员工被动接受	按单付薪 高单高酬 员工可自主抢单	按价值分享（含股权） 对赌承诺、自主分配 员工向创业者转型

第一阶段是职务酬，职务酬是在正三角组织里的岗位薪酬制。企业根据员工所在岗位、职级、绩效给予员工一定的薪酬。第二阶段是人单酬，员工通过自己创造的客户价值获得薪酬。企业按单付薪，员工完成的订单越多，所获得的薪酬越高。第三阶段是对赌酬，对赌酬犹如收购企业一样，小微企业就像被收购的各个单元，对赌酬更适合平台型的组织架构。

对赌是指投资方和融资方对未来不确定的情况提前达成约定。海尔每年跟小微企业签订目标承诺和利润分享空间的协议。当小微企业达成对赌目标时，会按预定比例分享到对赌价值，并可在内部自主分配，自主用人。

若小微企业无法达成预定效益则计入亏损,待下期弥补,或直接取消该创业项目。

小微企业的成员可由员工上升到事业合伙人的角色,参与项目的计划与实施。海尔与小微企业建立对赌关系,实现员工与企业共担风险、共享收益的目标。同时,小微企业实行客户付薪制,即上游小微企业的利润分享来源于超额完成目标的下游小微企业的对赌要求,使海尔内部各小微企业环环相扣,形成良性生态圈。

海尔的对赌激励模式使小微企业拥有经营及分配的自主权,资源由静态配置转变成动态匹配,员工薪酬的高低由个人创造价值的大小来决定,用自由经营的思路大大激发了小微企业的积极性和创造性。小微企业在海尔这个平台上实现创业的梦想,也让海尔的资源变得无限丰富,具有无限的潜能。其他企业在制订合伙人计划时可以参考、借鉴海尔的成功经验,结合自身的实际情况,将人人账本与合伙人计划进行融合应用。

6.3　人人账本与员工持股计划

股权激励起源于 19 世纪 50 年代的美国,是应用比较广泛的一种长期激励。企业在实行人人账本式的激励模式时,可结合员工持股计划,更好地激发员工的主人翁意识,促进企业和员工共同成长,以实现企业的可持续发展。

6.3.1　实施员工持股计划,形成利益共同体

员工持股计划指的是由企业内部员工出资认购本企业部分或全部股权,委托员工持股工会(或第三方,一般为金融机构)作为法人托管运作,集中管理。

员工持股计划在制度上协调了员工、经营者、所有者之间目标不一致和利益冲突的问题,为企业的发展提供了根本动力。在过去 20 年里,员工持

股计划作为激励和留住关键人才的一种长期激励机制，在企业里十分盛行。员工持股计划经过不断的演变，衍生出了多种员工持股方式（见表6-6），包括员工股票购买计划、股票认购权、受限股、随意股、奖励股，这些员工持股方式逐渐形成了一个体系。

表6-6　员工持股计划的方式及适用范围

员工持股计划的方式	适用范围
员工股票购买计划	高科技企业，以普惠式体现
股票认购权	高科技企业的关键员工
受限股	以赠送股形式，主要针对管理层
随意股	小企业中的特殊员工
奖励股	属于员工股票购买计划的一种，要限制使用

一个成功的员工持股计划既能为员工带来福利，又能对企业发挥重要的作用。

（1）吸引人才，留住人才。员工持股计划是企业吸引并留住人才的重要手段。相对于工资、奖金等短期激励，员工持股计划可以延长激励的时效，员工持有的企业股权的价值会随着企业的成长变得越来越大，让员工不再只关注短期利益。

（2）形成利益共同体。员工直接或间接持有企业股权，可以将企业和员工的利益相结合，使企业的发展与员工的自身利益紧密相关，实现企业目标和个人目标的统一，让员工从"薪酬的被动接受者"转变成"薪酬的主导者"，提高企业的凝聚力和战斗力。

（3）促进业绩增长。员工持股计划通常会设置一定的持有条件，员工需要达到相应的标准，如任职时间超过多少年、绩效考核为优秀等，才能获取相应的资格，以此来激发员工的积极性、主动性和创造性，为企业带来丰厚的业绩。

华为是中国实施员工持股计划的代表企业。1990年，华为首次提出员工持股的概念，任正非曾在《一江春水向东流》一文中表示："我在创建公司时设计了员工持股制度，通过利益分享，团结起员工。那时我还不懂期权制度，更不知道西方在这方面很发达……仅凭自己的人生挫折，感悟到

应与员工分担责任，分享利益。我拿这种做法与父亲商议，结果得到他的
大力支持。这种无意中插的花，竟然在今天开得如此鲜艳，成就了华为的
大事业。"

华为自推出员工持股计划以来，持股人数连年上涨，企查查官网的最新
数据显示，截至 2022 年 6 月 20 日，华为创始人任正非仅持有公司 0.7013%
的股份，其余 99.2987% 的股份由公司员工共同持有（见图 6-1），华为已经
成功将公司半数以上的员工发展成了公司的共同事业合伙人。

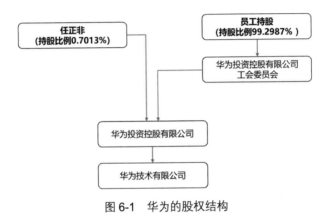

图 6-1　华为的股权结构

华为 2021 年实现净利润 1137 亿元，分红 614 亿元，分红比例高达 54%。
任正非曾说过："配股的高额回报可能会助长员工怠惰的思想。"因此，为了
防止员工产生怠惰思想，华为的员工持股计划自推出以来一直保持着动态
调整，以确保股权激励始终保持对员工的激励作用，捍卫企业"以奋斗者为
本"的价值理念。

员工持股计划的目的是鼓励企业形成团队协作的企业文化，让每一个
员工都积极、主动地为企业贡献自己的力量，为企业创造价值，同时让每一
个员工从企业的成功中受益，最终实现企业和员工目标一致，互相成就。

6.3.2　员工持股计划的设计步骤

员工持股计划是企业所有者与员工分享企业所有权和未来收益权的一
种制度安排。企业在设计员工持股计划时一般可以遵循九个步骤。

（1）定目的：设计科学合理的股权激励方案，首先要明确激励的目的和预期目标，根据不同的目的采取不同的行动。

（2）定对象：明确激励对象。一般来说，企业会将员工分为核心层、骨干层和实操层，骨干层的员工是企业发展的中流砥柱，是重点激励对象。

（3）定模式：根据不同企业的存在形式确定股权激励的模式。企业的存在形式主要分为民营非上市企业、民营上市企业、非上市国有企业、上市国有企业四大类。相对来说，民营非上市企业最为灵活，限制性约束较少。

（4）定数量：上市企业首次股权授予数量应控制在股本总额的1%以内，激励总量不得超过股本总额的10%，单个激励对象累计不得超过股本总额的1%；非上市企业对单个激励对象的授予数量没有限制，其中民营非上市企业对激励总量也没有限制。

（5）定价格：以市场公平价为原则，确定股权激励价格。上市企业股权激励价格原则上不低于下列两个价格中的较高者：（一）股权激励计划草案公布前1个交易日企业股票的收盘价；（二）股权激励计划草案摘要公布前30个交易日内企业股票的平均收盘价。

（6）定周期：有效期自股东大会通过之日起计算，一般不超过十年；每期都需要设置行权限制期和行权有效期；限制性股票的禁售期不得少于两年，解锁期不得少于三年。

（7）定来源：确定激励对象在行权时用以购买股权的资金的来源——薪酬或其他。

（8）定条件：确定实施股权激励的条件，以及在实施中对不符合条件的处理方式。在一般情况下，不符合条件的不得行权，若已购买股份，企业会予以回购并注销。

（9）定机制：确定股权激励对象的管理机制和发生异动时的处理规则。

以华为推出的TUP为例。TUP（Time-based Unit Plan）直译为"时间单位计划"。TUP是一种获取分享制度，预先授予激励对象一定的份额，以每年或整个周期内的结果为分红条件，通过算法将企业未来的业绩和每个人的分红收益都计算清楚。

华为在 TUP 落地过程中，遵循以上九个步骤，如表6-7所示。

表6-7　华为的 TUP 设计

序号	步骤	说明
1	定目的	提高工资、奖金等短期激励手段的市场定位水平，提高企业对优秀人才的吸引力和保留力； 丰富长期激励手段，使长期激励覆盖到所有华为人，将共同奋斗、共同创造、共同分享的文化落实
2	定对象	初级奋斗者和新进奋斗者：职级要求 13 级及以上（华为奋斗者的基本门槛是达到 13 级）、入职满 1 年、上一年度绩效考核结果为 B+以上等
3	定模式	把 TUP 的权力授予员工，员工按照规定享受年度收益和期末收益；TUP 分三年生效，每年生效三分之一
4	定数量	基于岗位价值和人岗匹配确定配股的数量，以岗定级，以级定股
5	定价格	员工在获得 TUP 时，不需要花钱购买，将其价值和虚拟股票的价值挂钩，持有 TUP 的员工可在五年内获得增值和分红
6	定周期	以五年为一期，分期向员工发放奖励，到期后将立即收回
7	定来源	确定来源要基于营业的增量、利润的增量，或者降本增效等
8	定条件	根据激励目的，对每个岗位设置关键绩效指标进行考核：未达到关键绩效指标的要求，不可以参与当期分配；根据考核结果享受不同比例的份额，倡导多劳多得
9	定机制	TUP 退出机制分为三种。 期满退出：员工在获得 TUP 满五年后，不论是否离职，其持有的 TUP 都会自动失效； 离职退出：员工未满五年中途离职，所持有的 TUP 将全部失效； 过错退出：对于损害公司利益的员工，其持有的 TUP 全部失效，取消未发放收益

我们再看看华为的 TUP 的操作方法，具体如下。

假如 2018 年华为给员工甲配了 6000 个单位的 TUP，当期股票价值为 4.42 元/股，规定当年（第一年）没有分红权。

2019 年（第二年），员工甲可以获取 6000×1/3 的分红权。

2020 年（第三年），员工甲可以获取 6000×2/3 的分红权。

2021 年（第四年），员工甲可以获取全部单位的分红权。

2022 年（第五年），员工甲可以获取全部单位的分红权，并进行 TUP 结算。如果当年虚拟股价提升到 7.34 元/股，则第五年员工甲能获取的回报是：

2020 年分红+6000×（7.34-4.42），这 6000 个单位的 TUP 在结算后清零。倘若员工甲想要继续持有 TUP，那么，他便要在每一年都努力做出让公司认可的绩效结果，不断地争取被授予 TUP 的权利。

通过实施 TUP，华为不仅延长了员工获取物质激励的时间，还扩大了物质激励覆盖的员工范围，从而很好地激活了沉淀员工，同时留住了大量优秀的骨干人才，捍卫了公司"以奋斗者为本"的价值理念。为此，企业应参照上述设计步骤，结合自身情况设计独具特色的员工持股计划，把激励真正落实到优秀人才身上，保障队伍的作战活力。

6.3.3　人人账本与员工持股计划的融合应用

员工持股计划适合处在成熟行业、具有稳定增长机会的企业。这种类型的企业采用员工持股计划能够解决企业高管人员和基层员工之间的利益不均衡问题，增强企业的凝聚力，调动员工的积极性。所以在过去 20 年里，随着全球各大经济体的高速发展，员工持股计划十分盛行。

企业在实施员工持股计划时，需要做好以下几点。

（1）完善企业法人治理结构，建立利益共享机制，健全激励约束机制，支持人力资源建设。

（2）重点激励管理层，同时提升对中层、核心技术人员的激励，以及考虑如何给予团队激励，充分提升团队的协作能力和创新能力。

（3）设计合理的员工持股比例，更大程度地激发员工的积极性，吸引更多的优秀人才。

2022 年 5 月 20 日，格力电器发布公告称，公司拟实施第二期员工持股计划。公告显示，格力电器本次员工持股计划的股票来源为公司此前回购的股份，股票规模不超过 9472.8 万股，占公司当前总股本的 1.60%，整体资金规模不超过 15.5 亿元。员工购买公司回购股份的价格为 27.68 元/股，等于公司依据第十一届董事会第十次会议审议通过的《关于回购部分社会公众股份方案的议案》所回购股份均价的 50%。本次员工持股计划覆盖超过

12000 名的员工，其中，中基层干部、核心员工、技术专家等的优先认购比例达 97.47%，其他高管的可认购比例不高于 2.53%。本次员工持股计划进一步完善了股东与经营管理层、中层干部及核心员工之间的利益共享与风险共担机制。

格力电器在 2021 年推出第一期员工持股计划，覆盖员工 4000 余名。第二期员工持股计划是格力电器史上最大规模的员工持股计划，是对企业管理层、优秀人才的重磅激励，有助于改善企业治理结构，维护长期、稳定的发展。

员工持股计划是一种将员工的个人收益跟企业的发展相结合的激励方式，让员工作为企业股东之一参与经营。这样一来，既能让员工在企业盈利时获得收益，也能让员工在企业亏损时共担风险。因此，企业在将人人账本与员工持股计划融合使用时，应全方面统一员工的思想，将员工和企业捆绑在一起，共同向前发展。

6.4　人人账本与股票期权计划

通过设计一套行之有效的股票期权计划，与人人账本结合使用，可以把员工的利益与企业的长期发展联系起来，牵引核心员工、骨干员工更多地关注企业的长期持续发展，有效克服传统激励机制中经营者行为的短期化。

6.4.1　以股票期权计划绑定核心员工

股票期权指的是企业给予员工的在规定的时间内，以行权价格（事先约定的价格）购买一定数量的企业股份的权利。股票期权计划主要是面向企业核心员工的一种长期激励计划，具有以下特点：

（1）股票期权计划对员工而言是一种权利，而非义务；

（2）股票期权计划是一种典型的延期支付方式；

（3）股票期权计划实现了员工利益和企业利益的长期捆绑；

（4）股票期权计划可以减少企业现金的支出；

（5）股票期权持有者除时间成本外，不行权没有任何额外的损失。

在一般情况下，员工在获得股票期权之后，必须持有股票期权一定的时间，之后方可获得行权。在行权以前，股票期权持有者没有任何的现金收益；在行权以后，个人收益为行权价与行权日市场价之间的差价。在行权日之后，股票期权持有者可以自行决定在任何时间出售行权所得股票以获得收益，如图 6-2 所示。

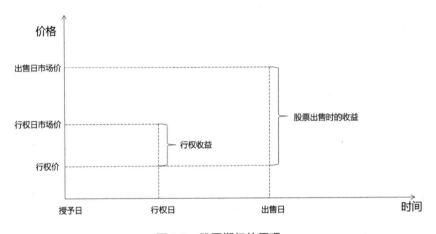

图 6-2　股票期权的原理

股票期权的基本逻辑是股票期权持有者通过努力工作，帮助企业实现价值最大化，促使企业股票的价格上涨，此时股票期权持有者通过行权获得价差收益。因此，股票期权的最终价值受多方因素的影响。

（1）行权价格：期权的内在价值=股票市场价格-行权价格，授予股票期权计划时的行权价格将影响股票期权的最终价值。

（2）股票的市场价格：行权后的股票价格上涨，股票期权的价值也变大。

（3）有效期限：股票期权的有效期限越长，股票期权持有者可以选择的出售时间点就越多，机会也就越多。

（4）股价波动率：股票价格上下波动的频率越高，股票期权持有者可能获得的股票期权的利益就越大，同时承受的风险也会增加。

（5）企业发展空间：企业发展越好，股票期权持有者未来行权时的股票价格可能就越高，股票期权的价值也就越高。因此，一般建议处在初创期和成长期的企业使用股票期权激励员工，处在成熟期的企业则不适合采用。

（6）人力资本依附性：企业的股票价格在一定程度上受企业获利能力和利润增长的影响，而企业核心员工在相当程度上可以影响这些因素。核心员工努力为企业创造价值，使企业股价上涨的概率变大，那么自身获得的收益也就越大。

微软公司曾经是股票期权使用者之一，也是第一家用股票期权奖励普通员工的企业，微软公司为董事、高管层和员工制订了股票期权计划。

在微软公司，员工的主要收入来源并非薪水，而是股票升值带来的收益补偿。微软公司创立了一个"低工资高股份"的典范，公司的基本工资比同行业竞争对手低很多，但员工拥有股票的比率比其他任何上市公司都要高。微软公司给员工的认购股具有显著的竞争性，员工获得认购股是基于对公司贡献的大小获得的，获得认购股的数量成为衡量微软员工能力的标尺。

在微软公司的股票市值达到最高峰的 1999 年，微软公司有近 1 万名员工因此获利。微软公司利用股票期权的方式，在全球 IT 行业持续向上发展的时候吸引并保留了大量行业的顶尖人才，持续多年保持全行业领先地位。

通过合理运用股票期权计划，可以将员工的利益与企业长期的业绩联系起来，鼓励高管更多地关注企业的长期发展，有效克服传统激励机制中经营者行为的短期化，强化员工对企业的归属感，进而提升企业的凝聚力，保障企业在市场中的核心竞争力。

6.4.2　股票期权计划的方案设计

股票期权计划作为现代企业建立长期激励机制的创新和进一步完善，其完整的方案是如何设计的呢？在设计股票期权计划的方案时，企业需要确认方案包含以下主要内容。

（1）股票来源：股票来源主要有定向增发、回购等。定向增发是指企业在激励对象行权时向其定向发行一定数量的股票，在激励对象行权后，企业的股本总额会扩大；回购是指企业在二级市场上购买自己的股票。

（2）期权规模：国家对期权规模有一个上限规定，即企业全部有效的股权激励计划（包括期权）所涉及的标的股票总数累计不得超过企业股本总额（股东大会批准最近一次股权激励计划时企业已发行的股本总额）的10%；企业在不突破国家规定上限的情况下，结合自身的股本结构、发展现状、期权费用化对利润的影响等因素，在综合评估后确定期权规模。

（3）分配方案：国家规定任何一名激励对象通过全部有效的股权激励计划（包括期权）获授的企业股票累计不得超过企业股本总额的1%；企业在不突破国家规定上限的情况下，根据激励对象的职务、其对企业的贡献程度等因素确定具体的分配方案。

（4）授予日、有效期：授予日指的是企业将期权授予激励对象的日期；期权的有效期从授予日开始计算，一般为3～5年，但也有更长的。

（5）行权价格：行权价格是事先约定的激励对象在行权时买入股票的价格，行权价格原则上不低于下列两个价格中的较高者：①股权激励计划草案公布前1个交易日企业股票的收盘价；②股权激励计划草案公布前30个交易日内企业股票的平均收盘价。

（6）行权条件和行权安排：行权条件可以分为业绩条件和非业绩条件。业绩条件就是指企业在未来必须达到事先约定的业绩水平，激励对象才能行权；非业绩条件就是指与企业业绩无关的条件，如市值条件。激励对象在被授予期权后必须等待一段时间才能开始行权，这段时间称为等待期。在等待期结束后，如果满足行权条件，激励对象就可以按企业规定的行权比例申请行权。

（7）禁售期：一般股票期权没有禁售期，激励对象在行权后可以立即抛售。

（8）激励对象的义务：激励对象在获得股票期权后，也应履行相应的义务，如果激励对象离开企业，将不再享有行权资格。

2022年7月20日，奇安信科技集团股份有限公司（简称奇安信）公布了2022年股票期权激励计划（草案），以下为部分内容。

激励计划的激励方式及股票来源

本激励计划采取的激励工具为股票期权。股票来源为公司向激励对象定向发行的公司 A 股普通股票。

授予股票期权的数量

本激励计划拟授予激励对象的股票期权数量为 1,023.1232 万股，占本激励计划草案公告时公司股本总额（68,208.2124 万股）的 1.50%，不设置预留权益。

截至本激励计划草案公告日，公司 2020 年限制性股票激励计划尚在有效期内。2020 年限制性股票激励计划授予权益合计 1,357.3185 万股，加上本次拟授予的 1,023.1232 万股，合计为 2,380.4417 万股，约占本激励计划草案公告时公司股本总额（68,208.2124 万股）的 3.49%。截至本激励计划草案公告日，公司全部有效的股权激励计划所涉及的标的股票总数累计不超过将本激励计划提交股东大会时公司股本总额的 20%。本激励计划中任何一名激励对象通过全部在有效期内的股权激励计划获授的本公司股票，累计不超过将本激励计划提交股东大会审议时公司股本总额的 1%。

激励对象的范围

本激励计划拟授予的激励对象总人数为 848 人，约占公司员工总人数（截至 2021 年 12 月 31 日为 9,657 人）的 8.78%，包括公司公告本激励计划时在公司（含子公司，下同）任职的核心技术人员和董事会认为需要激励的其他人员。

授予股票期权的行权价格

本激励计划授予股票期权的行权价格不低于 50.89 元/股。公司以控制股份支付费用为前提，届时授权公司董事会以授予日公司股票收盘价为基准，最终确定行权价格，但行权价格不得低于 50.89 元/股。激励对象在满足行权条件的情况下，拥有在有效期内以行权价格购买 1 股公司股票的权利。

激励计划的有效期

本激励计划的有效期为从股票期权授予之日至激励对象对获授的股票期权全部行权或注销，最长不超过 60 个月。

激励计划行权安排

本激励计划授予的股票期权的行权安排具体如表6-8所示。

表6-8　激励计划授予的股票期权的行权安排

行权安排	行权时间	可行权比例
第一个行权期	自授予之日起 12 个月后的首个交易日至授予之日起 24 个月内的最后一个交易日	25%
第二个行权期	自授予之日起 24 个月后的首个交易日至授予之日起 36 个月内的最后一个交易日	25%
第三个行权期	自授予之日起 36 个月后的首个交易日至授予之日起 48 个月内的最后一个交易日	25%
第四个行权期	自授予之日起 48 个月后的首个交易日至授予之日起 60 个月内的最后一个交易日	25%

奇安信进一步扩大股票期权的激励力度，是为了进一步健全公司的长期激励机制，吸引和留住优秀人才，充分调动公司员工的积极性，有效地将股东利益、公司利益和核心员工的个人利益结合在一起，使各方共同推动公司的长远发展。

企业在设计股票期权计划的方案时，应对各项内容进行规划，保障股票期权计划的完整性和合理性，从而吸引和保留优秀人才，促进自身长期稳定地发展。

6.4.3　人人账本与股票期权计划的融合应用

股票期权具有灵活向上、鼓励增长、分享增值的特性，与大多数创业公司快速成长、追求增长的发展阶段和导向相契合。因此，很多创业公司与快速发展的公司会选择股票期权作为激励工具。相对于股票而言，股票期权的成本更低。对激励对象来说，股票期权相当于是公司无偿给予的，它以公司未来业绩作为激励对象享有权利的基础，可使激励对象全心全意地努力工作。

Netflix（奈飞公司）成立于 1997 年，是一个会员订阅制的流媒体播放平台。在 2001 年，第一波互联网泡沫破裂，Netflix 面临着巨大的破产危机。为了扭转颓势，以创始人雷德·哈斯汀斯为首的管理层不得不艰难地做出一项决定：将员工规模削减三分之一。在第一次大规模裁员后，雷德·哈斯汀斯却意外地发现，公司员工的积极性和工作效率得到了显著的提升。由此，雷德·哈斯汀斯意识到：不论在什么情况下，公司都需要保持好内部的人才密度。

在该背景下，为了保持公司的人才密度，Netflix 设计了独具特色的股票期权计划。与传统的股权激励计划相比，Netflix 的股票期权计划在许多方面都进行了一定程度的创新，如表 6-9 所示。

表 6-9　Netflix 的股票期权计划与市场常规操作的区别

要点	Netflix 的股票期权计划	市场常规操作
激励工具	上市后一直授予期权	上市后多以限制性股票授予为主，以期权授予为辅
授予方式	按月授予，授予日为当月第一个交易日	每年开放一定数量的授予窗口期，在窗口期内一次性授予当年额度
归属安排	授予后立即 100% 生效	授予后通常需要若干年才生效
离职处理	已生效的期权可以一直保留至行权有效期（10 年）结束	已生效部分通常可以保留至行权有效期结束，未生效部分则取消

Netflix 为员工提供了两种获取股票期权的方式，并让员工自己来决定薪酬总包中现金与股票期权的分配比例。

（1）公司每年自动授予正式员工一定价值的免费股票期权，价值相当于员工工资的 5%。

（2）员工将薪酬中的一部分用于购买 Netflix 的股票期权来投资。Netflix 员工福利网站的公开信息显示，期权在每月的第一个交易日被授予，有效期为自授予日起 10 年。期权的价格成本（内含价值）为授予期权当天股票收盘价的 40%。月度授予股数=月度授予价值/（授予期权当天的股票收盘价×40%），其中在董事会批准的前提下，高管可先在个人总薪酬中选择一定比例作为期权的年度授予价值，再将之均分到 12 个月作为月度授予价值。

如果员工想要获取更多的期权，可以选择第二种方式，第二种方式是

Netflix 股票期权计划的核心。

股票期权的激励对象主要为公司的核心员工。实施人人账本的公司可以通过将人人账本与股票期权融合，重点激励各经营体的管理人员，让他们能够更好地改善经营，提升公司的业绩。

6.5 人人账本与利润分红计划

利润分红计划是企业根据员工的工作绩效额外给予员工一部分利润的整体激励计划，与人人账本的利润分红模式有很强的匹配性。两者结合应用可以让全体员工从长期和短期的角度都更加关注企业的价值创造，为企业发展注入源源不断的活力。

6.5.1 员工激励的利器：利润分红计划

利润分红计划又称利润分享制或劳动分红制，指企业先按比例提取利润总额的一部分构成"分红基金"，然后根据员工的业绩情况确定分配额，最后以红利形式进行发放。企业在实施利润分红计划时需要遵循公平、明确、参与、承诺四条基本原则（见表 6-10）。

表 6-10 实施利润分红计划的四条基本原则

序号	基本原则	说明
1	公平	公平原则是指收益分享以每个员工为企业所做的贡献为基础，确定相应的考核绩效和奖励计算规则，在一般情况下，员工得到的额外利润占个人报酬的 4%～10%
2	明确	明确原则有着重要的影响，企业要将实际经营情况用妥善和安全的方式传递给员工，让员工明确自己扮演的角色和责任，以及自身发挥作用的方式
3	参与	利润分红计划要想获得好的效果，离不开广大员工的参与和支持，企业需要建立合适的制度来听取员工的合理建议，让员工清楚自己的角色和参与方式，调动大家的积极性

续表

序号	基本原则	说明
4	承诺	承诺原则是利润分红计划成功实施最重要的一项原则，管理人员相互帮忙，树立组织平衡的范例，同时帮助员工更好地了解自己在收益分享计划中所扮演的角色

利润分红计划的分配方式有很多，下面列举两种常见的分配方式。

（1）按工资基数分配：利润分红跟工资基数相关，可以按工资级别或按工资的一定百分比来进行分配。在这种分配方式下，工资制度是否合理会直接影响利润分红的合理性。

沃尔玛是采用利润分红计划的典型企业之一，它认为顾客满意度高、反复光临沃尔玛是企业利润增长的关键。因此，沃尔玛实行了利润分红计划，将员工利益与企业利润相关联，让员工愿意以最好的方式对待顾客。这样，顾客就会更乐意来沃尔玛购物，顾客越多，企业利润越多，员工能获取的个人利益也越多，形成良性循环。

沃尔玛于1971年开始在全公司内推行利润分红计划，采用的分配方式是按工资的一定百分比分配，具体规定是：所有加入沃尔玛公司一年以上，并且每年工作时数不低于1000小时的员工，都有资格参与公司的利润分红。沃尔玛根据利润情况，运用与利润增长相关的公式，把每一个有分红资格的员工工资的一定百分比归入员工的计划档案中。当员工离开公司或退休时，可以以现金方式或者公司股票的方式提取这个份额。

（2）按岗位责任和贡献大小分配：在利润分红中，按照岗位在企业中的责任和贡献大小，确定不同岗位的分红标准，同时加入绩效考核作为条件。该分配方式与人人账本式激励机制中分配比例的确定是一致的。

中国电力科学研究院采用的利润分红方式就是按岗位进行分配的，通过先考核、后兑现的方式实施岗位分红激励。考核分为企业、部门、个人三个层级，结合经济效益、科技创新、成果转化、行业贡献、人才当量等方面的关键指标确定部门分红激励额度；结合员工个人在科技成果研发和转化中所承担的实际工作量及价值贡献等因素综合确定个人贡献度，以此来确定单个激励对象的分红激励额度。

中国电力科学研究院通过将岗位分红激励与绩效考核、科技奖励、重大专项奖励等激励措施相互协调补充，加大了核心科研骨干的定向激励力度，激发了科研人才的内生动力和创新活力。在分红激励方案首次正式实施的第一年，中国电力科学研究院的核心人才保留率上升至 98%，3 位专家入选国家"万人计划"，1 支团队入选国家"重点领域创新团队"；完成成果转化68 项，全年主营业务收入同比增长 9.5%，税后利润同比增长 15.8%。

企业的生存与发展主要依靠获取利润，而企业的利润增长必须依靠高绩效员工的持续奋斗。利润分红计划通过提取一定比例的利润，让高绩效员工分享企业发展的收益，进而将员工和企业的发展紧密捆绑在一起，在持续激发员工的奋斗热情的同时，降低了企业的管理监督成本。

6.5.2　利润分红计划的设计步骤

企业为确保利润分红的公平、公正，需要设计合理的利润分红计划。企业在设计利润分红计划时一般可以遵循七个步骤。

（1）定目标：确定年度利润目标，可以将年度利润目标分为三级，如保底目标、平衡目标、冲刺目标。

（2）定来源：确定是以利润作为分享基础，还是以超额利润作为分享基础。

（3）定对象：确定分红对象，明确对分红对象的具体要求。例如，新员工有一年等待期，入职第二年为试岗期，按授予比例的 50%分享，在试岗期结束后按授予比例的 100%分享。

（4）定分红方式：确定采用什么样的分红方式来进行分配。例如，根据职位重要性确定分享比例，根据贡献度来确定分享比例，或者将分享比例与个人年度业绩相关联等。

（5）定核算方式：根据年度财务决算，如果实际利润低于利润目标底线值，则取消利润分红。

（6）定分红标准：通过规定分享比例，算出各参与分红的员工的分红点数，并进行分红测算。

（7）定机制：确定分红对象管理机制及发生异常时的处理方式。

方太集团于 2010 年开始实施具有自身特色的身股分红制度，即员工基于身份而享有参与收益分配的权利。方太集团采用身股分红制度对全体员工进行激励，注重利益平衡，值得借鉴，具体如表 6-11 所示。

表 6-11　方太集团的身股分红制度

制度内容	说明
分红类型	公司利润分享
分红对象	在公司工作两年以上的员工将自动成为身股分红制度的分红对象，可依据条件享有一定数量的身股
分红方式	（1）以员工职等为基础，具体由人力资源部和各部门负责人对员工的岗位价值、贡献评估后确定每个员工的身股分配数量（额定身股数） （2）分红身股数与员工在分红期内的个人综合评定结果及享有身股的月份数有关，员工分红身股数=员工额定身股数×员工个人综合评定系数×出勤系数
核算方式	将公司利润总额的 10%左右用于身股分配，员工的身股分红由集团利润分红和事业部利润分红两部分构成
发放周期	分红分两次发放，每年根据制度的规定进行分红，并在规定的分红日发放，第一次分红 50%，第二次分红 50%
退出机制	身股建立在员工与企业之间存在劳动关系的基础上，员工一旦离职则不再享有分红权利

企业可以借鉴和参考以上利润分红计划的设计步骤，结合现状制定出适合自身发展的利润分红激励方案。

6.5.3　人人账本与利润分红计划的融合应用

人人账本通过将组织分成一个个独立的经营体，根据其创造的利润进行价值分配：谁创造的利润多，谁享有的利润分红就多。该利润分红机制用数据说话，能更好地做到公平、公正、公开。企业可以吸收人人账本的优势，将其与长期激励方式——利润分红计划一起应用，以充分调动管理团队的积极性和创造性，保障业绩实现持续增长。

万科是国内房地产行业的标杆企业，其激励机制一直备受外界关注。2010 年，万科受当时第一大股东华润的启发和影响，借鉴基于经济增加值（EVA）的考核体系，提出了"经济利润（EP）奖金制度"。EP 和 EVA 的实际意义一致，指的是税后净营运利润减去投入资本的机会成本后的所得。万科的经济利润奖金制度的具体规则如下。

（1）经济利润奖金的激励对象：经济利润奖金作为中长期激励，其激励对象主要包括公司的董事、监事、管理人员、业务骨干和有突出贡献的员工。

（2）经济利润奖金的提取规则：每一年度的经济利润奖金以公司当年实现的经济利润作为业绩考核指标和提取或扣减的基数，采取正负双向调节机制，按照 10% 的固定比例提取或返还。也就是说，当公司年度 EP 为正数时，按规定比例提取相应的经济利润奖金；当公司年度 EP 为负数时，需要按相同比例从递延奖金池中返回相应的金额。每年提取的经济利润奖金，在提取后的三年内处于递延封闭期，称为受限奖金，放在递延奖金池中。

（3）经济利润奖金递延发放：经济利润奖金实行递延发放，在提取后封闭三年不发放。

万科采用经济利润奖金制度，将员工的奖金与经营业绩挂钩，明确奖惩措施，并将长期激励与短期激励相结合，实现了净资产收益率的提升。2021 年，在行业前所未有的震荡和调整下，万科守住了安全经营的底线，保持了"绿档"和业内领先的信用评级，经营性现金流净额连续 13 年为正。

万科采用递延发放奖金是为了达到长期激励的目的。企业可以在采用人人账本模式的基础上借鉴此方式，从当期经营体所获得的利润中提取一定比例的奖金并递延支付，以减少经营者的短期行为，吸引并留住人才。

第

7

章 适配管理方法

为了支撑人人账本的有效落地，并确保其取得效果，企业需要建立完善的工作流程规范与工作标准。除此之外，各层级的员工需要写好工作日志，合理运用OKR工作法。

7.1 建立流程规范与工作标准

人人账本是基于规范化的过程和确定性的结果建立的，为此企业需要优化并完善流程规范与工作标准，以保障人人账本的公平、公正。

7.1.1 建立完善的工作流程与工作标准

人人账本是在流程规范的基础上搭建的。为夯实人人账本建立的基础，确保其合理性，企业需要建立完善的工作流程与工作标准，明确对员工的工作要求。

图7-1所示为家乐福前后台员工的标准作业流程。各岗位上的员工按照此标准作业流程进行工作，实现有序、高效地运行。其中：

（1）前台员工主要负责扫描缺货单品及价签、扫描需补货单品、打印补货申请单、根据补货申请单检查备货情况、将货物拉入卖场、将垃圾拉回仓库、将到货少于8件的商品先补货；

（2）后台员工主要负责整理仓库、备货、在补货单上注明情况、将货物放在备货区、整理退货、整理赠品区、报损、周盘；

（3）促销员主要负责补价签、清洁排面、促销、分散货、整理排面、17:00推排面、上货；

（4）课长主要负责周盘复查、检查排面、检查变价报告和价签、检查促销员的工作、检查分析缺货报告并采取行动、与OP一起修改参数和订单、确保前台员工将新单品拖入卖场补货并对新单品安排排面、处理顾客投诉。

远大住工人力资源团队曾为一家集团公司（J公司）提供绩效薪酬体系建设的咨询服务，图7-2所示是为其设计的部门内员工的绩效考核标准流程。

图 7-1 家乐福前后台员工的标准作业流程

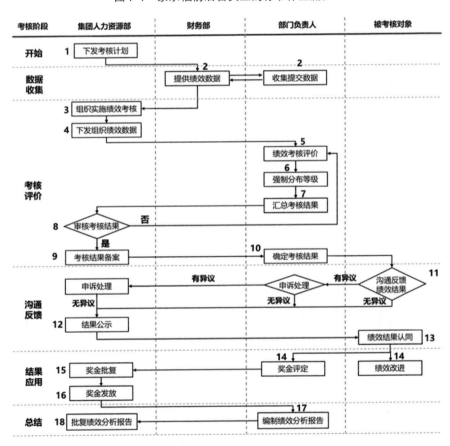

图 7-2 J 公司部门内员工的绩效考核标准流程

该流程涉及的集团人力资源部、财务部、部门负责人的主要职责如下。

（1）集团人力资源部作为考核工作的具体组织执行机构，主要职责有：

- 制订考核管理办法与整体工作计划；
- 对各项考核工作进行培训与指导，并为各部门提供相关咨询；
- 组织实施集团员工的绩效考核工作，并对考核工作情况进行通报；接受集团员工申诉，负责考核申诉的具体工作；
- 建立集团员工考核档案，并将之作为薪酬调整、职务升降、岗位调动、奖励惩戒等的依据；
- 负责集团各部门负责人的奖金评定、统计、记录；
- 编制集团各部门负责人的绩效分析报告。

（2）财务部的主要职责有：

- 提交相关绩效指标完成情况的数据；
- 绩效目标数据分析、受理、查证。

（3）部门负责人的主要职责有：

- 本部门考核工作的整体组织及监督管理，制定本部门员工的考核指标；
- 做好本部门员工的考核沟通；
- 本部门员工的考核评分和等级评定；
- 本部门员工的考核结果反馈，并帮助员工制订改进计划。

正所谓"一流企业做标准，二流企业做品牌，三流企业做产品"，国际化公司之所以能实现快速扩张，最重要的一点就是具有生成和复制内部标准的能力，具体表现在工艺标准化、程序标准化、作业标准化，以及工作术语标准化等各个方面。

华为在拥有近20万名员工和全球几百个国家、地区的业务的情况下，依旧能够高效运营，这跟工作标准化息息相关。任正非曾在《华为的冬天》一文中阐述：

"我们把所有的标准工作做成标准的模板，就按模板来做。一个新员工，看懂模板，会按模板来做，就已经国际化、职业化，以现在的文化程度，三个月就掌握了。而这个模板是前人摸索几十年才摸索出来的，你不必再去摸索。各流程管理部门、合理化管理部门，要善于引导各类已经优化的、已经证实行之有效的工作模板。整理流程，尤其是重复运行的流程，工作一定要模板化。一项工作达到同样的绩效，少用工，又少用时间，这才说明管理进步了。我们认为，抓住主要的模板建设，又使相关模板的流程连接起来，才会使 IT 成为现实。"

可以看出，建立一套完善的工作流程和工作标准，可以给团队各部门明确任务指向，使员工能够按照工作流程、工作标准进行工作，从而有效提高员工的执行力和工作效率。

7.1.2 厘清流程间的关联性

根据前文介绍，我们知道流程是由各个节点通过一定的逻辑关系连接而成的。由此表明，流程本身的逻辑与关联是流程顺畅运行的关键。如果流程中各个环节之间缺少有效的关联和衔接，就会导致最有价值的信息得不到流通。

2008 年 9 月 15 日上午 10:00，雷曼兄弟公司向法院申请破产保护，这则消息瞬间通过各大网络媒体传播出去。令人费解的是，德国国家发展银行居然于当天的 10:10 向雷曼兄弟公司的银行账户转入 3 亿欧元，这件事情本是不应该发生的。为什么德国国家发展银行没有事先做好交易风险防范措施，在短短 10 分钟内犯了这样一个低级错误呢？几天后，一家法律事务所出具了一份调查报告，其中记载了银行里相关人员在这 10 分钟内做了什么事。

首席执行官施罗德：我知道今天应根据协议进行转账，至于是否取消这笔交易，应由董事会开会讨论后决定。

董事长保卢斯：我们没有收到风险评估报告，所以无法及时做出正确的决策。

董事会秘书史里芬：我向国际业务部催要风险评估报告，但电话始终占线，所以我想等一会儿再联系。

国际业务部经理克鲁克：我计划周五晚上与家人去听音乐会，所以必须提前打电话预订门票。

国际业务部副经理伊梅尔曼：我在忙着做其他事情，根本没有时间去留意雷曼兄弟公司的消息。

负责雷曼兄弟公司业务的高级经理希特霍芬：我安排文员关注雷曼兄弟公司的新闻，一出现就立即向我报告，而我需要去休息室喝点东西舒缓一下紧张的神经。

文员施特鲁克：我在 10:03 看到雷曼兄弟公司向法院申请破产保护的新闻，马上去希特霍芬的办公室告诉她，可是她不在。于是，我写了一张便条放在她的办公桌上，她回来后就会看到。

结算部经理德尔布吕克：按照协议规定，这一天是交易日。而我没有接到停止交易的指令，所以必须按照原计划转账。

结算部自动付款系统操作员曼斯坦因：德尔布吕克让我执行转账操作，我只好照做。

信贷部经理莫德尔：施特鲁克告诉了我雷曼兄弟公司破产的消息。不过，鉴于希特霍芬和其他职员的专业素养，我认为他们不会犯下低级错误，所以没有特意提醒他们。

公关部经理贝克：雷曼兄弟公司破产的事已经确凿无疑了，我想和施罗德就这件事专门讨论一下。但由于我此前已约了几位客人，所以计划下午再找他，反正也不差这几个小时。

在雷曼兄弟公司的案例中，相关人员的工作流程似乎没有什么问题，但因为没有明确流程间的关联，导致信息传递出现了问题，最终造成了银行的损失。

因此，在制定一项工作的流程时，要将流程与流程之间的关联、环节与环节之间的关联、从流程输入到流程输出的过程清晰地界定出来，以保证流程之间衔接顺畅。

厘清流程与流程之间的关联，需要明确各流程执行者的责任边界，即要明确规定"这件事由谁负责做""接下来由谁负责接手""可以交接至下一环节的程度是什么样的"这类问题的答案，以确保流程活动逐一向前推进、增值运转。

7.1.3　细化流程运作标准要求

在厘清流程间的关联后，企业还要充分细化每一个流程的运作标准要求，形成"标准"或"标准书"。它将为流程的具体执行提供参照依据，同时便于流程参与者之间统一认识、高效沟通。

表 7-1 所示为某企业根据原材料仓库成本核算流程，细化的各节点运作标准要求。

表 7-1　某企业原材料仓库成本核算流程的运作标准要求

流程节点	运作标准要求
接收送货单	锻造事业部、冲压事业部通过过磅，核对原材料送货单的型号、数量是否一致，再决定是否签字接收
入库单确认	（1）锻造事业部、冲压事业部根据原材料送货单，在报检合格后，打印入库单； （2）物管课根据锻造事业部、冲压事业部提供的原材料送货单及入库单，进行再次的审核、核对，确保财务部接收的入库单准确无误
原材料领用	（1）锻造事业部、冲压事业部根据生管课提供的工单进行领料，打印出库单； （2）在原材料入库和出库时对应及时编制原材料库存台账
下料	（1）锻造事业部对领用的原材料进行下料，在下料完成后原材料变成棒料； （2）冲压事业部对领用的原材料进行下料，在下料完成后，原材料变成固定架或加强板
入原材料暂存仓	（1）锻造事业部将下料完成的棒料放到锻造暂存仓，打印 SAP 入库单； （2）冲压事业部将下料完成的固定架或加强板放到冲压暂存仓，打印 SAP 入库单
车间领用	（1）锻造事业部从锻造暂存仓领取棒料，打印 SAP 出库单； （2）冲压事业部从冲压暂存仓领取固定架或加强板，打印 SAP 出库单
单据审核	财务部对原材料入库单、原材料出库单、暂存仓入库单、暂存仓出库单进行审核，确认上述单据的完整性、准确性
盘库	（1）财务部负责每周及月末对原材料库的抽盘工作； （2）锻造事业部、冲压事业部负责月末对原材料库的盘点工作
调账审批	锻造事业部、冲压事业部、财务部、总经办
调账	（1）在调账审批批准后，锻造事业部、冲压事业部即可根据原材料差异报表进行调账，将差异数全部录入 SAP 系统，打印 SAP 单据； （2）财务部审核调账的单据与原材料差异报表是否一致，对于锻造事业部、冲压事业部在调账过程中出现的问题，应及时地进行汇报

续表

流程节点	运作标准要求
材料成本核算	财务部采用月末一次加权平均法，对原材料库的材料成本进行核算
编制原材料收发 存报表	（1）财务部编制相应的原材料收发存报表； （2）财务部进行后续的相关账务处理，编制相关凭证

如今，不少企业都对流程实施了标准化管理，设计了各种各样的标准文件，以期推进对流程体系的规范运作。在这方面，麦当劳的实践方法是值得借鉴的。

"在全球任何一家麦当劳的连锁店，顾客都能享用到标准一致的好味道"，这是麦当劳的经营理念。1995 年，麦当劳在美国芝加哥成立，如今麦当劳的餐饮连锁店已遍布全球。麦当劳之所以能够将连锁店开遍全球，是因为其拥有一套标准化管理手册，将所有的环节全部标准化。

以麦当劳食品质量的标准化为例：面包不圆或切不平不能销售，面包的厚度为 16 毫米；奶浆接货温度要在 4 摄氏度以下，高 1 摄氏度就要退货；用机器切的牛肉饼每个重 47.32 克，直径为 98.5 毫米，厚度为 5.65 毫米，脂肪不能超过 11%，肉中不能掺进一点儿心、肺等下水料，并要经过 40 多项质量控制检查；生菜从冷藏库拿到配料台上只有 2 小时的保鲜期，过时就报废；食品生产过程采用严格电脑控制和标准操作，制作好的成品和时间牌一起放到成品保温槽中，炸薯条超过 7 分钟、汉堡包超过 10 分钟、冲好的咖啡超过 34 分钟还没有卖掉都要废弃。

麦当劳将工作流程的步骤进行分解，在将每一个步骤格式化、规范化后再教给工作人员。管理者用规范的管理方法指导工作人员学会科学做事，并让他们保持一致的步伐，高效地完成任务。麦当劳确立了企业运营的科学流程，使整个组织群体能够快速获得高绩效，这也成为麦当劳的经营优势之一。

可见，流程运作标准会对流程运作与执行产生极大的影响。企业在细化流程运作标准之后，还要在实际运作过程中不断对其进行调整，以适应内外部环境的变化，确保达到更好的效果。

在丰田汽车公司，作业标准中的各项组成要素由现场监督员来决定。比如，车间里各台设备生产一个单位产品需要的作业时间、作业人员完成作业的顺序，以及每个作业动作的细节要求，通常由负责生产的班组长来设计并决定。在制定作业标准后，班组长需要完全掌握这个标准，并在现场亲自向作业人员展示，直到作业人员能够完全理解并独立操作。

当发现瑕疵品时，车间监督员会立刻询问作业人员："你是严格按照标准化要求来执行的吗？"随后，车间监督员会要求作业人员按照标准化工作说明表中规定的步骤再操作一遍，并仔细分析问题产生的原因。如果作业人员是完全按照标准作业的，那么班组长便会对标准中的细节要求进行修正，直至达成更好的效果。

高质量的流程标准会降低流程岗位对人的依赖性，使人们能够快速地掌握流程管理工作岗位要求，让好的工作技能与经验得到固化和传播，保障流程运作效率和质量优化。

7.2　开展教练式辅导，激发员工的潜能

丰田生产方式创始人大野耐一说："一个企业能否成长，就在于干部和老员工所认定的精神境界。只有他们肯通过成就他人的方式成就自己，你的队伍才能充分成长，你的企业才能基业长青。"企业要充分发挥管理者的教练作用，让其指导和帮助员工，提升组织的凝聚力与向心力。

7.2.1　管理者对员工绩效的影响

管理者是企业绩效管理的重要纽带，具有双重职责，能够直接影响员工绩效。管理者对员工绩效的影响主要体现在两个方面，如图 7-3 所示。

（1）直接绩效使能因素：员工 57% 的绩效提升，来自管理者向员工提供的与工作直接相关的信息、经验和资源。也就是说，管理者要关注和处理好

最能影响员工绩效的工作。比如，明确绩效目标，为员工提供工作上的支持
与帮助，应对工作上的挑战，适才而用。

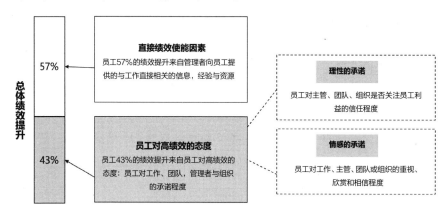

图 7-3　管理者对员工绩效的影响

（2）员工对高绩效的态度：员工剩余 43%的绩效提升是由员工对高绩
效的态度决定的，即员工对工作、团队、管理者与组织的承诺程度，涉及理
性的承诺和情感的承诺两部分。理性的承诺是指员工对主管、团队、组织是
否关注员工利益的信任程度，情感的承诺是指员工对工作、主管、团队或组
织的重视、欣赏和相信程度。也就是说，管理者需要提升员工对组织的归属
感，让员工全身心地投入自己的工作，信任自己的团队和组织，创造高绩效，
从而实现员工和组织的共赢。

可见，员工绩效表现不单单是员工自身的问题，在很大程度上还受管理
者的影响。管理者必须学会向下负责，让管理产生绩效，主要可以从以下三
个方向进行。

（1）为下属提供明确的方向和目标。

"没有不好的士兵，只有不好的将军"，许多员工不符合公司的管理要求
或发展水平，主要是因为管理者没能向员工正确传达计划的目标，也无法很
好地解释各项工作的目的和重要性，导致员工无法理解计划的目标和方向，
从而不能获得好的结果。因此，管理者应该给下属提供明确的方向和目标，
目标是什么，多长时间完成，完成到什么程度，指令下达越明确，越能有效
减少执行偏差，越有利于员工明确、高效地工作。

（2）鼓励下属追求更高的绩效。

让员工努力超越目标，达到他们认为不可能达到的境地，是对管理者能力的一个考验。管理者要根据员工的成熟度、发展阶段，以及工作环境的不同，选择不同的领导行为，帮助员工不断提升能力，激发员工自我超越，从而创造更高的绩效。

（3）与员工建立合作的关系。

管理者要真诚关心员工的生存和发展，将组织的愿景转变为对团队成员来说具有挑战意义的目标，使组织的目标和员工的发展目标合二为一，并对他们的成功给予支持和肯定。同时，管理者要及时了解员工的需求，以及他们的优势、劣势，最大限度地发挥他们的长处，避开短处，让员工的个人能力得到最大化发挥。如此一来，管理者才能做到与员工之间彼此信任，建立合作的关系，共同促进组织目标的达成。

总体来说，管理者要充分发挥管理作用，帮助员工提高绩效水平，将自身的管理绩效体现在员工的成长和绩效提升上。

7.2.2　直接主管要负起教练的责任

中国人民大学教授包政曾表示："经理人管人事，直接主管有责任去评价、考核和指导下属。"在绩效管理中，直接主管要负起教练的责任，持续与员工进行沟通，并基于员工的特点差异化地制定辅导方式和管理方法。

一项调查表明：员工 70%的工作能力是在直接主管的训练中获得的。直接主管要做好教练的角色，不仅要关注下属的绩效、承担下属的绩效考核工作，还要重视对员工的指导。

以华为为例，管理者必须对员工绩效负责，只有员工的绩效水平提升了，管理者才有机会获得加薪、晋升。

华为副总裁吴刚当年在卡塔尔上任时，一开始为了开发客户，他每天和客户"泡"在一起增进感情，找机会拿一些新产品给客户测试，希望客户哪天能给一个机会。有一次，吴刚通过某个客户的前台工作人员认识了负责 V

网络的几个客户，并想邀请这些客户举办一场研讨会。吴刚不想错过这个他认为极好的机会，于是不停地给客户发邮件约会议，然而最终不仅没有约到客户，还被其中一个客户以严重影响其工作为由投诉到了 CTO 那里。不过吴刚的直属主管却没有责怪他，而是跟他进行了深度沟通，指导他在跟客户打交道时要注重自己的方式方法，并把自身积累的一些经验讲给他学习。一段时间之后，吴刚找准了方向，吃准了客户的需求，终于打开了卡塔尔市场，在年底的绩效考核中获得了"A"等级。

多年以后，吴刚仍然很感慨，说很庆幸在"创业期"能有一个既能容忍自己犯错，又能在适当时候给予自己支持和帮助的领导。

然而，很多企业的直接主管对教练这个角色不以为然。比如，在绩效管理中，他只负责将组织目标分配给下属和在任务结束时对下属进行考核评价，中间的整个过程完全不参与。可想而知，最终的结果是组织目标没有完成，无法实现对企业战略目标的有力支撑，甚至出现因为绩效目标严重不达标，下属被淘汰的现象。

在创业初期为了快速成长，华为的许多管理者采用"以包代管"的方式层层施压，先将任务摊派给下属，然后做"甩手掌柜"，最终向下属要工作效益。一旦出现问题，管理者就会直接让下属承担后果。任正非很快意识到其中的弊端，明确强调管理不能以包代管，直接主管要直接负责具体业务管理工作，要用管理推进价值提升。

华为认为，认真负责并处于管理状态的员工才是企业最大的财富，管理状态指的就是上司和下属之间形成连带责任。因此，华为要求干部要承担起对下属评价的责任，而评价的起点就是有效地布置任务，然后去监督、检查，并在这个过程中指导、帮助、激励、约束下属。例如，每周在下属制订计划过程中，要有指导意见；对下属的要求做出承诺，明确提供什么样的帮助；在下属完成工作后要总结，要做好绩效沟通，提供评价意见。华为用非常强大的组织氛围和力量，迫使干部群体担当责任，将工作做实。

可见，企业要强化管理，就得让企业的直接主管扮演好教练的角色，毫不吝惜地将能力教给员工，尽全力帮助他们成长。需要注意的是，在充当教练的过程中，直接主管应记录好下属奋斗的点滴，包括努力、表现与贡献。企业可以以此来评价直接主管，激励他们将传帮带责任落实。

7.2.3 教练式辅导激发员工潜能

绩效咨询（国际）有限公司的联合创始人约翰·惠特默曾说："教练式辅导的管理方法用于开启人的潜质，从而让他们做出最好的业绩。这种管理方法旨在帮助员工改进，而不是简单的说教。"

教练式辅导指的是帮助被辅导者实现其目标的互动过程。在这个过程中，辅导者要遵循三个原则：是询问而不是直接告知；是倾听而不是讲述；是授权而不是命令。目的是挖掘和调动被辅导者的潜力，以获取更好的绩效，同时辅导者也能从中获得自我成长和发展。

在运用教练式辅导时，首先要识别辅导时机，主要从能力、意愿、信心三个方面来识别（见图 7-4）。当能力、意愿、信心三者皆具备时，采用授权的方式更合适；只要其中一方面缺乏，就需要采用辅导的方式。

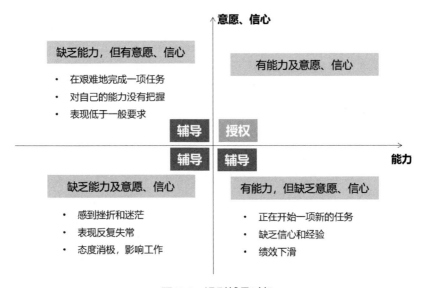

图 7-4 识别辅导时机

在识别出合适的绩效辅导时机后，直接主管可以采用 GROW 模型（见

图 7-5）进行实操。GROW 模型是教练式辅导中常用的一种模型，也是 IBM 等公司普遍使用的成熟模型。

图 7-5 教练式辅导的 GROW 模型

在实施 GROW 模型时，主要分为四步。

（1）G（Goal Setting）：目标设定。

直接主管帮助被辅导者明确自己想要实现的绩效目标，尽可能使被辅导者的目标符合 SMART 原则。关键点是直接主管要通过提问让被辅导者想透，而不是直接给出答案。

（2）R（Reality）：现状分析。

直接主管跟被辅导者一起了解现实状况，并对现状进行描述分析，挖掘真相，以提高被辅导者对问题的认识。关键点是直接主管要鼓励被辅导者详细描述现状，提供具体事例而不是判断，帮助被辅导者看到全部事实，引导被辅导者自己分析原因。

（3）O（Options）：讨论方案。

直接主管帮助被辅导者发现可选择的行动方案，鼓励被辅导者提出尽可能多的可选方案，并分析各方案的利弊，适当地提出建议。关键点是直接主管要启发被辅导者自己去思考解决问题的方法，要控制自己的告知欲望，不要进行负面假设。

（4）W（Will）：行动计划。

直接主管帮助被辅导者对方案做出选择并制订行动计划，因为只有被辅导者自愿承诺去执行的行动计划，才最有可能成功。关键点是直接主管在这个过程中起的是协调作用，确保被辅导者对行动计划的承诺，不能将自己的意愿强加于人。

GROW 模型通过富有技巧性的提问帮助被辅导者释放潜能，增加认识，承担责任，使其绩效最大化。表 7-2 所示列举了采用 GROW 模型对员工进行辅导时常用的问题。

表 7-2　采用 GROW 模型对员工进行辅导时常用的问题

步骤	常用问题
G（Goal Setting） 目标设定	1. 你希望从这次辅导中获得什么？ 2. 你想要达成什么目标？ 3. 你为什么希望实现这个目标？ 4. 你怎么衡量这个目标？ 5. 对于整个目标，你的驱动力是否足够？ ……
R（Reality） 现状分析	1. 现在出现了什么样的情况？ 2. 你已经采取了什么措施，结果如何？ 3. 你目前取得了哪些进展？ 4. 你认为阻止你实现目标的是什么？ 5. 如果事情发展不顺，还会涉及谁？ ……
O（Options） 讨论方案	1. 你有哪些选择？ 2. 你认为接下来你需要做什么？ 3. 如果在这个问题上你还有更多时间，你会怎么做？ 4. 如果你什么都不做，会发生什么？ 5. 关于这个选择最好/最坏的事情是什么？ ……
W（Will） 行动计划	1. 你认为你现在需要做什么？ 2. 你可以在多大程度上达到你的目标？ 3. 面对目前的情况，你将会怎么做？ 4. 采取这些尝试，你个人有什么阻力？ 5. 你需要什么支持？由谁来提供支持？ ……

　　管理者通过使用 GROW 模型对员工进行教练式辅导，能够有效地帮助员工认清现状，建立明确的目标，以及制定达成目标的有效措施，从而激发员工的潜能，引导员工朝着正确的方向奋斗。

7.3　写好工作日志，让绩效管理更高效

　　写工作日志是绩效管理中必不可少的一个重要环节。要想让绩效管

理更高效，需要引导员工从写工作日志做起：写好工作日志，做好及时管理。

7.3.1 绩效管理的高效工具：工作日志法

管理学大师彼得·德鲁克说："所有的管理，核心都是自我管理。而自我管理的核心，是时间管理。"工作日志法能够帮助员工学会时间管理，做到事事有计划，明确工作方向和节奏，加强自我监督，培养自我总结与规划的习惯，提升工作能力。

海尔集团有一个重要的员工工作准则——"日清工作法"。该工作准则要求员工"日事日清，日清日高"，也就是每一位员工每天都要根据"当天的工作当天完成，今天的工作一定要比昨天提高"的思想，对自己每天的工作复盘，并为当天的表现评分，不断地找出工作中的不足，总结经验教训，促使自己进步。

"日清工作法"强调三个"一"：将每一项工作的目标落实到每一个人、每一天，形成"事事有人管，人人都管事"的氛围，并制定详细的考核标准。在每天工作结束前，员工要根据目标对工作完成情况进行日清，日清的结果会与本人的奖罚激励挂钩，以此形成闭环管理和良性循环。

"日清工作法"是海尔集团传授给每一位新员工的第一个理念，强化的是每一位员工要想尽办法完成每天的工作目标、落实自己的责任，体现的是一种完美的执行能力、一种负责敬业的精神、一种追求卓越的态度。这一理念是提升企业执行力、提高企业效率的最重要准则。

工作日志法是实现绩效管理更高效的管理工具之一，主要体现在以下几方面。

（1）基于绩效目标撰写：绩效目标对员工的绩效结果有着决定性的意义，员工要基于绩效目标撰写工作日志。在写工作日志的过程中，如果发现所做的工作偏离核心绩效，要做到及时修正。

（2）提升员工绩效：员工在写工作日志时，通过梳理自己每天的工作，对自己的工作进行总结及复盘，并在复盘中发现自己做得好与做得不好的地方，为以后的工作提供借鉴；同时，不断地总结复盘可以锻炼思维，员工通过把自己的想法重新整理、输出，不断积累经验，找到更好的工作方式，提升个人绩效。

（3）为绩效考核提供依据：管理者通过工作日志追踪员工的绩效达成过程，掌握员工在绩效达成过程中的工作表现，及时地给予帮助，让员工获得更好的绩效。对于员工反馈的工作日志，管理者需要把当天工作的评估效果列出来，并写出次日工作计划所要求达到的工作效果；同时把员工次日不该做或者应该做但并不着急要做的工作划掉，并把员工没列出来的工作计划补充上去，如此便可以起到有效的考核作用。

通过工作日志法来进行绩效管理，是对部门和个人的工作质量和工作效率进行评估的有效手段。工作日志可以形成记录文件，可以有效留存和跟踪，让绩效考核有据可依，更加公平、公正。

7.3.2　通过工作日志，及时了解员工的工作情况

松下集团董事江口克彦曾在《我在松下 30 年》一书中写道："对上司来说，最让人焦心的就是无法掌握各项工作的进度。如果没有得到反馈，以后就不会再把重要的工作交给这样的下属了。"

管理者在安排工作以后，是十分想要了解员工的工作进展的，因为员工做得好与不好，对管理者而言也有连带责任。工作日志就是管理者及时了解员工工作情况的有效工具。

管理者通过阅读工作日志，可以全面了解员工的工作进度与计划，以及员工需要得到帮助的事项，从而对部门整体工作进行监督把控，及时给予反馈，帮助员工调整其中不合理的部分，避免无效工作，提高工作执行力。为了让管理者能及时了解自己的工作情况，员工在工作日志中应尽量展示管理者关心的核心内容。

宝洁公司是世界上最大的日用消费品制造商和经销商之一，是世界 500 强企业。宝洁公司的成功法宝之一便是它的工作效率和高效的执行力。宝洁公司有一个严格的备忘录制度，要求员工要不遗余力地将报告浓缩到一页，

把问题搞清楚，把事情搞透彻，如表 7-3 所示。

表 7-3 宝洁公司"一页备忘录"的内容

To:	
From:	
CC:	Date:
标题	
总结：	
背景资料：	
主要内容：	
原因、总结、经验等：	
下一步工作计划：	
	签名：

宝洁公司"一页备忘录"的内容如下。

（1）相关信息：From（发自谁）、To（发给谁）、CC（抄送谁）、Date（日期）；

（2）标题：用一句话说明要汇报的内容，让领导一看就知道你要汇报什么；

（3）总结：用 3~4 句话总结汇报的主要内容，让领导一看到这部分内容就知道需不需要继续看下去；

（4）背景资料：用 2~3 句话介绍相关背景资料，如写此报告的目的、希望解决什么问题、有什么想法等；

（5）主要内容：介绍备忘录的核心内容，如介绍提出的建议方案或者工作计划的详细步骤等；

（6）原因、总结、经验等：可以是原因分析、工作成果总结、经验的分享等；

（7）下一步工作计划：描述什么人在什么时间完成什么事情，有什么样的资源需求等。

写工作日志是要让所有工作有回应。员工每天通过写工作日志向管理者及时汇报当天的工作和次日的计划，提出遇到的问题及需要的帮助。管理者从工作日志中及时了解员工的工作状态，以及每天的工作是否有进步；同时，针对员工遇到的问题，及时有效地沟通和反馈；针对团队问题进行改善，不断完善企业各项规章制度及工作流程，实现良性循环。

公司的发展最终还是依靠业绩的增长，写工作日志只是一种形式，只是一种锻炼员工的手段。为了让工作日志发挥更好的作用，而不仅仅流于形式，在员工提交工作日志后，需要有人整理、提炼要点，并把结果反馈给所有人，这样才能让大家从集体的反思、智慧中获得成长，为企业发展助力。

7.3.3　围绕个人绩效目标，撰写工作日志

一份有效的工作日志包含五个要素：时间、事件、结果、次日计划、工作心得。在时间上，可以将一天分为几个重要的节点，有效控制工作安排；在事件上，要精炼地写出各项重要的工作任务，不能记流水账；在结果方面，可以用进度条、百分比的方式说明任务完成情况；对于次日计划，要写出核心任务和工作重点；工作心得的内容可以是工作中遇到的难题、解决的措施，或者总结的经验和工作方法等。

在写工作日志时，需要紧紧围绕个人绩效目标，将管理者想要了解的核心内容写进去：今天做了哪些工作？其中遇到了哪些问题？如何解决这些问题？明天的计划是什么？工作完成的效果怎么样？是否达成个人绩效目标？在写的过程中可以参考以下方法进行。

（1）由个人绩效目标倒排计划。

采用成果倒推的方法，根据个人绩效目标倒排计划。比如，员工的某一项绩效目标是完成一份关于牙膏的市场调研报告，如果员工不进行规划，直接就看市场优秀竞品，搜集网络信息，那么最后报告很有可能得不出有效结论，无法达成绩效目标。员工需要先规划框架，如需要有用户画像、公司牙膏的销售情况、市场行业趋势、竞品价位及优/劣势、用户选择影响因素等，然后根据预期成果倒排计划，避免遗漏，某些细分活动还可以同时进行，提高效率。

（2）每日事项清单化。

对于每日的工作事项，可以用 Excel 表格罗列出来，做到清晰明了，不遗漏。阿里巴巴有标准化的销售管理体系，销售人员在前一天晚上都会安排好第二天的工作任务。表7-4、表7-5所示为阿里巴巴销售人员和销售主管的每日黄金时间表。

表7-4　阿里巴巴销售人员的每日黄金时间表

时间段	安排什么样的客户去联系	期望达到的结果
8:30-9:30	钻石 0 类	1~2 个 3 类及现场版
9:30-12:00	2 类催单、重点 3 和 3-	2 个 2 类+2 个 3 类
13:30-15:30	0 类	2 个 3 类
15:30-17:30	非重点 3-（第二轮催单）	1 个 2 类+2 个 3 类
17:30-18:00	0 类或者联系不到的客户	—
备注：上午集中把重点标记的客户联系完		

表7-5　阿里巴巴销售主管的每日黄金时间表

时间段	工作内容
8:30—9:30	早启动：队呼、统计目标、当日事项强调 走动管理：激励队员、检查工作习惯 客户安排检查：跟丢、日总数、各成熟度、客户质量等
9:30—11:00	推优：优秀日报、优秀客户安排、优秀说辞等
11:00—12:00	统计上午业务进展，早上过程指标完成情况通报
13:30—14:00	下午启动：队呼 走动管理：激励销售 当日过程指标提醒
14:00—16:00	旁听：工作习惯调整提醒、技能指导 走动管理：激励销售 一线电话
16:00—18:00	总结当天工作 主管间学习 当日过程指标开发情况和提醒
18:00—	晚会、辅导、培训、个体沟通 准备第二天客户检查

（3）日志复盘再循环。

在做好计划分解和每日清单后，在撰写工作日志时要对照一天的任务清单，填写完成情况。对于没有完成工作任务的情况，可以分析现状与目标的差距在哪里、采取什么样的改进措施，以及需要什么样的协助。同时，通过撰写工作日志总结自己的经验和工作方法，提升自身工作能力。

撰写工作日志作为每天进行工作复盘的方式，用以找出现状与目标之间存在的差距，不断地修订工作计划，以支撑绩效目标的达成。

7.4 运用 OKR 工作法，做好绩效过程管理

OKR 工作法注重过程管理，通过让管理者与员工进行持续与定期的沟通，确保员工朝着正确的方向走，共同打造卓越绩效。

7.4.1 OKR 是目标管理工具，更是沟通工具

OKR（Objectives and Key Results，目标与关键结果）是由英特尔公司原 CEO 安迪·格鲁夫发明的。其中，O 表示目标，即你想要完成什么事情；KR 表示关键结果，即如何确认你做到了这件事。

OKR 通过自上而下的目标分解和自下而上的目标保障，起到承上启下的作用（见图 7-6）。它将公司的大目标（愿景、战略、策略）逐级分解成每个员工的工作目标，然后根据工作目标指导员工项目、任务的制定和执行；员工的各个项目、工作任务完成，最终逐级向上，以支撑公司目标的达成和公司愿景的实现。

把 OKR 作为目标管理工具，能够让公司战略、公司目标的实现有人承接和支撑。但 OKR 的内核是沟通工具，通过设定具有挑战性的目标，并定期沟通目标完成进度，让管理者与员工之间、员工与员工之间实现有效的连接。

图 7-6　OKR 的整体运用逻辑

OKR 作为管理者和员工定期沟通的重要工具，主要有以下两方面的作用。

（1）OKR 是公开透明的，可以实现精准沟通，让团队之间、员工之间能够更好地配合彼此、共享资源，高效协同作战。在 OKR 系统中，即使是最基层的员工，也可以清晰地看到公司和每个人的目标，并将自己每天的工作与公司愿景联系起来。团队中的成员可以快速查询到任何一个人的 OKR，能够轻松地实现垂直与水平对齐，确保目标不偏向。

在全员公开、透明的基础上，OKR 的协同不仅仅体现在纵向和横向上的协同，更重要的是跨部门、跨业务单元、跨领域的协同，也可以说是从上至下、从下至上、横向之间的 360 度协同，让组织更加敏捷灵活，始终保持强大的战斗力。

字节跳动在成立不到一年时，就全面启用了 OKR 管理系统。每一个员工都可以直接在系统中查看任意同事的 OKR，即便是创始人张一鸣的 OKR，也是对所有员工公开的。张一鸣还会在每两个月一次的"CEO 面对面"会议上，对公司的重要决策、战略方向，甚至遇到的危机做出梳理和解释。

字节跳动用系统工具飞书来实现 OKR 的公开透明，十几万名员工所有的工作进展状态及流程都在飞书上呈现。每个人都能了解张一鸣的 OKR，知道老板的工作重点及进度。团队的领导先结合自己部门近期的工作安排，参考老板的 OKR，考虑如何从自己部门的角度支持老板的 OKR；再关联其他相关业务线的 OKR，看看自己部门如何配合别的部门工作。

（2）OKR 强调目标要有挑战性，管理者可通过及时、有效的沟通，鼓励员工尝试设置具有挑战性的目标。著名的管理专家吉姆·柯林斯说过："要敢于设定'胆大包天'的目标，要相信星星之火可以燎原。"设置具有挑战性的目标能够促使员工走出舒适区，激励员工付出更多的努力，用创新的思维和工作方式去实现突破。

谷歌在运用 OKR 时，将目标分为两类并放在两个篮子里，一类称为承诺型目标，另一类称为愿景型目标。

承诺型目标：该类目标是与谷歌的日常考核指标紧密相连的，如产品发布、预订、招聘、客户等。管理层从公司层面设定目标，员工从部门层面设定目标。一般来说，承诺型目标（如销售目标、收入目标）是需要 100% 达成的。

愿景型目标：该类目标反映的是更宏伟的蓝图和更高的风险，更侧重于未来导向。愿景型目标可以来自任何层面，目的在于调动整个企业员工的积极性与创造性。这类目标通常是极难实现的（平均失败率为 40%），但仍然是构成谷歌 OKR 的一部分。

在谷歌早期的发展阶段，网页版的电子邮件系统存在一个很大的弊端，即存储量太小，通常为 2～4MB。用户不得不删除旧电子邮件以腾出空间给新的电子邮件，根本无法实现邮件存档。在 Gmail 的研发过程中，谷歌的领导一开始设置的目标是将存储容量升级到 100MB，但在整个过程中经过了多次目标调整，到 2004 年对外发布产品时，已经实现了 1GB 的存储容量，是竞争对手的整整 500 倍。Gmail 的改进彻底改变了这一领域，迫使竞争对手不得不进行颠覆式的改变来参与这场竞争。谷歌的"10 倍增长"或"指数型增长"，对自身的发展有着重要的作用。

OKR 是企业进行目标管理的工具，更是企业、团队、员工之间的有效沟通工具，企业在使用 OKR 之前，一定要明确 OKR 能做什么，并有意识地去做，这样才能确保 OKR 的运用达到最大效果。

7.4.2 OKR 与 KPI 融合应用

一个团队能发展到什么程度，在很大程度上会受到团队管理者所采用的管理方式的影响。没有一致的方向，没有相互的配合，没有及时、有效的沟通，团队就不能走得更远。OKR 工作法强调团队从上至下目标一致，朝着一个方向努力拼搏。

OKR 和目前很多企业运用的 KPI（Key Performance Indicators，关键绩效指标）有着本质的区别，如表 7-6 所示。

表 7-6　OKR 与 KPI 的区别

维度	OKR	KPI
定义	OKR 是一套定义、跟踪目标及其完成情况的工作模式和管理方式，是过程管理与沟通的工具，反映了员工对企业战略的贡献	KPI 将企业战略自上而下地层层分解为具体指标，并以此来跟踪员工的绩效，是结果管理与考核的工具，反映了员工是否达成绩效指标
立足点	贡献导向，关注的是目标，鼓励员工围绕企业愿景做有挑战性的事情；保证员工朝着正确的方向走："我要做的事"	控制导向，关注的是指标，监控员工的工作结果和指标达成；让员工朝前走："要我做的事"
制定过程	员工与领导共同设定挑战目标，共同为达成目标努力	员工和领导进行指标分解和补充
驱动机制	依靠员工基于自我价值的驱动	需要依靠外在激励因素的牵引

（1）立足点不同。

OKR 的立足点是贡献导向，目标可以是定量的，也可以是定性的，重点关注的是提出具有挑战性和追踪意义的目标，使员工在正确的方向上以超常的热情朝着目标去努力，从而取得超出预期的进展和结果。OKR 设置的目标不是轻易就能实现的，因此是否能 100%完成并不是那么重要。在通常情况下，完成目标的百分之六七十，就足以引导出一个超出预期的结果。

KPI 的立足点是控制导向，指标必须是明确的定量指标，追求的是高效率地完成这些指标。KPI 在选择指标时，关注的是有能力做到同时又必须做到的指标，以此来引导员工做出企业期望的正确行为，实现企业的战略决策，持续获得高效益回报。KPI 侧重于完成明确的目标，要求 100%完成，甚至超越目标。

（2）制定过程存在差异。

OKR 侧重的是上下、左右的多维互动，实现 360 度对齐。OKR 的制定过程有三个特点。第一个是方向的一致性。首先，企业需要明确对自身发展最重要的事务，将之转化为战略目标；其次，团队或部门基于企业的战略目标，设定各自的团队或部门目标；最后，员工根据所在团队或部门的目标来确定个人目标。第二个是员工的主动性。OKR 不是上级以委派任务的形式来分配的，而是由员工根据自身价值和能为企业做出的贡献主动制定的，反映的是组织内每个个体对企业的责任感和对自身工作的期望值。第三个是跨部门的协同。OKR 要求各团队的目标与关键成果必须获得其他协同团队的认可，因此在设计过程中需要有信息系统作为支撑，对所有员工做到公开透明，加强团队间的沟通和协作。

KPI 的设计通常是自上而下委派式的，是对企业战略进行层层分解，是对获得优秀的业绩所必需的条件和要实现的目标进行自上而下的定义。KPI 主要反映的是组织希望个体做出的绩效行为，现在由于外界环境的变化，企业对员工的成长越来越关注，提出了很多的创新绩效、成长绩效，但是这些从根本上看还是组织对员工提出来的要求。对于员工能够为企业战略的实现主动做出什么贡献，在具体的指标中体现得并不明显，因此 KPI 的协同性往往是比较差的。

（3）驱动机制的区别。

OKR 强调员工基于自我价值的驱动去实现绩效目标。OKR 不仅是企业的愿景，还是员工个人价值的充分体现，实现 OKR 的过程也是实现自我价值的过程。

KPI 的执行一般需要依靠外在激励因素的牵引，包括薪酬、绩效等。因为 KPI 的设计以自上而下的形式为主，这导致它在很大程度上反映的是企业要求员工实现的工作结果，员工常常处于被动接受的状态，个人意志无法得到体现。

OKR 和 KPI 是不同的，但它们并不是对立的，KPI 其实是 OKR 的来源，KPI 反映的是一个组织、团队和个人成功的关键指标；OKR 会使 KPI 完成得更好，因为 OKR 比 KPI 更富有挑战性，能促进团队的创新和突破，从而产生更好的效果。

因此，企业在引入 OKR 后，可以将其和 KPI 融合应用。OKR 和 KPI 的融合应用，可以有两种形式。

第一种是 KPI+OKR，这种融合是先把完成难度大、重要性强的 KPI 设定为目标，再根据目标制定出有效的关键结果。这种形式不但突出了核心目标，而且有非常明确的达成路径，适用于销售岗位、财务类型的目标等。

第二种是 OKR+KPI，这种融合是先制定正确的目标和有效的路径，再从路径中选取重要的指标用于考核激励。这种考核所占的比重不应过大，否则员工的重点将会从如何完成目标变成只关心考核指标的达成与否，而忽略了其他重要的事情。

OKR 和 KPI 就好比是企业管理中的两大利器，在不同的考核模式下，企业应用它们的目的不一样，企业应根据自己当前需要完成的目标来决定。OKR 适用于具有创造性、灵活性的人群，KPI 适用于相对稳定且目标明确的人群。在同一企业的不同发展阶段，在同一部门不同性质的工作中，OKR 和 KPI 可以共存并相互转化。因此，企业如果想要实现业务创新与突破，但又不想受旧体系的干扰太大，可以使用两者有机融合的形式去推进。

7.4.3　定期追踪与复盘，让员工聚焦目标达成

OKR 的制定有两种方法：自上而下和自下而上。自上而下指的是主管直接将目标分配给员工，自下而上指的是员工自己制定目标。在具体实践中，企业需要将两种方法结合，使员工和主管进行充分的沟通，确保员工个人目标对齐组织目标。

字节跳动的员工在制定 OKR 时，参考了三类依据：自身的近期业务、直属上级的 OKR、其他平行部门的 OKR。其中，员工对直属上级 OKR 的承接方式分为三种：分解式承接、转换式承接、直接承接。

（1）分解式承接：当上级的目标涉及多个维度时，下级可以将上级的目标按照自己的职责范围进行分解，形成自己的目标；

（2）转换式承接：如果上级的关键结果与下级的职责范围直接对应，则下级的目标可从上级的关键结果出发进行转换；

（3）直接承接：如果上级的目标与下级的职责范围重合，则下级可以直接引用上级的目标作为自己的目标。

在 OKR 制定完之后，企业必须定期追踪 OKR 的进度，并进行复盘。在追踪与复盘的过程中，企业可以看到 OKR 的完成情况，从而明确哪些地方是有效的、哪些地方可以做得更好，以及哪些地方做得不尽如人意。这样一来，OKR 就成为员工的工作指南，指导员工寻找更有效的措施和方法，以保证 OKR 的实现。

通常来说，企业至少需要每周对 OKR 进行一次完成进度的更新，每月或每两个月进行一次 OKR 复盘。在复盘过程中，企业需要完成四个要素，如表 7-7 所示。

表 7-7　OKR 复盘记录模板

主题		时间	
地点		参加人	
事件/活动概况描述			
（1）回顾目标	初衷：		
	目标/关键结果：		
	提示问题： • 当初行动的意图或目的是什么？ • 想要达到的目标是什么？ • 预先制订的计划是什么？ • 实现设想要发生的事情是什么		
（2）评估结果	亮点：		
	不足：		
	提示问题： • 实际发生了什么事？ • 事情是在什么情况下发生的？ • 事情是怎么发生的		

续表

（3）分析原因	成功的关键因素：
	失败的根本原因：
	提示问题： • 实际情况与预期有无差异？ • 如果有，为什么会产生这些差异？哪些因素导致没有达到预期目标？失败的根本原因是什么？ • 如果没有，成功的关键因素是什么
（4）总结经验	关键发现：
	行动计划：
	提示问题： • 我们从过程中学到了什么新东西？ • 如果有人要进行同样的行动，我会给他什么建议？ • 接下来我们该做什么？哪些是我们可直接处理的？哪些是其他层级才能处理的？是否要向上级汇报

（1）回顾目标：回顾当初的目标是什么。在回顾目标时，需要将目标清晰地列出来，确保团队成员对任务的目的和成功的标准理解一致。一个好的目标应该符合 SMART 原则，SMART 原则指的是：S（Specific），明确的；M（Measurable），可衡量的；A（Attainable），可实现的；R（Relevant），有关联的；T（Time-bound），有时限的。OKR 中的目标和关键结果都必须是可量化的，并且目标不要超过 5 个，每一个目标下面的关键结果的数量不超过 4 个。

（2）评估结果：评估现在做到了什么程度，现在的结果和目标相比处于什么状态。找到结果和目标之间的差距，明确与原定目标相比有哪些亮点和不足。

（3）分析原因：分析在 OKR 实施过程中亮点和不足产生的具体原因。可以从主观和客观两个维度来分析，通常来说，主观原因基本是可控的，客观原因基本是不可控的。把握关键问题进行深入分析，可借助工具及方法，如头脑风暴法、鱼骨图、5W1H 分析法等。

（4）总结经验：先对整个过程进行分析，然后提炼、总结出处理或解决类似问题的通用流程、方法或核心要点，最后将之变成可迁移的有效工具。

为保证 OKR 的执行效果，还需要周期性地对 OKR 的执行情况进行评分。OKR 评分是一个自我控制的过程，目的是衡量关键结果或目标的完成进度，不适合作为奖惩的依据。常见的 OKR 评分方式如表 7-8 所示。

表 7-8　常见的 OKR 评分方式

评分方式	具体说明
方式一	直接对目标完成程度进行判断，不需要进行详细计算 评分 1.0：达到挑战性目标，完成 评分 0.7：没有达到挑战性目标，但达到期望的目标 评分 0.3：没有达到期望的目标 评分 0：不可接受的结果，未完成
方式二	区分数量型 KR 和里程碑型 KR，分别评分 数量型 KR：按完成比例评分，即已完成结果/目标要求结果 里程碑型 KR：完成目标评分为 1.0，未完成目标评分为 0

OKR 评分应该由 OKR 责任者自己评定。如果大家对评分有争议，往往可能是员工对 KR 的度量设置还不够清晰。OKR 评分除了上面介绍的两种方式，也可以用进度条、百分比、不同颜色等来描述 KR 的完成情况，企业可以结合自身的实际情况来设定。

通过对 OKR 进行定期追踪与复盘，能够确保员工将个人目标与企业的战略目标保持一致，并将精力持续聚焦在目标的达成上，从而牵引所有员工"力出一孔"，在达成个人目标的同时，助力企业再创佳绩。

7.5　通过"数据监控"，分析经营异常

数据是企业经营状况最真实的一种反映。通过数据监控，分析经营异常，可以为经营决策提供指导，从而助力企业实现长期有效的增长。

7.5.1　把"死"数据做"活"

"数据是企业的重要资产"已成为共识，但这份资产能发挥多大的价值，就得看企业如何合理运用数据，把"死"数据做"活"了。

为了发挥数据的作用，通常需要对数据进行监控和分析。通过对数据的监控，能及时、有效地发现数据是否异常，进而进行数据分析，找到改善的办法。

数据监控需要明确四个点：监控目标、监控哪些数据、监控这些数据的意义是什么、数据预警。其中，监控哪些数据需要根据不同的监控目标来设定；数据预警是指通过各种数据维度的比对发现异常数据，并对已经存在的风险发出预报与警示。数据预警需要先确定触发条件，在通常情况下，当指标波动幅度超出正常浮动范围时，就会发出预警。每个指标可以根据历史的数据设定一个正常浮动范围，一般采用的是根据同比、环比数据确认正常波动范围：同比数据（如与上周同一天同时段进行对比）、环比数据（如与前三天同一时段的平均值进行对比）。

数据异常分析可以采用点、线、面分析法：数据准确性排查（点）、时间序列分析（线）、问题拆解分析（面）。

（1）数据准确性排查：针对异常数据首先排查数据准确性，确定是否属于数据错误。通常容易出现数据错误的环节有数据收集环节、数据提取环节、业务环节（数据口径）等。

（2）时间序列分析：如果不是数据错误的问题，那么接着进行纵向分析，看是否属于周期性波动。有些行业受季节或淡旺季影响较大，如家电、饮料、在线教育等。

（3）问题拆解分析：首先将大问题拆解成一个个可着手分析的小问题，然后对主要影响原因进行初步定位，最后通过假设检验法逐步排查到问题产生的根本原因。

远大住工应用数据"PDCA"循环模型（见图7-7），通过数据监控，分析经营管理的异常，并不断改善，从而支撑人人账本模式的运行。

远大住工的数据"PDCA"循环模型分为五个步骤。

（1）预算：即经营预算，每年企业根据业务发展情况进行经营预算，最终每个经营体会得到各自的年度费用预算目标，并在每季度进行滚动刷新。

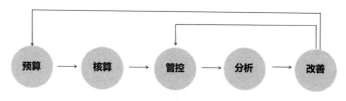

图 7-7　远大住工的数据"PDCA"循环模型

（2）核算：每一周期末（通常分为月度、季度、年度）对各经营体实际使用的各项费用进行核算。

（3）管控：定期监控各经营体费用使用进度，及时对异常数据进行预警。每一周期末将各经营体的预算费用和核算费用进行对比：如果预算费用大于核算费用，则说明费用有结余，可在内部进行分配；如果核算费用大于预算费用，则说明实际使用的费用超出了预算，需要进行管控。

（4）分析：针对实际使用费用超出预算的经营体，进行预实差分析，主要从同比、环比、横向对比、纵向对比等维度进行分析，最终找到费用超支的原因。

（5）改善：针对费用超支的原因，制定详细的改善措施。在改善过程中需要重复进行监控、分析，直至达到改善的目的。

通过数据监控与数据分析，能够把看似杂乱无章的数据背后的信息集中提炼出来，总结出内在规律，最大化地开发数据的功能，发挥数据的作用，这对企业的经营和决策有非常重要的作用和意义。

7.5.2　发现问题，及时解决

稻盛和夫说："我原本以为，航空公司最关键的要素是拥有最先进的客机和最完善的设施。但是，在成为该公司董事长后我发现，给乘客提供优质的服务和舒适安全的飞行环境，才是最为重要的。因此，与一线人员商议改善舱餐、制定 40 多个项目的服务内容，成为优先推出的拯救措施，而不是购买新客机、更换好硬件。这些措施让日航公司重获新生。"

在企业经营过程中，数据分析能让企业经营者全面、客观地了解企业的情况，从而发现问题，解决问题。同时，数据分析还能为企业经营者提供经营决策的依据。

（1）数据分析可以将企业的人、事、物转化成具体的经营指标和数字，如销售额、获客数、转化率、复购率、产品库存数、周转率等。企业经营者通过分析指标的达成情况，掌握企业的经营情况。当发现指标异常时，企业经营者应多维度地分析问题产生的原因，并及时解决问题。

W 公司是一家网站运营公司，网站运营人员在监控数据时发现网站订单数据异常，从 8 月 15 日开始，网站订单量连续四天明显下跌。网站运营人员开始尝试寻找原因，通过分析排除了竞争对手在做促销活动、商品缺货、价格异常等常规原因，于是便将问题提报给了数据分析团队。

数据分析人员首先想到的是网站新增用户出现问题，因为之前出现过类似的订单量下跌，当时查找到的原因是，网站主要广告推广渠道没及时续费，广告被下架，新增用户量明显下滑，导致订单量下降。

数据分析人员分析同期新增用户量数据、同期日活数据，均未发现明显下降，于是初步判断是用户在访问网站的过程中的转化有问题。

数据分析人员通过分析转化过程中各个环节的转化率数据，最终发现新用户的咨询信息无法到达客服。数据分析人员在跟技术部门沟通之后，确定 8 月 15 当天发布的新程序出现了漏洞，新用户信息构建不完整，导致消息发送异常。最后技术部门紧急修复漏洞并重新发布上线，第二天网站订单量恢复了正常。

（2）通过大数据分析用户的历史数据，推测用户的喜好，搭建推荐系统，提升用户的满意度，增强用户的使用黏性。目前有很多大企业都用这样的方式来挖掘大数据对企业经营的价值。

亚马逊通过对数据的长期关注发掘出其对企业经营的价值。亚马逊不仅从每个用户的购买行为中获得信息，还将每个用户在其网站上的所有行为都记录下来，如页面停留时间、用户是否查看评论、每个搜索的关键词、浏览的商品等。然后亚马逊通过大数据分析，尝试定位用户并获取用户反馈。

例如，亚马逊通过历史数据来预测用户未来的需求。对于属于硬需求的产品，如书、手机、家电这些东西，亚马逊的预测已经能做到比较准确了，甚至可以预测到相关产品属性的需求。亚马逊整个网站的布局、字体大小、颜色、按钮，以及其他所有的设计，都是通过大数据分析，经过多次审慎测试后的最优结果。

对亚马逊来说，大数据意味着大销售量。数据显示出什么是有效的、什么是无效的，新的商业投资项目必须有数据的支撑。对数据的长期专注让亚马逊能够以更低的售价提供更好的服务。

随着信息技术的发展与革新，数据分析技术也得到了长足的发展。企业在结合自身的经营管理策略的基础上，运用数据分析技术，对用户数据进行充分挖掘与研究，可以对自身的发展进行全面的统筹决策，在确保满足自身发展需求的同时，更好地为用户服务。

第

8

章 | # 持续激活组织

　　杨国安教授在《组织能力杨三角》中提出:"组织能力是团队整体的战斗力,不是几个人或几个部门而是整个组织所具备的能力,可以分为三个维度:员工能力(会不会)、员工思维(愿不愿意)、员工治理(环境允不允许)。"企业除了要从价值分配上激活员工,还需要从组织层面激活团队。

8.1 突破成长规律

从哲学的角度来看，任何一个企业都是有生命周期的，企业要想发展得更长久，就必须突破成长的周期性规律，实现再成长。

8.1.1 企业成长生命周期

企业成长是有生命周期的，每一类业务都会受到技术周期和行业空间的影响。为此企业在发展的过程中需要不断寻找第二曲线、第三曲线、第 N 曲线，以做好业务资源的时空配置，确保实现可持续发展。

管理学界认为，企业成长生命周期是企业发展与成长的动态轨迹，包括初创、成长、成熟、衰退几个阶段，如图 8-1 所示。

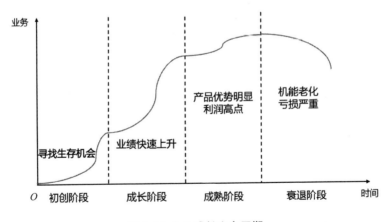

图 8-1　企业成长生命周期

第一阶段是初创阶段：企业在初创阶段的主要任务是寻找与探索生存的机会，构建核心创业团队，制定基础的组织规则，从找准用户需求、反复打磨产品、获取市场资源等方面谋求发展。

第二阶段是成长阶段：企业在创业成功之后，接下来会进入成长阶段。通过快速扩张，企业内部形成一股强大的上升势头，人员和业绩也随之进入上升通道。处于成长阶段的企业可能会遇到很多问题，需要在巩固业务模式的同时，集聚关键资源以构建关键能力和管理机制。

第三阶段是成熟阶段：企业在成熟阶段是发展最平衡、最充分的：用户规模大，组织效率高，产品优势明显，市场能力强。在成熟阶段企业面临的最大挑战是如何保持成熟的状态，避免快速进入衰退阶段。因此，处于成熟阶段的企业要想实现再成长，需要进行战略重构：探寻新的市场机会，选择新的业务领域，对商业模式进行创新，对组织架构进行重组等。

第四阶段是衰退阶段：企业进入衰退阶段，往往是由于把战略眼光从企业外部转移到了企业内部，把关注的重点从一线员工转移到了企业高层，忽略了二次成长。

由此可见，企业在不同阶段的发展重点是不一样的。企业要结合自身所处的发展阶段，有针对性地做好战略定位和组织建设。

如图 8-2 所示，华为在初创阶段（1987—1995），找准了自己的定位：专注通信设备市场，依靠技术领先来扩张市场。处于这一阶段的华为尽管有组织结构，但也是国内中小企业经常采用的直线型组织结构，所有一级部门负责人直接向任正非汇报。

从 1996 年到 2010 年是华为的成长阶段。其中，从 1996 年到 2003 年是华为的二次创业时期，也是国内扩张阶段。华为在该阶段成长为国内最大的通信设备制造商，组织结构也从直线型向事业部制与地区部相结合的二维矩阵式组织结构转变。从 2004 年到 2010 年是华为的全球扩张阶段，在该阶段华为沿着选定的业务范围去扩张，同时构建管理体系，以提升企业的管理效率。2010 年，华为首次进入全球 500 强企业，销售收入达 280 亿美元，超越诺西成为仅次于爱立信的全球第二大通信设备制造商，占有通信设备市场的份额达到了 20%。

然而通信设备市场的空间是有限的，华为不可能一直保持增长，因此保持着强烈的危机意识。在面对 IT 领域和 CT 领域融合的趋势下，华为在 2010 年首次提出了"云、管、端"一体化战略，从单纯的 CT 产业向整个 ICT 产业扩展，打通网络管道，形成"云、管、端"三位一体化。

从 2011 年到 2020 年，是华为"云、管、端"一体化战略正式形成的阶段。华为在追求"云、管、端"一体化的过程中，为了增强组织的灵活性，保持对客户需求的快速反应能力，对组织结构进行了新一轮的优化调整，组织结构由矩阵型组织向流程型组织转变。

从 2021 年开始，面对内外部市场环境的严峻挑战，华为围绕聚焦行业和场景，先后成立了海关和港口、智慧公路、智能光伏、煤矿军团、数字金融军团、站点能源军团、机器视觉军团等二十个军团，以打破现有组织边界，快速集结资源，高效服务客户。

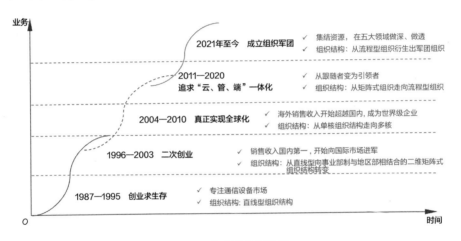

图 8-2　华为的发展阶段

可以看出，企业的成长是一个漫长且没有终点的航程。在发展的过程中，企业可以把其他企业的发展作为一面镜子，照出自身发展过程中的问题，并根据自身实际情况，探索出适合自身成长的路径。

8.1.2　突破成长规律，实现再成长

企业如何才能突破成长生命周期的规律，实现基业长青呢？管理思想大师查尔斯·汉迪提出了第二曲线理论：企业沿着 S 曲线（第一曲线）连续增长，必定会遭遇极限点，从而走向消亡。所以，企业要在第一曲线到达极限点之前，及时启动第二曲线，如图 8-3 所示。

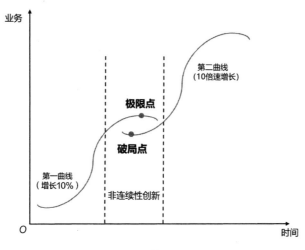

图 8-3　第二曲线

　　第一曲线是连续性创新，第二曲线是非连续性创新。非连续性创新指的是在两条曲线转换的时候，企业从第一曲线转换到第二曲线上来。政治经济学家约瑟夫·熊彼特在《经济发展理论》一书中提出了一个结论：第一曲线创新带来的业绩增长为每年涨幅 10% 或 20%。如果企业从第一曲线向第二曲线转换成功，第二曲线创新带来的业绩增长就是指数级、10 倍速的增长。

　　当前装配式建筑行业竞争加剧，企业外部运营环境艰难，于是远大住工拓展了一个新领域，开辟了第二曲线：由装配式建筑产品向 C 端延伸。

　　装配式建筑是指把传统建造方式中的大量现场作业工作转移到工厂进行，先在工厂加工制作好建筑用构件（如楼板、墙板、楼梯、阳台等），再运输到建筑施工现场，最后通过可靠的连接方式在现场装配而成的建筑。由于装配式建筑拥有绿色、节能与环保等特点，国家出台多项利好政策推动装配式建筑发展。2016 年国家出台政策，规划到 2025 年装配式建筑的比例要达到 30%，市场还有非常大的增长空间。

　　2021 年 3 月，远大魔方（模块化集成产品）正式发布，并于 2021 年 7 月开始试生产，9 月开始批量生产。在不到半年的时间内远大魔方实际交付落地项目已遍布 16 个省份，涉及文旅、公共、办公、医疗等多个赛道的创新应用场景。2021年，远大住工实现收入30.59亿元，同比增长17%。其中，模块化集成建筑产品上市不到一年时间已实现收入8200万元，占总收入比接近3%。

企业要在什么时候打造第二曲线呢？查尔斯·汉迪表示："在第一曲线达到巅峰之前，找到驱动企业二次腾飞的第二曲线，并且要保证第二曲线在第一曲线达到顶点之前开始增长，弥补第二曲线投入的资源（金钱、时间和精力）消耗。"

阿里巴巴在做战略思考的时候，有一个很重要的点叫"从终局看中局"，不断寻找并发展自己的第二曲线。任何一个产业、任何一个产品都是有生命周期的，因此阿里巴巴在第一产业或第一个核心产品的增长速度开始下滑之前，就提前布局第二产业或第二个核心产品（见图8-4）。

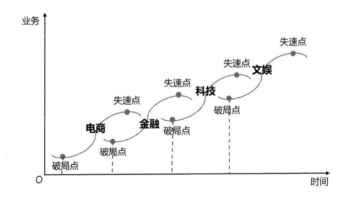

图8-4　阿里巴巴的第二曲线

阿里巴巴最初是做B2B业务的。在B2B业务开始增长且到达失速点之前，阿里巴巴开始布局电商的C2C、B2C业务，如淘宝、天猫；在电商到达失速点之前，阿里巴巴又开始布局金融业务，如支付宝；在金融业务到达失速点之前，阿里巴巴又开始布局科技板块，如阿里云。

目前，阿里巴巴的科技板块虽然还没有到达失速点，但是阿里巴巴在早几年已经布局下一曲线，如阿里巴巴的大健康、大文娱等。阿里巴巴通过不断布局第二曲线，实现再成长，让企业获得持续发展。

可见，企业要想获得持续发展，就要不断突破成长的规律，开辟新的天地，布局适合自己发展需要的新曲线，实现持续有效增长。

8.2　简化管理层级

任正非曾说："管理就是两件事，即降低成本、提高效率。"企业的管理层级是影响组织效率的重要内容，因此企业需要简化管理层级，减少无效劳动，促进组织效能的充分发挥。

8.2.1　减少不必要的管理层级

彼得·德鲁克曾说："组织最常见的病症，也就是最严重的病症，便是管理层级太多，组织结构的一项基本原则是，尽量减少管理层次，尽量形成一条最短的指挥链。"

企业在设计管理层级时，需要综合考虑组织的纵向职能分工、管理幅度、组织效率等多个因素，主要按以下四个步骤展开。

（1）按照组织的纵向职能分工，确定基本的管理层级。

（2）按照有效的管理幅度推算管理层级。

（3）按照提高组织效率的要求，确定具体的管理层级。

（4）按照组织的不同部分的特点，对管理层级做局部调整。

企业内部的管理层级随着员工队伍的不断壮大而发展完善。对企业来说，内部的管理层级并非越多越好。一个臃肿的机构必然导致人浮于事，一个决策从顶层到底层要经过 N 次传递，而底层员工的意见和创新会遭到层层机构的阻拦，最终无法被顶层所采纳。

1973 年，施乐公司帕洛阿尔托研究中心的工程师开发了第一台个人计算机，首次使用了鼠标驱动和桌面比拟的图形用户界面技术，比苹果公司推出 Apple I 的时间还要早三年。

然而，帕洛阿尔托研究中心的工程师们未能说服公司高层接受他们的创意，施乐公司的高层认为个人计算机与复印机不相关，公司没有兴趣生产。帕洛阿尔托研究中心的很多工程师都认为，正是因为当时公司内部管理层级过多，一线员工无法将自己的声音有效反馈到高层，高层也无法准确理解一线市场的信息，阻碍了高层做决策。结果，很多核心工程师带着所掌握的核心技术离开施乐公司去了苹果公司，为苹果公司后续大获成功的 Apple Ⅱ 电脑的研发贡献出了自己的力量。

企业应该清醒地认识到，过多的管理层级会给企业管理带来各种问题。减少不必要的管理层级，能有效增强组织竞争力。

通用电气公司成立于 1892 年，随着企业发展规模的不断扩大，20 世纪 80 年代初期，通用电气公司的员工达到了 40 多万人。其中，经理岗超过了 2.5 万人，高层经理岗超过了 500 人，副总裁甚至有 130 人之多，管理层级多达 12 层，导致公司内部出现了明显的官僚化倾向，信息传递速度慢，决策效率低。1981 年，杰克·韦尔奇接任公司总裁。面对当时公司内部的官僚化倾向，杰克·韦尔奇曾生动地形容："当你穿着 12 件衣服出门的时候，还能感觉到气温吗？官僚体制就是那 12 件衣服！"于是，杰克·韦尔奇开始进行大刀阔斧的改革：卖掉了大量没有发展潜力的部门和业务，缩减部门数量；改造通用电气公司的组织结构，大规模裁员，砍掉大量的中间管理层，并大幅削减管理层职位，最终将公司的管理层级确定为 4 级，使得公司的决策效率和运作效率大大提高，业绩也随之稳步上升。

在阿里巴巴内部，手机淘宝作为一款重要的 App，分为多条业务线，即便是同一条业务线，也会分为多个独立业务。例如，微淘和淘宝直播都属于内容平台业务线，但是二者的受众群体、核心内容、盈利模式是有所差异的。所以，二者算得上是相对独立的业务单元。为了保证各业务单元的运作效率，手机淘宝 App 从组织结构维度进行了容器化改造，将一些必要的初始化操作放在共用容器中，将各业务放在各自的资源包中。这样一来，企业就不需要设置过多的层级去推进和审核业务流程，在最大程度上控制了组织运作的流程路线长度，并解决了结构冗余导致的流程反应速度较慢的问题。

在简化管理层级方面，华为有着很好的经验。华为进行后方改革，将能力中心变成大部门制,让组织扁平化,就能减少一些决策点,每减少一个决策点,运行速度就会快一些。组织变革的目的往往是更简单、更及时、更准确,"拧干毛巾最后一滴水",向内部管理要效益。

"更简单、更及时、更准确"包含几个方面的含义。第一,简化决策流程。企业在发展的过程中,纵向管理链条会逐渐加长,管理效率的管控难度也会不断加大。这就要求企业压缩决策点,增强业务开展的顺畅度。第二,提升一线的作战能力,从而实现决策效率的提高。第三,优化决策过程,下放管理权力,让更多的想法自下而上地涌现出来,而不仅仅从上到下地传达指令。

华为通过一系列组织变革,实现内部扁平化管理,压缩决策点,缩短决策链,提升组织运作效率,保障组织"打胜仗"。如今扁平化已经在各大企业中得到共识。许多互联网公司的组织结构都是扁平的,非常灵活,没有金字塔式的层级领导和中间层管理者,甚至连部门的概念也逐渐被弱化。

互联网公司大多采取的是轻资产模式,但京东从一开始采取的就是重资产模式——自营、自建物流、货到付款等。为追求扁平化管控模式,京东始终遵循一个重要的原则——"8150"原则。

"8150"原则中的"1"指每个管理者,"8"是指京东要求向每个管理者直接汇报的下属不得少于8个,如果不到8个,就要减少中间层级的管理者。只有当向一个管理者直接汇报的下属超过15个时,公司才允许在同一个管理层级再增加一个管理者。"50"指的是每个管理者所管理的同一工种的基层员工不能少于50个,只有超过50个,公司才考虑设立第二个团队管理者。

"8150"原则很好地保证了京东的扁平化,让CEO和员工之间只隔了5层管理者,这也是京东在员工人数不断增长的情况下,依然能够高速前进的重要原因。

企业在组织结构上走向精干,避免臃肿,实现扁平化,可以提升运行效率,同时让自身对快速变化的外界环境反应更加灵敏。

8.2.2　识别并改进流程中的不足

企业要想提升组织运行效率，需要根据组织运营需求的改变，及时发现流程中的不足，识别问题产生的根本原因，并对流程进行持续改进与优化。

（1）通过流程检查发现流程问题。

流程检查是由流程归口部门通过流程绩效评估、客户满意度评估、流程审计等方法，对流程的适宜性进行检查，暴露出其存在的问题，从而指明流程优化的方向，确保流程执行的效果。

流程绩效评估是指围绕流程目标，评估流程的绩效状况，从而发现流程存在的问题，如是否抓住了流程关键点等；客户满意度评估是指通过问卷调查、面对面深度交流、引进专业测评等方式，收集客户满意度的相关信息，从而了解客户的满意程度；流程审计是指依据相关的审计准则，对流程体系的合理性及有效性进行客观评估。通过流程审计，企业可以发现流程体系的全局性问题，也会发现关键流程存在的问题。

（2）识别流程问题产生的根本原因。

针对流程问题和潜在的风险，企业要进行深入、全面的分析，找到问题产生的根本原因并进行针对性改善。展开流程问题的根本原因分析，通常可以采用 5W1H 分析法。5W1H 分析法是对所选定的流程，从对象、目的、场所、时间、人员、方法六个方面进行分析。表 8-1 所示为用 5W1H 分析法对生产流程进行分析时的内容。

表 8-1　用 5W1H 分析法对生产流程进行分析时的内容

事项	问题示例
对象	企业生产什么产品？车间生产什么零配件？为什么生产这个产品？是否可以生产别的产品？到底应该生产什么？如果现在这个产品不能获得利润，是否可以换一个利润更高的产品
目的	生产的目的是什么？为什么是这种目的？还有没有其他的目的？应该是什么目的
场所	生产是在哪里进行的？为什么选择在这个地方生产？是不是可以换个地方生产？应该选择在什么地方生产
时间	现在这个工序或者零部件是在什么时间生产的？为什么在这个时间生产？能不能在其他时间生产？能不能将下一道工序提前？应该在什么时间生产

续表

事项	问题示例
人员	现在这个事情由谁负责、是谁在做？为什么让这个人负责？是不是可以换一个人来负责或者实操？换一个人能不能改变现在的情况
方法	现在我们采用的是什么工艺方法？为什么用这种方法？还有没有其他更好的方法能够采用

（3）针对流程问题进行持续改善。

在找到流程问题产生的根本原因后，要清除流程运作中的异常，对流程进行优化和改进。流程优化的常用方法包括 ESEIA 分析法、SDCA 循环法、并行作业法、标杆管理法等，如表 8-2 所示。

表 8-2　流程优化的常用方法

流程优化方法	具体说明
ESEIA 分析法	ESEIA 分析法由清除（E）、简化（S）、增加（E）、整合（I）和 A（自动化）五个步骤组成。 第一步，E（清除）：找出不增值的活动，并彻底清除它。 第二步，S（简化）：在清除不增值的活动后，还要对必要的活动进行简化。 第三步，E（增加）：除了简化流程，还要根据需要，增加一些能够创造价值的流程活动。 第四步，I（整合）：要对简化、增加后的活动进行整合，使其更加易于执行。 第五步，A（自动化）：充分利用信息技术自动化功能，固化流程，提高流程处理速度与质量
SDCA 循环法	SDCA 循环法是指标准化（S）、执行（D）、检查（C）及总结（A）的模式，实现流程的标准化及稳定的流程模式，使整个过程能够满足用户的愿望和需求。 S（标准化）：企业为提高质量编制出各种质量体系文件。 D（执行）：执行质量体系文件。 C（检查）：质量体系的内容审核和各种检查。 A（总结）：通过对质量体系的评审，做出相应处置
并行作业法	有些流程的各工序之间有多层次的逻辑关系，如果仅仅顺次运行，流程运行总时间就会较长。此时，如果对计划实施多层的逻辑性排列，即将纵向的串行作业改为横向的并行作业，就会大大缩短流程运行时间。不过，在更改流程的过程中应注意几点：不影响必要的逻辑顺序和规律；充分细分活动，找出活动之间的逻辑关系；将可以并行交叉的部分尽量并行交叉进行

续表

流程优化方法	具体说明
标杆管理法	通过将本企业的各项流程活动与标杆企业进行对照、比较与分析，将标杆企业的优秀实践作为自身的发展目标并选择性地借鉴，从而弥补自身的不足，提高企业生产经营能力。在实践中，企业可以对标的标杆包括竞争对手的优秀实践、同行业一流企业的最佳实践、跨行业一流企业的优秀实践等

流程是企业经营管理的主线索，流程体系的运作效率决定了企业的运营效率。当识别到流程中的问题与不足时，企业要根据自身实际情况，选择适宜的流程优化方法，及时对流程进行改进，提高流程运行效率。

8.3　做好减员增效管理

减员增效是企业深化改革、提高核心竞争力的主要途径之一。在实施减员增效的过程中，企业应该做好科学规划，坚持目标和原则。

8.3.1　持续提升人均回报率

让一家企业实现员工人数减少 50%、人均劳动生产率增长 80%、销售收入增长 20%，最核心的方法就是"减员、增效、加薪"。减员增效是指企业通过引进先进的生产技术、设备和管理理念、方法，提高劳动生产率，减少员工总数，从而有效控制人力资源成本，增加效益。

任正非说："我们一定要强调每个人对资本的贡献价值，在这个价值下，每增加一个人，就要增加一部分增值价值。"企业要鼓励增量，如果无法创造价值，就不允许无限制地加人，反而要对员工进行精简，以保证核心员工的能力与个人收入的提升。

龙湖地产一直秉持着人力资源领先战略和高薪策略。"1234"是对龙湖地产薪酬策略的形象描述：1 个人，2 份工资，3 倍努力，4 倍成长速度。龙湖地产认为，高标准、高活力、高绩效、高回报、高劳动生产率是企业成功的关键，因此推行全面薪酬激励，使自身的薪酬整体竞争力维持在行业前三位。高标准用人和高激励,给龙湖地产带来了显著的高绩效产出。龙湖地产在上市后实现了快速发展,其人效(销售额与人数之比)一度比万科高两倍。

员工通常不会为了销售收入的提升而努力,但会为了个人回报的提升而努力。因此,企业要把组织绩效和部门费用、员工收入相关联,提高人均毛利率,有效地牵引效益的提升,实现长期稳定发展。

毛利率是企业生存的重要指标,华为提出了人均毛利模式,将毛利设定成多个毛利包:研发费用包、市场产品管理费用包、技术支持费用包、销售费用包、管理支撑费用包、公司战略投入费用包,并分别找到不同的"包主"负责。"包主"根据毛利来计算总成本,从而主动关注成本的管控。原先各部门负责人都希望多给自己加点人,在设定一个成本基准线后,部门负责人可能就会考虑应该如何合理地对岗位进行合并,考虑人员兼岗,不再随意招人。

人均毛利的增长,还决定着工资包的增长。华为规定员工必须拿到 28 万元的固定工资,以此倒推出要实现的人均毛利目标是 100 万元,从而倒逼员工努力工作,将人均毛利提上去。

企业在减员增效时要坚持以提高经济效益和实现经营目标为中心的原则,从实现中长期目标的全局出发,提高经营效率、生产力、核心价值和竞争力。

8.3.2 岗位集约,提升人效

在薪酬成本递增、市场利润空间递减的趋势下,人效的高低直接影响着企业的盈利水平。人效越高,员工获得的薪酬越高,企业就越能吸引优秀人才,从而保证核心竞争力。

企业可以通过岗位集约来提升人效,一岗多能,充分满足员工的多元化发展需要,提升员工努力的空间和意愿,从而提高整体效益。

(1)基于流程端到端,进行岗位—业务整合分析。

企业应通过一系列管理动作来进行岗位—业务整合分析：岗位梳理、建立业务模型、人岗匹配、明确权责、定岗定编、新 JD 与能力模型校准、赋能培训发展、竞聘上岗、评估。

　　（2）岗位复合化，推动横向协同效能和业务效率的提升。

　　在组织集约的基础上，职能横向打通推进各个层面的岗位职责复合化。企业应根据项目全流程周期，划分工作重点，解决项目内部的工作分工过度细化、低效的问题，促进岗位之间的横向协同。

　　（3）人才复合化，鼓励一人多岗、一岗多能、复合型人才打造。

　　对员工进行复合专业培养，根据工作事项灵活调配员工，拓展员工横向和纵向的发展通道，提升其工作满意度和人均收入。打造复合型人才团队，加强团队协同，驱动业务运营效率提升。人岗匹配是指通过系统性的培训认证，确保员工的个人能力符合岗位合并后的业务要求。复合专业是指鼓励员工跨专业、跨领域学习，用"第二专业"适应组织多样性发展。

　　企业减员的目的是提高效率，但必须以完成生产任务为前提。有些企业为了缩减成本，进行了大量减员，导致产品质量无法保证、客户满意度下降、企业经营出现问题，又不得不重新招聘人员，用工成本反而增加了，最终得不偿失。因此，企业要立足自身实际，将懒人、庸人、不作为的员工进行裁减，同时提高员工的综合素质和工作能力，保证生产经营目标的实现。

　　晋能控股集团在 2021 年的工作会中提出减员增效的年度实施方案，其中云冈矿在减员增效方面，按照集团全面开展定职数、定员额、定机构、定薪酬、定任期的改革要求，强化队伍建设，将与本矿职责相近的单位、队组进行合并精简，使得机构减少、业务更加集中，极大地减少了人力资源浪费。

　　同时，云冈矿把选优配强领导班子作为服务企业发展改革大局的重要途径，对班子结构进行优化：按照"1311"选人用人导向，将想干事、能干事的员工选拔出来任用；优化各级领导干部的年龄结构和专业结构，将合适的人放在合适的岗位和平台上，使领导班子更加符合企业高质量发展的需要。

　　云冈矿坚持"成本更低、结构更优、效率更高"的目标导向，全面建立职责清晰、精简高效、运行专业的管理体制，提升组织效能，激发企业经营活力。

人效低正成为许多企业普遍存在的问题，人效的提升需要将全体员工都动员起来，从生产中求效益，从管理中求效益，摒弃一切不合理的制度和流程，以客户为中心，不断优化和进步。

8.3.3 建立人力数量和成本模型

人员数量是影响企业人力成本的重要因素。人力成本（又称人工成本）指的是企业在一定时期内的生产经营和劳务活动中，因使用劳动者所产生的所有直接费用与间接费用的总和。人力成本包括工资总额、社会保险费用、福利费用、教育经费、住房费用、工会费用，以及其他人力成本支出等。

随着人力成本的增加，企业的经营压力越来越大。做好人力成本分析，能够帮助企业更有效地管控人力成本，提升效益。人力成本分析可以从总量、个体、效率等维度来建立分析模型，从而输出分析结果。

（1）总量分析：对人力数量和人力成本总额进行对比分析，重点关注增量和增长率的变化，可以按照不同的区域、部门、周期等多维度对比。总量分析可以让我们从全局的角度清晰了解企业整体人力成本的规模和变化趋势。

（2）个体分析：对个体人力成本的趋势进行分析，重点关注人均人力成本、人均薪酬等指标，可以按照各序列、各级别、各地区进行对标分析。在通常情况下，企业薪酬成本会占人力总成本的 80%左右，通过个体分析可以检验企业薪酬策略、考核策略的合理性，确保将资源向高价值群体倾斜。

（3）效率分析：通过人力成本总额与业绩的对比分析、人均人力成本与人均业绩指标的对比分析来进行效率评估，常用指标包括人力成本收入贡献额、人力成本利润贡献额、人力成本占收入比等。通过对效率进行分析，企业可以决定将人力成本投入哪些业务单元或区域以带来更高的业绩回报。

远大住工建立了人力数量和成本模型（见图8-5）。其中，Cyber数值是远大住工基于年度业务目标、产品合同和排产计划，计算出的各子公司每月的人力需求和成本预算；Physical数值是每月实际的人数和人力成本；结余=Cyber-Physical；结余率=结余/Cyber。

模型中可以清晰地显示各子公司、各月份的人力数量和人力成本使用情况，还从市场人工、管理人工、直接人工BMI、直接人工BPL等维度显示人力数量和成本预算，以及实际使用和结余情况。

远大住工从总量维度分析公司的人力数量和人力成本的使用情况，指导各子公司进行合理的人力成本管控。对超编制和预算的情况设置严格的审批流程，以确保超预算费用支出的合理性和必要性。

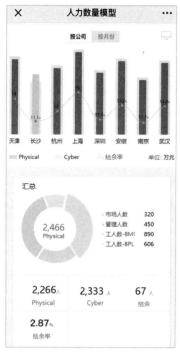

注：Cyber指虚拟的，Physical指实际的。

图8-5 远大住工的人力数量和成本模型

理想的人力成本分析结果应是U型的，即"二高一低"：高人均人工成本、高人工成本投入产出系数、低人工成本总额。针对人力成本分析的问题，企业要制定合理的措施，指导和完善下一周期的管控方向，在总成本最低的情况下尽可能配置最优质的人力资源。

8.4　朝着熵减的方向发展

美国著名作家 M. 斯科特·派克在《少有人走的路》一书中说："因为所有的事物都在向着无规律、无序和混乱的方向发展，如果你要变得自律，你就得逆着熵增做功，这个过程会非常痛苦。"要让企业和个人往好的方向发展，需要用熵减思维对抗向消极变化的趋势，获得更健康的发展状态。

8.4.1　企业会逐步走向熵增

德国物理学家鲁道夫·克劳修斯在 1854 年首次提出了熵增定律的概念。在一个孤立系统内，如果没有外力做功，其总混乱度（熵）会不断增大，这就是熵增定律。企业就是一个小宇宙，熵增定律很难被突破。企业熵增的具体表现如表 8-3 所示。

表 8-3　企业熵增的具体表现

层面	具体表现
企业层面	企业熵增体现在不同阶段的各个方面： 小型企业因人才、产品、技术跟不上市场需要，抗风险能力差而破产； 中型企业因行业空间、创始人格局和管理能力的局限性，无法突破瓶颈，慢慢消亡； 大型企业由于企业经营规模扩大、管理复杂度提高、边际效益递减，出现组织懈怠、流程僵化、技术创新乏力、决策效率低下、协同困难等各种问题，导致组织活力和创造力不断下降，难以适应外部市场变化，逐步消亡
个人层面	贪婪懒惰、安逸享乐； 缺乏使命感、责任感； 压力与动力不足，员工不愿意持续艰苦奋斗

据美国《财富》杂志的数据，世界 500 强企业的平均寿命约为 40 ~ 42 年，绝大多数企业的黄金发展期只有几年或十几年，之后都会逐步走向熵

增，竞争力越来越差。

1886 年，柯达的创始人乔治·伊斯曼研制出第一架自动照相机，并给它取名为"柯达"，柯达公司从此诞生，之后迅速占据行业 75% 的市场份额，获取了 90% 的行业利润。但从 1997 年开始，整个产业发生了翻天覆地的变化，而柯达始终认为传统胶卷的"尾宴"还没有到来，在数码影像转型上一直步履蹒跚，导致后来市值一路下滑，蒸发 90% 以上。2011 年，柯达对外宣布预计出售的 10% 的专利总值超过了 20 亿美元，而这个时候柯达的市值仅为 7.5 亿美元。2012 年柯达不得已宣布破产。

柯达一直迷失在传统胶卷行业带来的巨大利润中，没有对传统业务下滑做出准确预期。2000 年，胶片市场迅速萎缩，柯达已经逐步陷入亏损，但由于既有的利益格局、组织人事繁杂，导致变革无力。这些大企业的通病，使得企业最终彻底没落。

柯达失败的根本原因是患上了"变革无力症"，丧失自我批判能力。柯达的工程师在 1975 年就发明了全世界第一台数码相机，而当工程师把原形机拿给公司高管看时，高管小声给了他一个建议："这是一个有趣的发明，但还是把它藏起来，别告诉其他人。"柯达的管理层大多数出身于传统行业，知识技能陈旧，在战略转型上缺乏决断力，对数字技术能够带来的变化没有预料到，反而大量重复投资传统的胶片技术和产业链，忽视了对数字技术市场的投资。柯达的管理层对数码相机一直表现出的态度是："精明的商人认为不应急着转型，因为投入 1 美元在胶片上面就能产生 70 美分的利润，而将这 1 美元投入到数码影像上最多产生 5 美分的利润。"

当柯达因为内部的封闭、僵化等因素难以转型时，数码相机技术飞速发展，很多新的数码相机公司（富士、索尼、佳能、尼康等）纷纷崛起。数码相机技术日新月异，行业竞争激烈。而数码相机技术并未出现在柯达公司的文件中，因此柯达与这些新起公司的差距越来越大，直至被全面反超。最终造成了柯达传统行业颓丧、数码业务低迷的双输境况。

为什么历史上的创新小公司能够把传统大公司打败？就是因为对于新业务的转型，大公司内部有各种阻碍因素，而创新小公司里面没有。大公司有规模，还能后发制人，如果愿意主动、及时地去拥抱变化，就不用担心新公司的挑战。但大公司往往将过往的成功固化为一种庞大的保守惯性，为了捍卫既有利益和习惯，阻挠自身的变革之路，最终走向衰败。

熵增是宇宙不可逆的定律。企业管理的政策、制度、文化等因素在运营过程中，都会出现有效功逐渐减少、无效功逐渐增加的情况而逐步变得混乱，导致企业逐渐向无效、无序的方向运行，企业家们要做的是尽力减缓熵增进程。

8.4.2　流程优化，持续对抗熵增

彼得·德鲁克说："管理要做的只有一件事情，就是如何对抗熵增。在这个过程中，企业才会增强生命力，而不是默默走向衰败。"熵增产生于企业的各种内部矛盾中，企业必须在战略、制度、流程等方面不断改善。

无论一条流程多么优秀，但只要它在经过标准化环节之后一动不动，就会逐渐僵化。企业需要从持续经营与高效运作的角度，对组织流程进行持续优化，以此对抗熵增。

华为一直倡导"从客户中来，到客户中去"的流程化企业管理方式，并开展了一系列流程的重要管理变革。图 8-6 所示为华为 IPD 流程的改进过程。

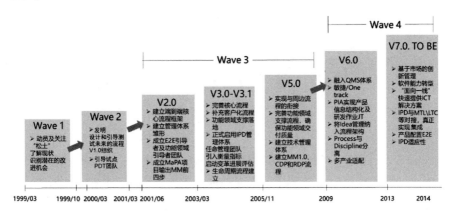

图 8-6　华为 IPD 流程的改进过程

从 1998 年 IBM 进驻华为启动 IPD 流程的变革开始，到 2003 年华为成功实现了 IPD 流程的变革。随着 IPD 流程的成功实施，华为在产品开发周期、产品质量、成本、响应客户需求、产品综合竞争力上都有了根本性的改善。自 2011 年开始，随着业务逐渐从运营商业务扩展到专业服务、消费者业务、企业业务、云等领域，华为每年都会讨论 IPD 流程如何优化和改进。在核心思想和框架不变的前提下，华为会根据业务发展需要对角色、活动、模板、支撑流程、工具等坚持不懈地进行优化。比如，针对服务产品，华为摸索出了 IPD-S 流程，S 代表 Service。通过 IPD-S 流程设计的服务产品的收入约占运营商总收入的 1/3。

截至 2021 年，华为的 IPD 流程经历了超过 8 个版本的迭代，跟 20 年前相比，IPD 流程发生了巨大的变化，成为一个能够自我优化和迭代的有生命的机制。华为的组织流程一直在持续变革，华为逐年推动以客户需求为主线的流程框架变革，业务流程逐渐覆盖到全业务领域，层级分明，细化到可执行的严格、有序、简单的流程体系。华为如今取得的业务奇迹，与它持续多年推进组织流程变革是息息相关的。

在持续优化流程的过程中，会产生诸多的流程文件，2016 年 11 月 30 日，华为 EMT 会议正式讨论通过了《关于"1130 日落法"暂行规定》，其部分内容如下。

（1）在 IPD、MFIN（管理财经）、LTC（Leads To Cash，从线索到回款）、DSTE（Develop Strategy to Execute，从开发战略到执行）等成熟流程领域，每增加一个流程节点，就要减少两个流程节点，或者每增加一个评审点，就要减少两个评审点。随着其他流程领域走向成熟，"日落法"要逐步覆盖到所有流程领域，并由各 GPO（全球流程责任人）负责落实。

（2）行政文件、流程文件的发布要有明确的有效期，并且有效期不超过五年。相应责任组织要对文件的有效期进行管理，若在过了有效期后继续执行文件，则需要在对文件进行优化后重新发布。此规定发布前已发布的没有有效期的行政文件和流程文件，从发文日开始有效期统一为五年。对于超过五年有效期的流程文件和行政文件，在 2017 年 12 月 31 日前要完成优化或重新发布。

"日落法"是 1976 年美国科罗拉多州首创的立法制度，即授予行政机关立法权，经过一段时间，如果没有被再授权，该行政机关的立法权就自行失效。"日落法"一般都规定，在机构或项目的结束日期到来之前，国会要对该机构的工作或该项目的执行情况进行全面审查，以决定是否继续下去。"日落法"逐步发展成为国会监督行政的一种重要手段。在政府行政管理中，建立一个机构和批准一个项目是比较容易的，但要撤销很困难，因为这将使许多人失去工作，会损害许多方面的利益。制定"日落法"这种特殊形式的立法制度，目的就是对抗机构自我膨胀的趋势。

企业针对流程简化倡导"日落法"，每增加一个新的流程环节，就要减少两个旧的流程环节，这是一种负熵。流程是组织能力的体现，流程优化能使组织充满活力，持续对抗熵增。

8.4.3 人才能力持续升级，适配组织发展

基于组织发展和流程变革的需要，人才能力要持续升级才能适配组织的持续发展。组织人才能力打造可以从两个方向开展。

（1）释能：识别高潜人才，激活组织现有人才能力。

潜能处在一个不断发展的过程中，组织需要挖掘员工的潜能，并让其和组织所需要的能力合二为一，让员工愿意为了实现工作目标而发挥出自己的潜能。人才盘点九宫格（见图 8-7）可以帮助企业做好人才盘点，快速定位人才，从而快速识别人才的质量与数量，让人才布局更"合理"。同时，人才盘点九宫格可以帮助企业精准选人，使人岗速配，让优秀的人才浮出水面。

① 非常有潜力的人才：业绩偏低但潜能很高的员工，其业绩不佳的原因要深度分析。可能员工处在新角色或者刚进公司的阶段，在工作方式和方法上需要帮助；或者员工目前的职位安排影响了能力发挥，需要更多展现的机会，需要一段时间来改进业绩。

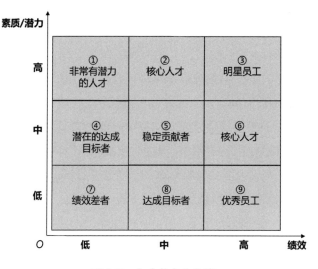

图 8-7　人才盘点九宫格

② 核心人才：业绩合格、潜能较好的员工，是企业的中坚力量。对于此类员工，重点在于帮助他们提高绩效，可设定更高的工作目标，进行业绩辅导。

③ 明星员工：业绩与效能双优的员工，有能力承担更高层级的任务，也是外部挖猎的主要对象，需要公司重点关注，优先考虑其晋升发展，并注重能力专项。

④ 潜在的达成目标者：业绩偏低但有一定潜能的员工。这类员工有一定的能力，但还未将其转化为绩效展现，或许是因为目前的职位安排影响了其能力发挥，对其进行严格的绩效管理是关键。

⑤ 稳定贡献者：业绩与潜能均合格的员工，属于企业坚实的基层力量。提升这类员工的业绩是关键，将其培养为业务骨干。

⑥ 核心人才：业绩优秀但潜能一般的员工，是企业的业务骨干。对于此类员工，可以安排合适的导师帮助他们提升潜能，让其承担更高层级的任务，优先考虑其晋升发展。

⑦ 绩效差者：业绩与潜能均偏低的员工，属于不合格员工，可以考虑进行淘汰。

⑧ 达成目标者：业绩合格但潜能偏低的员工。要给这类员工施加压力，

给予足够的培训与发展机会，促进其业绩达标。

⑨ 优秀员工：业绩优秀但潜能不足的员工，多为老练的专业人员。对于此类员工，让他们继续发挥作用，认同他们的贡献，通过培训提升其能力水平；让其在现任岗位上充分发挥价值，待其能力提升后给予新的职业机会。

（2）建能：通过人才培养，提升人才的胜任能力。

建能是指帮助组织明确人才能力需求，通过持续进行人才培养，提升人才的胜任能力。古人说："人非生而知之，而是学而知之。"每个人要认识到自己的不足，并怀着"清空归零"的心态，不断学习，不断提升。组织要针对员工的个性，提供差异化的学习发展路径。

强化纵向能力：选定一个领域，不断提升能力水平，直至精通该领域，成为业界专家。在强化纵向能力的过程中，可以设定多个能力级别，根据员工当下的能力水平，逐步设定可实现的晋级目标，深度研究，精心耕耘。

拓展横向能力：在纵向能力得到强化的基础上，进行多能定位，扩大个体员工能力覆盖的领域，拓展员工的知识技能面，以适应组织发展的多样性，避免因某个环节的人力不足而导致整体效能下降。

推动循环赋能：轮岗是企业人才循环赋能的最基本方式，可以通过各种形式来实行：委任给某个管理者更大职责的新岗位或新项目；委派某个员工去国外工作等。通过重大的角色转换，管理者和员工的能力能够迅速得到提升。

华为非常重视对人才的培养，认为如果干部培养不起来，公司就可能会倒退。华为对管理者的建能培养划分为三个阶段：基层训练、训战结合、理论收敛。

（1）基层训练。

对于基层员工，华为希望他们"在自己很狭窄的范围内'干一行，爱一行；干一行，专一行'"，以技术技能开发为主，在本职岗位上不断提高绩效水平和业务产出。任正非强调："公司永远不会提拔一个没有基层经验的人做高层管理者。遵循循序渐进的原则，每一个环节对您的人生都有巨大的意义，您要十分认真地去对待现在手中的任何一件工作，十分认真地走好职业生涯的每一个台阶。"

（2）训战结合。

有管理潜力的人才通过基层实践被选拔出来后，将进入培训与实战相结合的阶段，公司会给他们提供跨部门、跨区域的岗位轮换，以及相应的赋能培训。华为关注干部的"之"字形成长，通过岗位循环与轮换，将各部门一些优秀的苗子放到最艰苦岗位上去磨炼意志，放到最复杂、最困难的环境中锻炼他们的能力，促进他们的成长。华为希望通过培训输出"能担当并愿意担当的人才"，为此华为大学专门开发了后备干部项目管理与经营短训项目（简称"青训班"）和一线管理者培训项目（简称"FLMP"）。

（3）理论收敛。

华为从基层到高层的人才培养是不断收敛的，逐步选拔出越来越优秀的人。中高级干部需要视野宽广、思想活跃，要能实现从"术"到"道"的跨越，并在商业模式和技术模式上进行创造，才能成为真正的将军。

注重人才培养的组织会拥有更持久的发展动力，人才和组织要共同成长。人才的能力要持续升级，才能适配组织的持续发展，才能让组织的生命力更加持久。

参考文献

[1] 周永亮. 价值链重构[M]. 北京：机械工业出版社，2016

[2] 施炜. 管理架构师[M]. 北京：中国人民大学出版社，2020

[3] 黄卫伟. 以客户为中心[M]. 北京：中信出版集团，2016

[4] 吉尔里·A. 拉姆勒，艾伦·P. 布拉奇. 流程绩效实战[M]. 王翔，杜颖，译. 北京：东方出版社，2016

[5] 余胜海. 用好人，分好钱：华为知识型员工管理之道[M]. 北京：电子工业出版社，2019

[6] 全怀周. 走出薪酬管理误区：中国企业薪酬激励系统化解决之道[M]. 北京：企业管理出版社，2013

[7] 任康磊. 薪酬管理实操从入门到精通[M]. 2 版. 北京：人民邮电出版社，2020

[8] 胡劲松. 绩效管理：从入门到精通[M]. 北京：清华大学出版社，2017

[9] 李善友. 第二曲线创新[M]. 北京：人民邮电出版社，2019

[10] 华为大学. 熵减：华为活力之源[M]. 北京：中信出版集团，2019

[11] 王美江. HR 财务思维：薪酬设计+成本管控+全面控制与量化考核+人效倍增[M]. 北京：人民邮电出版社，2020

[12] 稻盛和夫. 阿米巴经营[M]. 曹岫云，译. 北京：中国大百科全书出版社，2016

[13] 亚德里安·斯莱沃斯基，大卫·莫里森，鲍勃·安德尔曼. 发现利润区[M]. 吴春雷，译. 北京：中信出版集团，2018

[14] 曹仰锋. 海尔转型：人人都是 CEO[M]. 北京：中信出版社，2014

[15] 翁涛. 奖金体系设计（图解版）[M]. 北京：人民邮电出版社，2022

[16] 白睿. 全面薪酬体系设计新实战[M]. 北京：人民邮电出版社，2021

[17] 单海洋. 股权激励一本通[M]. 北京：北京大学出版社，2014

[18] 卓雄华，俞桂莲. 股动人心—华为奋斗者股权激励[M]. 北京：中信出版集团，2022

[19] 查尔斯·汉迪. 第二曲线：跨越"S 型曲线"的二次增长[M]. 苗青，译. 北京：机

械工业出版社，2019

[20] 保罗 R. 尼文，本·拉莫尔特. OKR：源于英特尔和谷歌的目标管理利器[M]. 况阳，译. 北京：机械工业出版社，2017

[21] 姚琼. OKR 使用手册[M]. 北京：中信出版集团，2019

[22] 翁涛. 薪酬总监修炼笔记：我在世界 500 强公司管薪酬[M]. 北京：人民邮电出版社，2019

[23] 穆胜. 人力资源效能[M]. 北京：机械工业出版社，2021